JN162539

コロンビアの環境建築
混成系の風土における「場所」の構築

北尾靖雅＋ハビエル・ペイナード［共編］

鹿島出版会

The Architecture in Colombian Environment
Building 'Places' in the Varied Contexts

Yasunori Kitao & Javier Peinado (ed.)

Kajima Institute Publishing Co., Ltd.

協力 Supported by
コロンビア建築家協会 Sociedad Colombiana de Arquitectos
駐日コロンビア共和国大使館 Embajada de Colombia en Japón

歴史・文化・風土とともにある建築の姿──刊行によせて

内藤 廣 Hiroshi Naito

コロンビアは大きな国である。日本の3倍の国土があり、巨大な南米大陸の北側に大きな一画を占め、太平洋と大西洋に面している。北はパナマ、南はブラジルとペルー、西はエクアドル、東はベネゼエラに接している。赤道が国土の南を横切るから熱帯ではあるが、高い山脈地帯がかなりの面積を占めるので、場所によってはとてもすごしやすい。

わたしが知っているのは首都のボゴタとメデジンだけだから、日本で言えば東京と大阪だけ知っている、というようなことになる。わたしの知らない膨大な国土のコロンビアがあることを言っておかねばならない。1日のうちに四季があるといわれるボゴタと、常春の街といわれるメデジンはすごしやすい山岳地にあるので、海岸地方の気候風土はよく知らない。だから、ガルシア・マルケスの小説をもとにした「大きな翼を持った老人」という映画を見たときは、その海辺を舞台にした湿度たっぷりの映像にたいそう違和感を覚えた。

わたしとコロンビアとのつながりは、幾重かに重なっている。2003年、フィンランドで催された第9回アルヴァ・アアルトシンポジウムでロヘリオ・サルモナと出会ったところから始まる。サルモナはアアルト賞受賞のため、わたしは講演者のひとりとして数日間一緒にすごした。サルモナも夫人のマリア・エルビラもわたしと同じで英語を話すのが嫌いなようで、多少なりともスペイン語を話せるわたしがなんとなく行動をともにすることになった。背が低くガッシリした体躯のサルモナは、口数が少ない巌のような人だが素朴で温かい人柄ですぐに親しくなった。

彼の建築は、コロンビアの風土に深く根ざしている。ル・コルビュジエのアトリエに勤め、帰国してからは身につけたモダニズムを振り払うように、独自のオリジナリティを風土とともにある建築に求め続けた。会話からはル・コルビュジエについては批判的であったように思う。

それから3年、サルモナと再会することになる。当時勤めていた東京大学の国際交流事業で、コロンビアと大学間の相互交流が始まり、その縁でメデジン市に建てようとしている図書館の設計が大使館を通して大学に依頼され、それをわたしの研究室が引き受けることになった。

不思議な縁を感じつつ、サルモナに連絡を取ろうとしても連絡がつかない。そうこうしているうちに、サルモナの体調が良くない、という情報が入ってきた。すでに親しくなっていたフランシスコ・シエラ大使も、顔をしかめてつらそうな顔をするばかりだった。

その後、メデジンの現地に向かう途中でボゴタに滞在することにしたのだが、サルモナが会いたいという。再会したサルモナは、極端に痩せ、杖をつき、別人のようになっていた。その日も病院から出てきたのだという。なぜこんなことを書くかというと、この日のサルモナのことが、コロンビア建築の精神の核心にあるように思えてならないからだ。夫人と周囲の反対を押し切って、自分の設計した建物を直接説明したいという。住まいである超高層アパートのトルレス・デル・パルケのロビーではボゴタの気候のこと、ヴィルヒリオ・バルコ公立図書館では夕日が入ってくると空間がどのように変わっていくのかなど、息を切らしながら熱く語った。

コロンビア国立大学人間科学研究科大学院棟の施設ではハプニングがあった。訪れたとき、床のタイルの一部を補修工事していたのだが、その素材が彼が使ったものと微妙に違うことを発見して、当局者に抗議する一幕となった。体調がかなり悪く、携帯用の椅子に座り、とても疲れている様子は心配になるほどだったが、一切妥協をしない。建築家としての信念を貫き通そうとするその様は感動的だった。彼にとっての建築は、まさに命をかけた挑戦だったのだろう。サルモナはその1年後に亡くなった。

われわれのプロジェクトは紆余曲折を経ながらも急ピッチで進んだ。当時メデジン市長だったセルヒオ・ファハルド氏の強力なリーダーシップのもと、教育政策でテロを克服する、という大きな理想を掲げて進められていた。子どもたちの教育環境を改善することで都市を変えていこうとしていた。都心の周辺市街地を5つのエリアに分け、その1つひとつに図書館を建てつつあり、メデジン市ベレン公園図書館はその最後の締めくくりとなるプロジェクトだった。

はじめてメデジンを訪れたとき、街中の小さな公園に昼間から多くの人が何をするともなく集まっている光景が目に入った。大きな木が木陰をつくり、中央には小さな池と噴水がある。1年を通じて25℃前後の気温、高度が高くて日射しが強く乾燥している。だから、日陰があって水面があれば、人は自然と集まってくる。

わたしが建物をイメージする以前に考えたのは、強いイメージをもった広場をつくるということだった。スペインの文化が残っているので、彼の地のプラザマジョールのような矩形の広場に対する違和感もないだろう。常春の街なのだから、快適な外部空間さえあれば年間を通じて人が集まってくるはずだ。それをつくれれば、プロジェクトが置かれた過半の使命を達したことになると考えた。よく考えれば、サルモナの設計した施設にもこれらの要素がちりばめられている。光と影、水、半外部空間。わたしたちの提案は、これを単純化し、強調したに過ぎない。

中央に水を満たした矩形の広場があり、それを取り囲むように日射しを遮る回廊があり、図書館などの施設は回廊を取り囲むように配置した。風土から演繹したあたりまえのことの延長上に、これまでにない新しい外部空間をつくることができた。ボゴタや他の地域なら、別の答えの出し方になったはずだ。それゆえ、メデジンの気候風土でしか成立しえない空間ができたのではないかと思う。

結果は大成功だった。でき上がって8年が経ち、一昨年訪れる機会があった。驚くべき数の人がこの施設を利用し、愛し、周辺の街が変わりつつあることを実感した。うれしいことにメデジン市ベレン公園図書館はこの地域の名物になりつつある。

コロンビアは幾多の問題を抱えているが、基本的に豊かな国であり、歴史と文化があり、われわれのような異邦人を歓待し、プロジェクトをともにすることができるような開かれた国である。わが国と大きく違うのは、街ゆく普通の人が建築という価値と建築家という仕事に大きな敬意を持っていることだ。サルモナをはじめとするコロンビアの建築家たちの長年にわたる努力が、その信頼関係を築き上げたのだろう。これこそが風土とともにあるコロンビア建築の見えざる最大の個性なのではないかと思っている。

はじめに

北尾靖雅＋ハビエル・ペイナード Yasunori Kitao & Javier Peinado

本書では、グローバル化に伴い、様々な文化が混淆してゆく現代社会において、どのような根拠に基づいて建築を展開できるかを検討してゆく。本書ではコロンビアの近現代の建築を参照して、建築設計に必要な設計の根拠を「場所」に即して獲得することの重要性を検討してゆく。

現代日本の状況は人間が受認可能な工業化社会の臨界点に達しているのではないだろうか。社会の工業化は民主的な社会形成の一端を担う重要な要素である。同時に民主的な社会では広義の福祉も重要である。しかし日本の社会は工業化社会の建設と均衡を保ちつつ、広い意味で福祉を実現するために十分な注意が払われてきたといえるだろうか。建築産業も日本における工業化社会の形成過程において「合理主義」に力点をおいて展開してきたことは否めない。建築産業も工業と福祉の不均衡な発展の一端を担ったことになる。ここで、工業と福祉の均衡を確立することが必要と考える。

そこで、均衡ある産業社会を形成するために建築職能者は「場所」に関する感性を育んでゆく事が必要であると考えた。それは、地域に根拠のある建築を目指すことだといえるのではないだろうか。2011年のUIAの東京大会で日本建築士会連合会はグローバル化に立ち向かう地域形成を空間的に支援する建築職能の将来像を描いた。このように、地域社会の形成に建築職能者の視点が向かう現代において、「場所」に関する観点から建築設計の根拠を問うことは重要な課題となるのである。

ところが、「場所」を理解するために、現在の日本の社会的な状況を考慮すると学ぶことは過去に比べて困難になっているのではないだろうか。地域の文化背景や産業背景を調査・研究で抽出することは可能である。しかし、建築の創作において建築設計の方針を定めるときに「場所」がもつ諸背景を直感的に把握することは容易とはいいがたい。現在、建築に必要な事は建築職能者が「場所」の文脈を直感的に把握することを、何らかの方法で獲得してゆく経験を得てゆくことであると考える。

そこでコロンビアの建築家達がもっている「場所」への感性を学んでみようと思う。本書は、コロンビアの建築家達は、どのように「場所」を建築創作に結びつけていったのかを理解する書物なのである。

コロンビアの大地は、赤道直下に位置しているが、海岸地方から山岳地方まで土地の標高の違いにより様々な気候が混在している。またプレコロンビア時代の文化にスペインの植民地の時代の欧州の文化が重なる。しかもスペインの植民地であったために植民者の文化の根元をアラブ文化にまで遡ることができ、モダンムーブメントも文化的蓄積に厚みを与えている。つまり歴史と気候や環境の軸が多様に混在し、コロンビアの建築が成立していると理解できる。コロンビアの建築は世界の気候、歴史、文化の混淆を表現しているともいえる。都市や集落が険しい地形のアンデス山脈に位置しているので一つ一つの都市や集落もつ文化的固有性は高まる。建築家達は多くの根源を建築設計の根拠として参照し空間思想を深めているといえよう。つまり本書は、場所の文脈による建築のありかたを考察するための視点を得てゆき、現代において、建築の基本的な構想を複雑な混成系の風土から読み取る可能性を試みる文献なのである。

目　　次

建築材料と表現 Architectural Material and its Expression

集合住宅 Collective Housing

ランドスケープと建築 Landscape and Architecture

文化施設 Cultural Facilities

論　考　編

第1章 コロンビア建築へのアプローチ
An Approach Toward the Architecture in Colombia

北尾靖雅 Yasunori Kitao

第2章　コロンビアの建築における場所と伝統の構築

Construction of Place and Tradition in Colombian Architecture

カルロス・ニーニョ・ムルシア Carlos Nino Murrcia

第3章　コロンビアの建築に関する場所の感覚

遭遇と失われた遭遇

Architecture in Colombia and a Sense of Place:
Encounters and Missed Encounters

セルヒオ・トルヒオ・ハラミージョ Sergio Trujillo Jaramillo

第6章　レンガ・土・竹の建築
Architecture of Brick, Earth & Bamboo

根津幸子 Yukiko Nezu

第7章　ボゴタにおける住宅地開発とコミュニティ
Residential Developments and Community in Bogotá

ホアン・オルドネス Juan Ordonez

第8章　人間の生命に触発される建築

地域の空間に見るコロンビアの建築と自然

Architecture is Inspired from Human Life:
Architecture and Nature in Colombia, Rural Space

エスペランサ・カロ Esperanza Caro

第9章　国際協力事業による集落地の地域図書館

The Local Library Projects by the International Cooperation for the Small Townships in Colombia

北尾靖雅 Yasunori Kitao

作　品　編（Works）

迎賓館 CASA DE HUESPEDES ILUSTRES

写真・図版の出典 Source of the Photos and Drawings:
“Arquitectura en Colombia y el sentido de lugar: los últimos 25 años”, Sociedad Colombiana de Arquitectos
「コロンビアの建築と場所の感覚：過去25年のコロンビアの建築」コロンビア建築家協会

作　品　編　（Works）

都市開発と建築

Urbanization and Architecture

コロンビア国立印刷工場

IMPRENTA NACIONAL DE COLOMBIA

ボゴタ Bogotá…………1997-2000

図1＝全景写真1（Photo：Juan Felipe Gómez）

図2＝外観写真1

図3＝内観写真

［建築家］
ハビエル・ベラ・ロンドーニョ Arq. Javier Vera Londoño
ホルヘ・ペレス・ハラミージョ Arq. Jorge Pérez Jaramillo
アウレリオ・ポサーダ・サルダリアガ Arq. Aurelio Posada Saldarriaga
マルコ・アウレリオ・モンテス・ボテロ Arq. Marco Aurelio Montes Botero

［協働建築家］
アナ・イサベル・バレンシア・ベラスケス Arq. Ana Isabel Valencia Velásquez
アレハンドロ・ベラスケス・メディナ Arq. Alejandro Velásquez Medina
ホアン・エステバン・アルテアガ・モンティエル Arq. Juan Esteban Arteaga Montiel
ホアン・カルロス・コレア・トルヒージョ Arq. Juan Carlos Correa Trujillo

今日では、誰もが地球の最も遠い場所にいる人と連絡をとることが可能である。このような技術進歩のなかで、印刷機の開発や出版産業の重要性は高いとはいえない。印刷機を配置するこの建物は、単に作業環境の改善だけでなく、厳密な品質管理を実現する必要性に応える必要があった。政府の出版物を生産するという役割があるので、建物は尊厳と永遠のシンボルとしての姿をより一層表現することが求められる。

この建物は、将来の変化に適応可能性な、柔軟なモジュラーシステムを採用している。それぞれの部屋や作業空間は生産工程の構成要素となっている。管理や操作といった作業は建物の目的と一体化し、容器としての象徴性を建物は表現している。作業空間に十分な自然採光を提供するように形状や配置が考慮された。

人々は建物にテラスより高い位置から小広場を介して建物に入る。究極のコンクリート構造の建築は巨大な梱包箱となっている。機器類が配置されている場所は金属を用いて構造体と一体となっている。厳粛な建築の形態は、構造体の外観のもつ魅力的な大きさを示すと同時に、室内灯の効果により外観の表情を柔らかくする方法で緩和されている。この建物は都市に楽しみを与えるという目的ももつ。

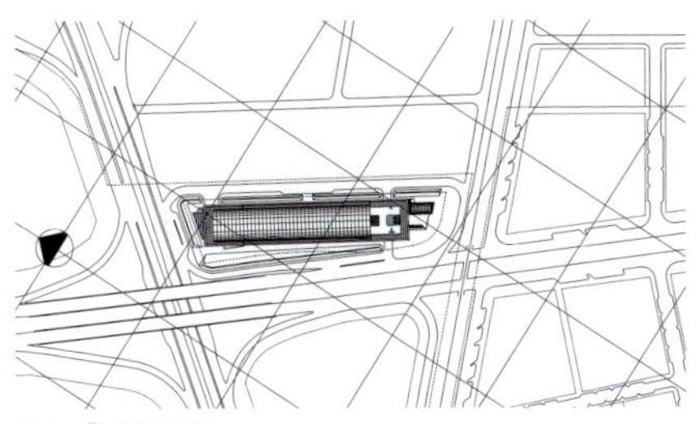
図4＝敷地周辺図

図5＝外観写真2

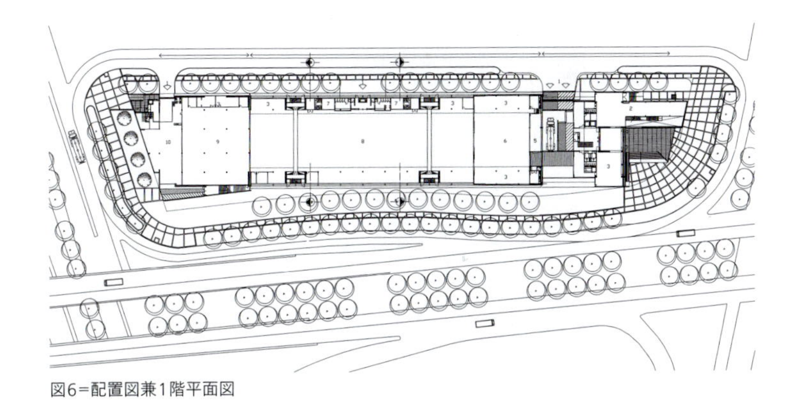
図6＝配置図兼1階平面図

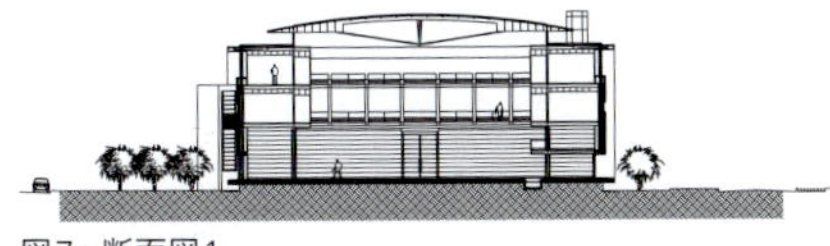
図7＝断面図1

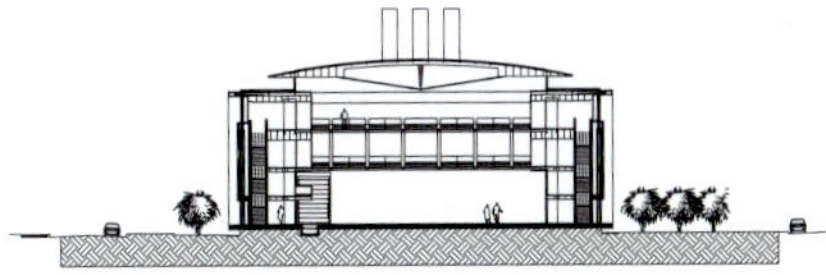
図8＝断面図2

15号線の遊歩道

PASEO URBANO CARRERA 15

ボゴタ Bogotá…………1996-1999

図1＝街路と環境芸術

図2＝15号線のブルーバード
（Photo：Juan Antonio Monsalve）

図3＝パースペクティブ・スケッチ

［建築家］
フェルナンド・コルテス・ラレアメンデイ Arq. Fernando Cortés Larreamendy

［技術調整建築家］
アウグスト・アギレラ Arq. Augusto Aguilera
アントニオ・アメスキタ Arq. Antonio Amézquit

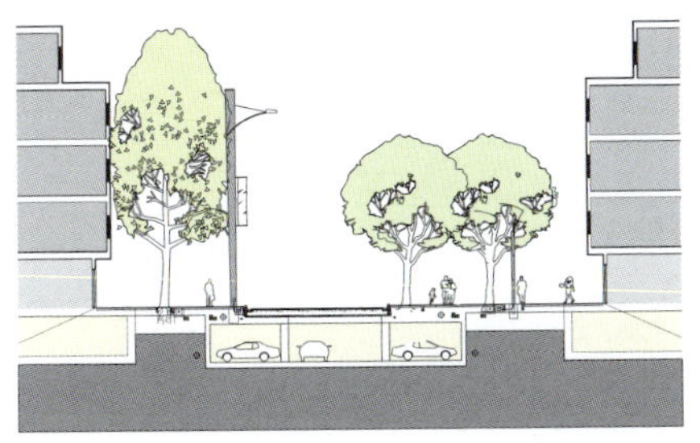

図4＝断面構成図

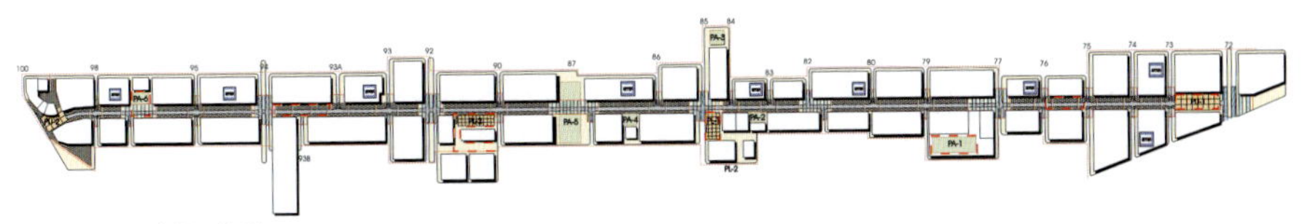

図5＝小さな広場と街路

この事業の目的は公共空間に環境的な質と都市に特定の価値を与え、大都市にふさわしい規模の遊歩道を建設する事である。そこで、街路に象徴的なイメージを与えるために、一連の門が配置された。この事業の重要な点は、コロンビアで公共空間を再構築するために実施された事業の起点となっている事である。

連続した並木道の途中に、局部的に未開発の土地を取り入れ、活用するために、道と未開発部分がお互いに補完し合い、公共空間を回復するという重要な取組みである。この点においても非常に意義深い事業である。この事業では歩行者の利用を推進し、個人が所有する自家用車の使用を削減することも意図された。歩行者の通行を優先し小さな広場を作ることによって、市民に安全さ、快適さ、連続性、そして調和を提供することで、都会的で文化的なレクリエーション活動の中心となる場を創り出してゆく事が最重要課題だった。この街路が文化空間へと変換したことは、都市の屋外美術館として歴史的街区の特性と共に提案されたことによる。都市文化のモデルとして、ユーザーである市民が公共空間を使う事を教え、公共の特性とは何であるかを伝える役割を担う場所である。

図6＝全体計画図

図7＝事業対象地域

コルスブシディオの都市計画

PROYECTO URBANO CIUDADELA COLSUBSIDIO

ボゴタ Bogotá…………1996-2004

図1＝俯瞰写真1

図2＝住棟と街路（スケッチ）

図3＝住棟と広場（スケッチ）

［主任デザイナー］

エスゲラ・ガエレス・イ・サンペル Esguerra Sáenz y Samper, 1986〜1994

GXサンペル建築設計事務所 GX Samper Arquitectos, 1995〜2004

［主任建築家］

ヘルマン・サンペル・ニェコ Arq. Germán Samper Gnecco

［設計調整建築家］

ヒメーナ・サンペル・デ・ネウ Arq. Ximena Samper de Neu

［初期調整協力建築家］

トーマス・ネウ Arq. Tomás Neu

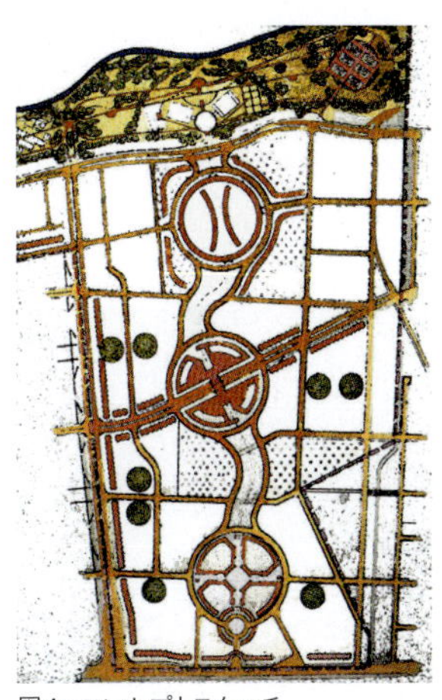

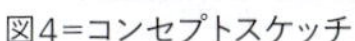

図4＝コンセプトスケッチ

図5＝俯瞰写真2

図6＝俯瞰写真3

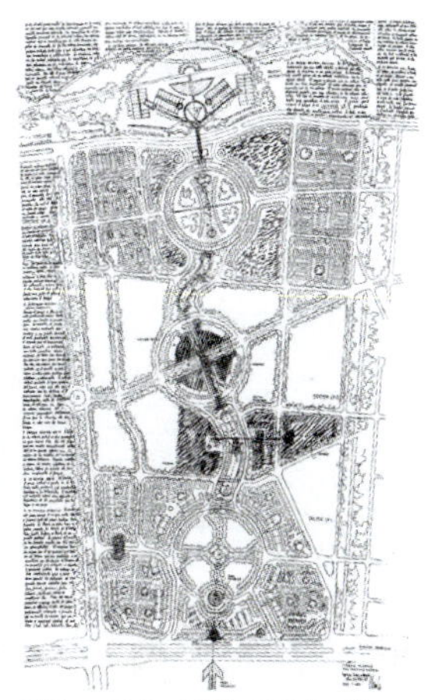

図7＝マスタープランのイメージ

この住宅都市の開発事業は、ボゴタの境界領域の大規模な開発計画の一部である。この事業の特徴は公共サービスを補う複合的なネットワーク、固有性のある都市デザイン、そしてそれらに適した空間的な特徴を備えている事である。公共空間は道路、プラザ、公園、そしてコモン・スペースから構成されており、これらのデザインは次の2つのタイプの空間を創り出している。

第1のタイプの空間は、オープンスペースと交互に位置づけられている囲繞された空間である。円弧状の形態により、空間的な要素に富む曲線状の空間が生みだされた。第2のタイプの公共空間は、閉ざされたコミュニティ・スペースである。この空間領域は近隣の生活圏に限定されている。この生活圏により居住者自身に便益をもたらせ、自律した生活環境をマネージメントすることが可能な都市社会の形成が可能となる。

この住宅地には低価格で供給される住宅地が含まれている。住宅の外側の仕上げは完了しているが、内装は未完成で、住宅の所有者が完成させる。住宅地域は小さな街区で構成されており、さらに街区は小さな住宅のグループで構成されている。自動車は通過できない仕組みとなっているが、歩行者が自由に移動できる街路網がある。住宅の中には、異なる住宅グループを繋げる幅2mの歩行者路が家の前にある。こうした空間構成により、自動車と歩行者が共生できる、思いやりのある環境が創出された。

全体の円状の形態は空からしか見えないが、それぞれの円状の形態は独自の空間を形成する。円弧状の空間は、歩行者の視線からはダイナミックで囲繞された空間経験を与え、周囲の街区の形態と一体化している。こうした工夫による都市開発事業で、公共空間が優先する固有性の高い変化に富んだ都市的な空間構造をもつことができた。

図8＝住区内街路の景観（Photo：Crîstóbal von Rothkirsh）

トランスミレニオ公共交通システム

SISTEMA DE TRANSPORTE PÚBLICO TRANSMILENIO

ボゴタ Bogotá…………1999-2000

図1＝全景写真（Photo：Arq. Juan Felipe Gómez）

図2＝出札口

図3＝プラットフォーム

［建築家］

ハビエル・ベラ・ロンドーニョ Arq. Javier Vera Londoño
フェルナンド・レオン・トロ・バジェホ Arq. Fernando León Toro Vallejo
ガブリエル・ヒラルド・ガヴィリア Arq. Gabriel Jaime Giraldo Gaviria

［協働建築家・技術者］

アレハンドロ・ヴェラスケス・メヂナ Arq. Alejandro Velásquez Medina
アナ・イザベル・バレンシア・ベラスケス Arq. Ana Isabel Valencia Velásquez
カルロス・メサ・ゴンザレス Arq. Carlos Mesa González
ホアン・フィリッペ・メサ・リコ Arq. Juan Felipe Mesa Rico
ホアン・フィリッペ・メリサルデ Arq. Juan Felipe Merizalde
ホアン・フィリッペ・オラノ Arq. Juan Felipe Olano
ホアン・ダリオ・ベドーヤ Arq. Jose Dairo Bedoya
マーティン・ロドーニョ・エスコバル Arq. Martín Londoño Escobar
アンヘラ・マリア・シフエンテス・ボリバール Dib. Ángela Maria Cifuentes Bolivar
ルシ・マリナ・ベラスケス Dib. Luz Marina Velásquez

建築的かつグラフィック的な表現は、都市のあらゆる市民活動の不連続で離散的な状況に対して、効果的に介入する方法である。膨大な努力とあらゆる検討の結果、課題を抽出することができ、明快な概念が生まれた。そして人々に対して、親切で魅力的な事業へと統合された。

この事業の基本的な目的は人々に都市のコミュニティの一員であることを自覚させ、人々の社会的距離を減少させ、都市というコミュニティでの生活をより魅力的にすることである。この目的を実現するために、公共空間と総合交通システムを一体化して市民に提供する事が考え出された。このシステムは「トランスミレニオ」と命名された。トランスミレニオの利用客やボゴタ市民の生活、またあらゆる利用者、人間のあらゆる側面に対して検討された。子供から老人、障害者も含めた、すべての人々がこの新しい交通機関を利用し、人々が簡単に都市を移動できるようにするための配慮がなされている。

[編者註] トランスミレニオとは、ボゴタ市が運営する2連式バスを利用した新交通システムである。磁気カード式の回数券を、窓口で購入の際に利用回数を申告すると入場できる仕組みを導入している。ボルボ社やメルセデス社製のモダンな車両を使い、駅が設置されている。市民の新しい足として好評を得ている。

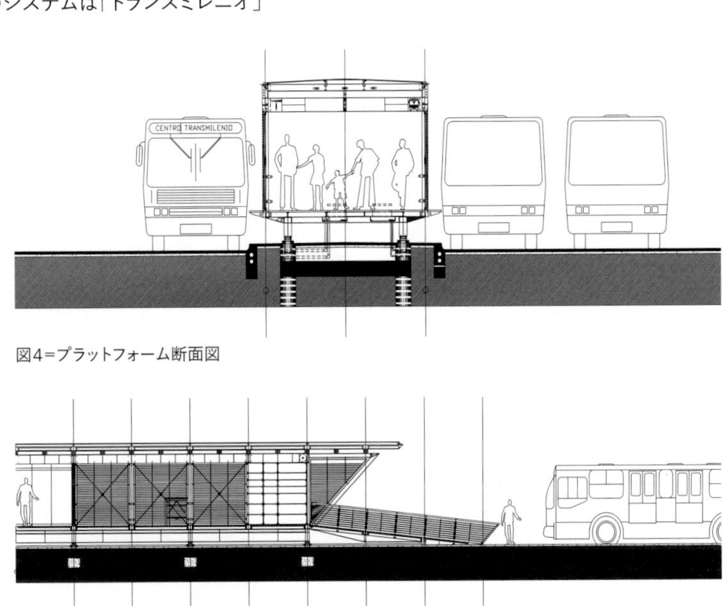

図4＝プラットフォーム断面図

図5＝出札口の立面図(部分)

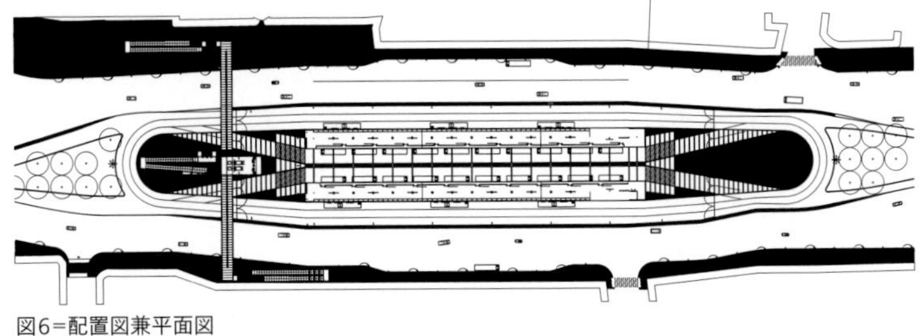

図6＝配置図兼平面図

アルベルト・ジェラス・カマルゴの建物

EDIFICIO ALBERTO LLERAS CAMARGO

アンデス大学 Universidad de Los Andes
ボゴタ Bogotá…………1989

図1＝屋上階のペデストリアンデッキ

アンデス大学の本部キャンパスに建設された最近の建築物のなかで、この事業は成功した事例の1つである。この建物は建築作品というよりも、まとまりがなく対立していた建物と開放的な空間とを連結し統合させた。大学にとって不可欠な空間的秩序を創造するという意欲的な意図から創造された作品である。

教室を設計することは建築的には困難な作業ではなかったが、斜め方向、水平方向、垂直方向へと、様々な方向に循環する複雑な空間を体系的に調和させるために設計者は苦慮した。この建物の形態の奇抜さは、設計者の思いつき

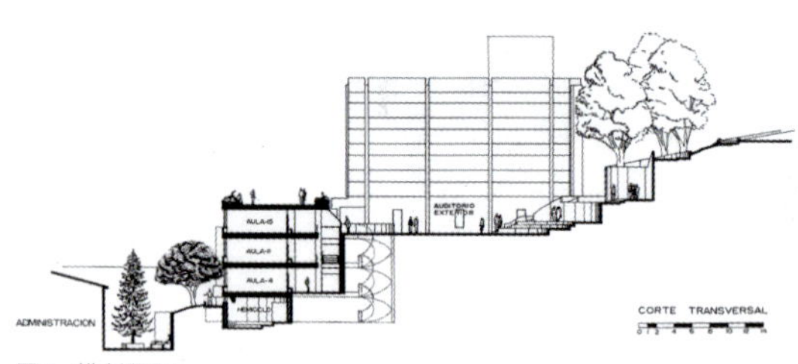

図2＝横断面図

図3＝歩行者路（Photo：Arq. Germán Téllez）

［建築家］
ダニエル・ベルムデス・サンペル Arq. Daniel Bermúdez Samper
有限会社ダニエル・ベルムデス Arq. Daniel Bermúdez y Cía. Ltda.
ギジェルモ・ベルムデス・ウマーニャ Arq. Guillermo Bermúdez Umaña

［協働建築家］
イヴァン・オスナ・モタ Arq. Iván Ozuna Mota
リガルド・モントージャ・ヴァレン Arq. Ricardo Montoya Ballén
モニカ・ヴィラロボス・レアール Mónica Villalobos Leal
カタリーナ・イヤニーニ Arq. Catalina Iannini
ヘクトール・ゴメス・イリアルテ Arq. Héctor Gómez Iriarte
ホルヘ・E・ホネス Arq. Jorge E. Jones
ホセ・V・ベルトラン Arq. José V. Beltrán

［現場担当建築家］
ペドロ・レオン・カスティージョ Arq. Pedro León Castillo

（本文は建築家・ヘルマン・テジェス［Arq. Germán Téllez］の文章を一部引用している）

ではなく、場所の空間的条件の制約によるものである。工学部の建物と倉庫との間にある、使い勝手の悪い残余の空間を活用するという困難な課題があった。急な傾斜地に新しい建物を据付け、その結果、覆いとなる部分を人が通行可能なテラスにするというデザインから、創造意欲と地形に対する感性を感じることができる。

この建物の長所は建築家が厳密に計算して意図した事を、人々に意識させず自然なものとして受け入れられていることだといえる。いかなる形式的な誇示もせず、隣接する建物との突飛な対比も計画せず、難解な美的メッセージも宣言していない。しかし空間は凡庸で空虚な結果には陥っていない。

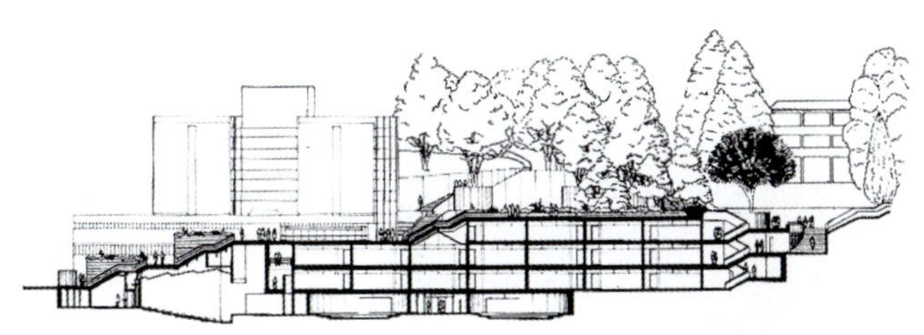
図4=断面図(長手方面)

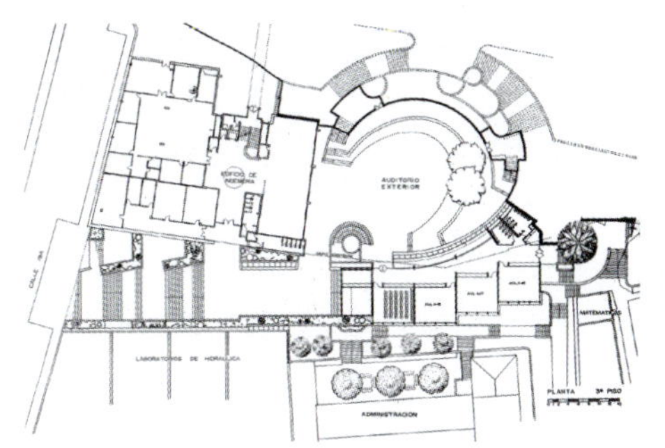

図5=3階平面図

図8=大階段

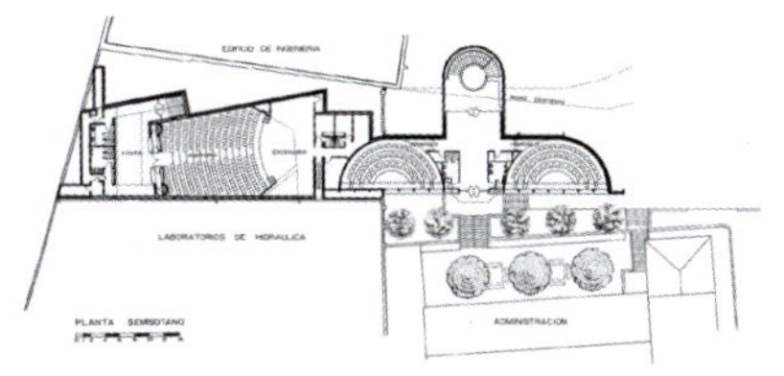

図6=2階平面図

図9=会議場

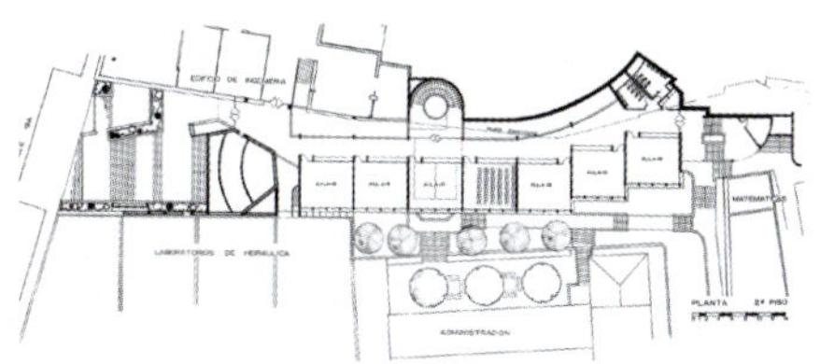

図7=1階平面図

図10=階段室

都市の複合商業施設

CENTRO DE GESTIÓN COMERCIAL Y TELEINFORMÁTICA

ボゴタ Bogotá…………1994-2002

図1＝全景写真（Photo：Juan Antonio Monsalve）

図2＝内観パース

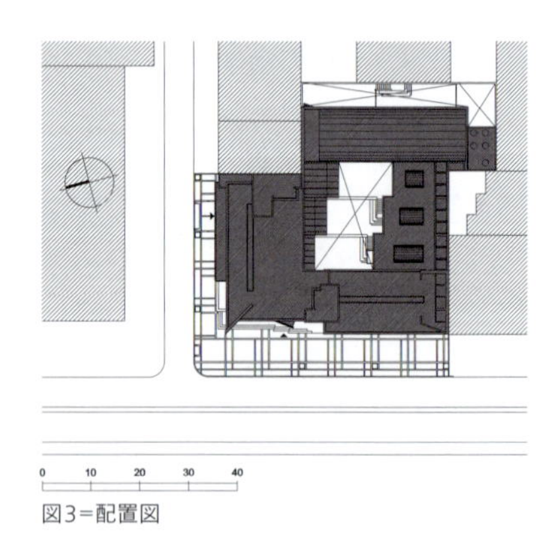

図3＝配置図

［建築家］

ルイス・フェルナンド・フィケ Arq. Luis Fernando Fique

マルコ・エルネスト・コルテス Arq. Marco Ernesto Cortés

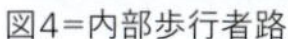
図4＝内部歩行者路

図5＝中庭

この建物はボゴタの中心部にあり、近年整備された交通システムと一体化している。この拠点施設の整備により、近隣地区の活性化が意図された。特にこの建物は街路と密接に結びつき、公共性の高い空間は、建物の内部に入り込んでいる。歩行者は建物から都市の西側の山を眺望できる。山への軸線はバルコニーと中庭によって形成されている。内部空間は階段が交差し、建物の中を行き来できる斜め方向の歩行者路がある。これは都市の状況と建物の内部空間を調整する。このデザインにより建物の構築的なイメージが高められている。さらに、素材や建築の諸要素の統合的な表現によっても高められている。この建物は1950年代の建築表現を現代の建築表現へと転換している。ボゴタにおいて、この地域の建物がもつべき文脈に沿うという特質をもつ。

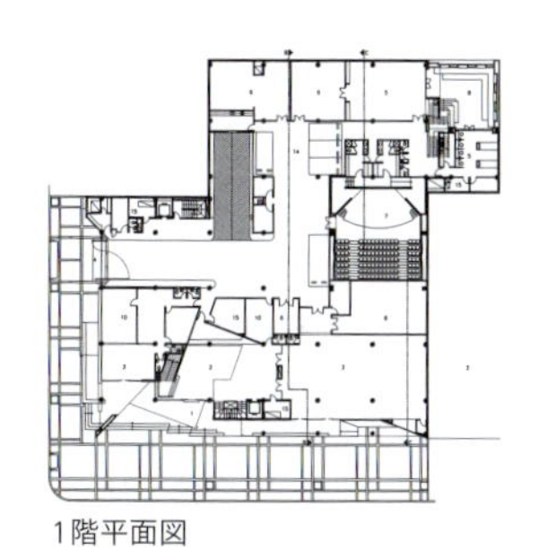
1階平面図

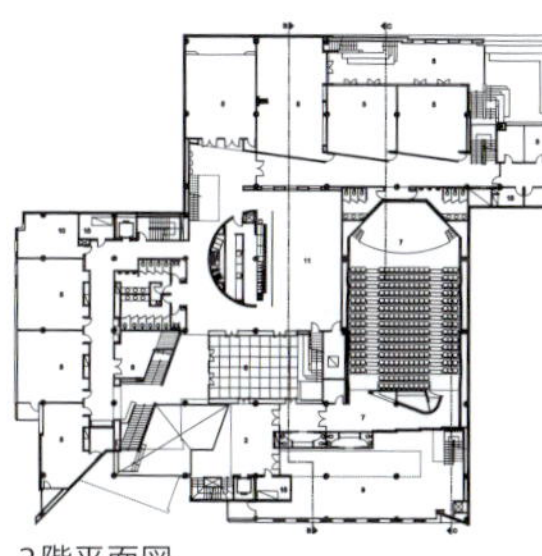
2階平面図

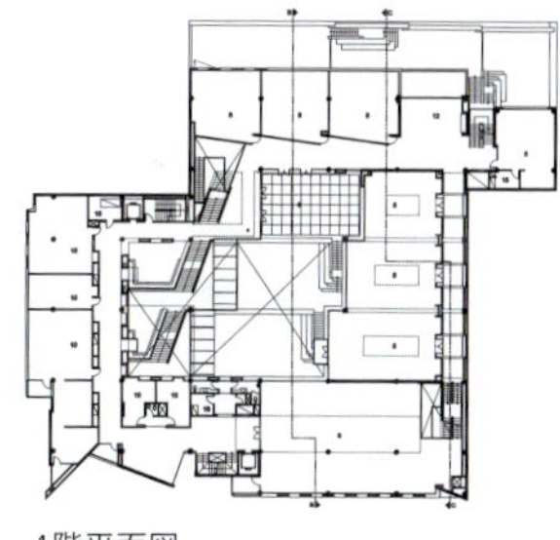
4階平面図

図6

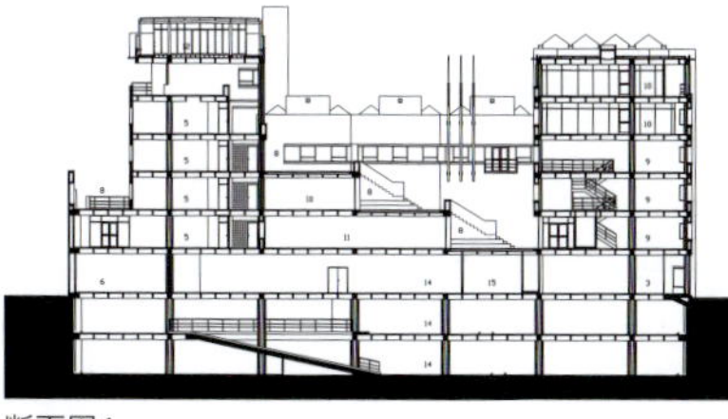
断面図1

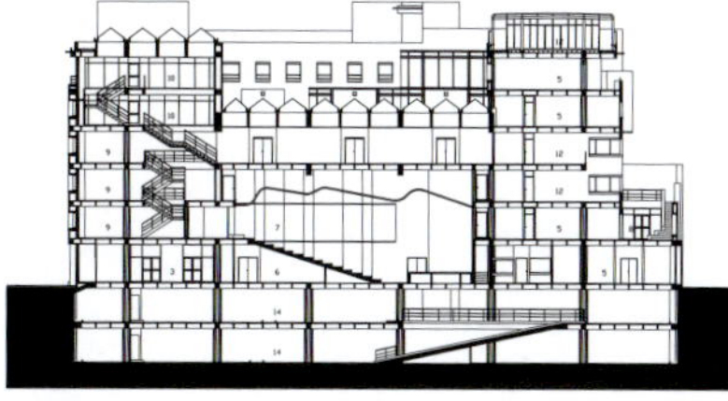
断面図2

図7

ホアン・アマリージョ線状公園

PARQUE LINEAL JUAN AMARILLO

ボゴタ Bogotá…………1999-2003

図1=俯瞰写真1

［コンサルタント］
GXサンペル建築設計事務所 GX Samper Arquitectos
エドワルド・サンペル・マルティネス建築事務所 Eduardo Samper Martínez Arquitecto
ゴメス・イ・カヒャアオ共同事務所SA Gómez y Cajiao Asociados SA

［主任建築家］
ヘルマン・サンペル・G. Arq. Germán Samper G.

［ホアン・アマリージョ湿気対策デザイン部（Diseño sector Humedal Juan Amarillo）］
エドワルド・サンペル・マルティネス Arq. Eduardo Samper Martínez

［ランドスケープ］
ティアナ・ヴェスナー Diana Wiesner
ロベルト・カスタニェーダ Roberto Castañeda
エドワルド・サンペル Eduardo Samper
ラモン・ピニョール Ramón Pignol

［協働者］
ホワン・ラモン・ピニョール Juan Ramón Pignol
リナ・リベロス Lina Riveros
フェルナンド・スワリス Fernando Suárez
サンドラ・ベラスケス Sandra Velásquez

図2＝全体計画図

図3＝断面図（部分）

図4＝俯瞰写真2

この事業は、ボゴタ市水道会社が所有する環状道路に沿った歩行者と自転車利用者の通行するルートを構築するために計画された。サイクリング・ロードと並木道が相互に連結された地区の東側から西側へと都市を横切る水路全体に沿って、連続的に歩行者のアクセスを確保するという当初の目標が達成された。ホアン・アマリージョの湿地再生事業は、ランドスケープと同様に都市計画および社会的環境の改善に寄与する解決方法を必要としていた。この事業は都市で忘れ去られた水路や街路、さらに衛生状態の悪い都市の周辺領域のスラム地区という、困難な課題を取り入れている。

この事業では、都市にある湿地がもつ問題を解決してゆくために、水利に関するコンセプト、環境や都市計画に関するコンセプトを統合する必要があった。そこで関連する学術分野の学際的な関与が実行された。湖、あるいは貯水池として、干ばつ時には貯水池として用いられ、洪水が生じた場合には都市に溢れる水を収容する場所として利用する役割を持つ。新しい水際空間は都市と湿地の間に境界を設定するという目的を具体化した空間である。境界線となる水際空間は、小広場のある街路につながる直線状の公共空間として設計された。さらに、大都市を構成する近隣生活圏におけるレクリエーションの場所を提供する目的や、都市コミュニティに対して広域の貴重な自然空間を提供している。更に、ボゴタの中心において都市空間の連続性を創り出した。湖の北岸には土手と遊歩道が設計された。これは次のような現実的な利点を生かしている。つまり既設の環状道路とカリ・アベニューにより、都市の公園を創設する事が可能となった。道路と湖の間に存在する数少ない住宅地域となった。水辺に沿った公共空間は街路として整備され、人々は湖へアクセスできる。またこの場所は、公共のレクリエーションのための場所が不足しているボゴタ市内で、湖を夜に楽しむ事ができる場所を創り出している。

図5＝周辺地域

図6＝周辺都市と水辺

図7＝水際の風景

図8＝水辺の遊歩道（Photo：Diego Samper & Empresa de Acueducto de Bogotá）

作　品　編　(Works)

歴　史　環　境　と　建　築

Historic Environment and Architecture

カフェ・パビリオン

PABELLÓN DEL CAFÉ

ボゴタ Bogotá…………1999

図1＝全景写真（Photo：Leonardo Álvarez）

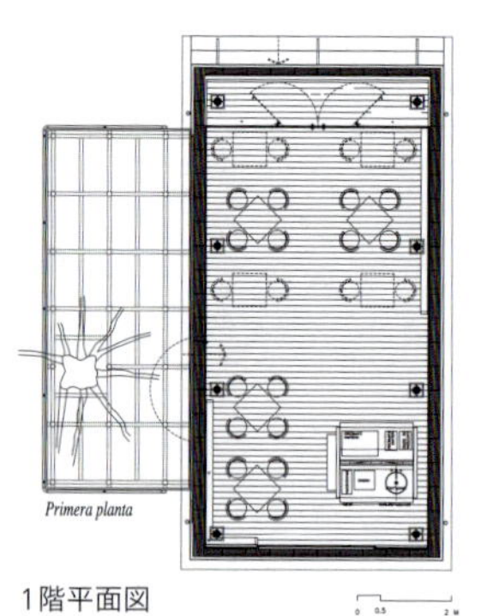

1階平面図

縦断面図

図4

図2＝中庭とカフェ

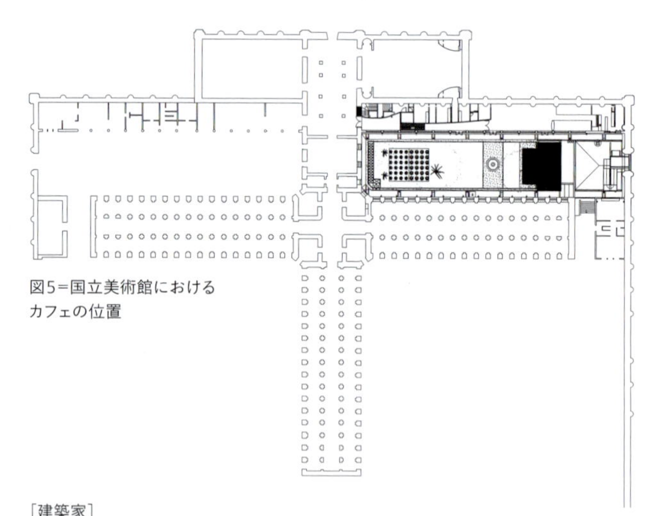

図5＝国立美術館における
カフェの位置

図3＝カフェから中庭を見る

［建築家］
レオナルド・アルバレス・イエペス Arq. Leonardo Alvarez Yepes
リカルド・クルス Arq. Ricardo Cruz

かつて監獄だった建物を転用した国立美術館のなかにあるカフェである。監獄という歴史遺産のもつ価値を損なわずに、カフェを配置することが最も重要な課題だった。

また現代的な素材を用いた建築表現によって、まったく異なる2つの建物の間に生じる時間的な相違を強調することも、デザインの目的の1つとなった。それは、新しい施設を加えることが必ずしも環境に悪影響を与えるわけではないからである。

パビリオンの位置の決定には、2つの重要な関係性が配慮された。1つは庭園との視覚的な関係、もう1つは人々との関係である。利用者のさまざまな活動に影響を与えないことが重視された。それは、この建物にとって理想的な雰囲気を提供するために、道路からアプローチしやすい条件を満たすことでもあった。

この設計においては庭園の扱いも重要であり、空間に奥行きを残すことが重視された。

カフェには境界を設けずに透明性を出すという考え方が取り入れられ、奥行きのある連続性をもった空間になっている。カフェはさまざまな活動を許容できる一体的な空間として計画された。この新しい建築には屋根と天井を支える8本の金属製の柱が使われており、こうした軽やかな表現がデザインの重要な特徴となっている。

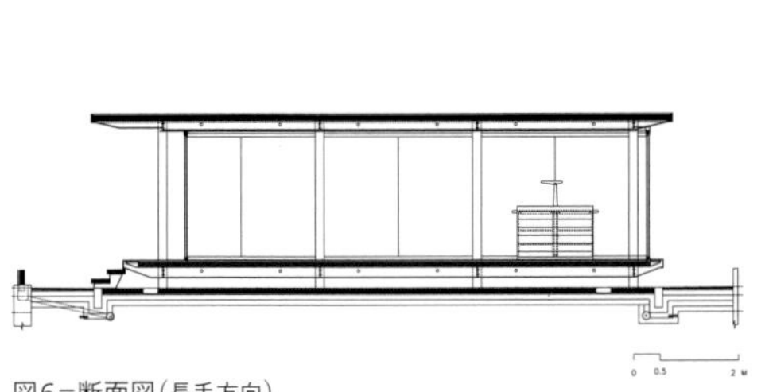

図6＝断面図（長手方向）

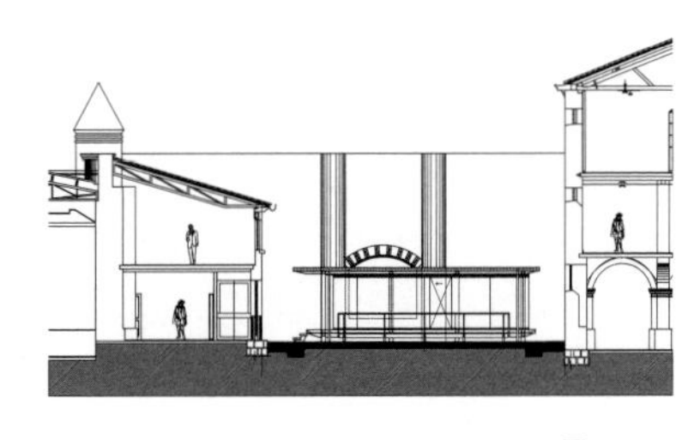

図7＝既存建造物とカフェの断面図

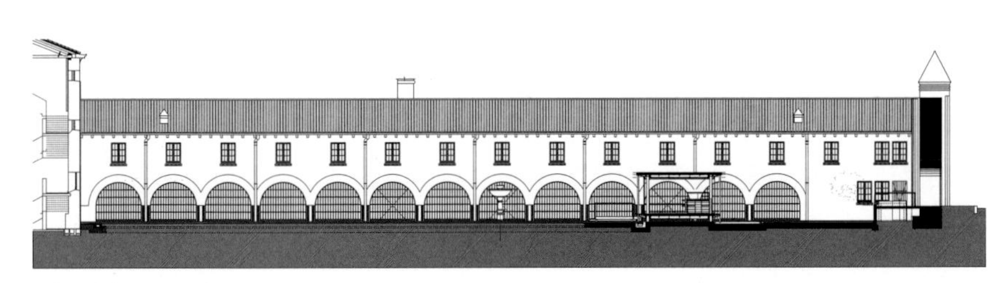

図8＝断面図（カフェと中庭）

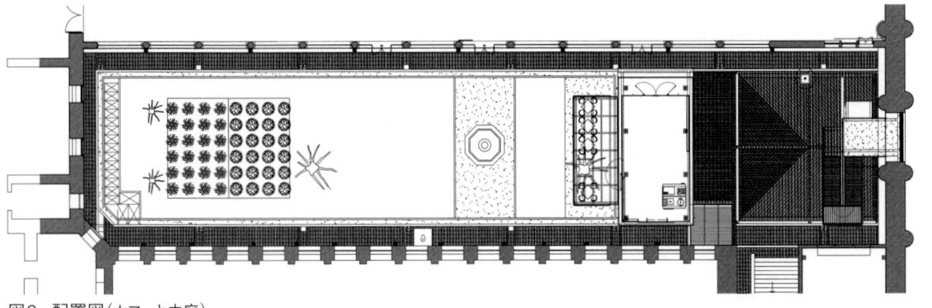

図9＝配置図（カフェと中庭）

バババリア中央公園

PARQUE CENTRAL BAVARIA

ボゴタ Bogotá…………1989

図1=全景写真

バババリア中央公園はババリア・ビールの工場跡地にあり、かつて工場だった建物を修復・改修した建物と公共空間で構成されている。この事業では新しい建物と再生された建築物群が組み合わせられており、都心部の都市空間の再生と建築的な再生という2つの側面をもっている。

開発の第1段階においては、2つの区画の建物の設計およびカバス(Cavas)とファルカス(Falcas)と名付けられた2つの建物の保全と改築に重点がおかれた。これらの新しい建物はかつて存在した典型的なレンガ造の建物を連想させる。広い敷地のなかで一列に配された建築物群が、公共的な屋外空間を明快に形成している。

1つの建築群はフロアごとに用途が異なる。1階はおもに商業空間、2階はオフィスとファースト・フード店が並置された空間となっている。3階以上はワンルームタイプのアパートメントとなっている。

この建物群はボゴタの都市空間において透過性をもった区画をつくり出し、大らかな、この地にふさわしい公共空間をもたらしている。もちろん私的なレクリエーションの空間も兼ね備えており、これに供されるプライベート・テラスや庭もある。

[建築家]
エドワルド・サンペル Arq. Eduardo Samper
カルロス・ヘルナンデス Arq. Carlos Hernández
ラファエル・オブレゴン Arq. Rafael Obregón
エドガー・ブエノ・タフル Arq. Édgar Bueno Tafur

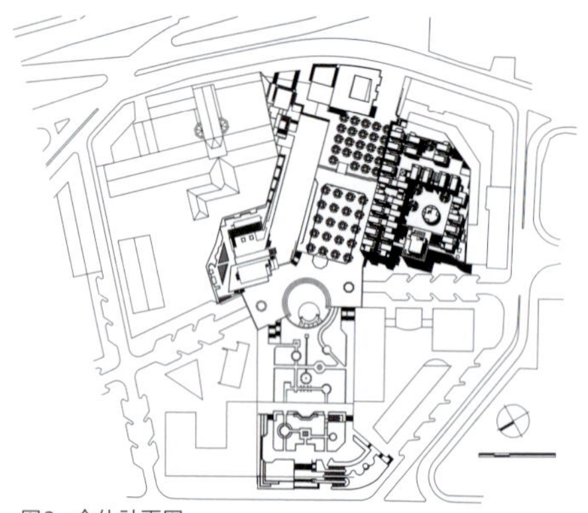

図2=全体計画図

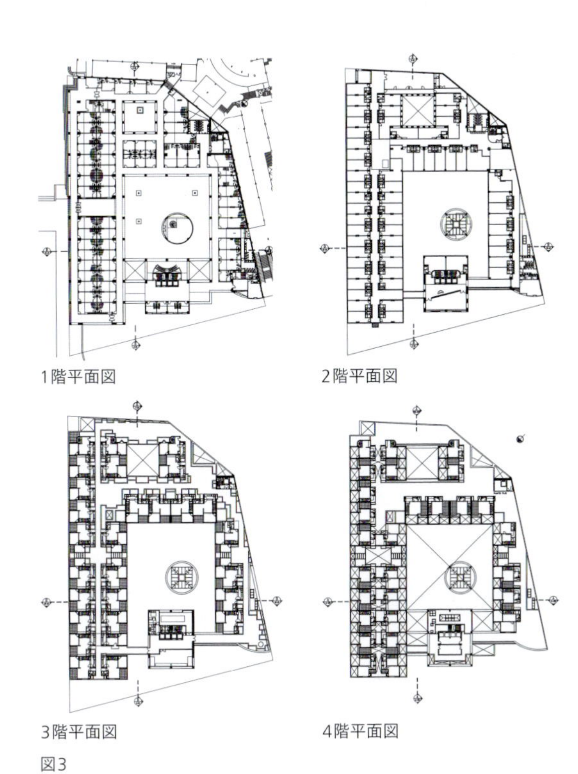

1階平面図

2階平面図

3階平面図

4階平面図

図3

図5＝中庭の俯瞰写真

図6＝屋外公共空間（中庭）

（Photo：Eduardo Samper & Antonio Castañeda）

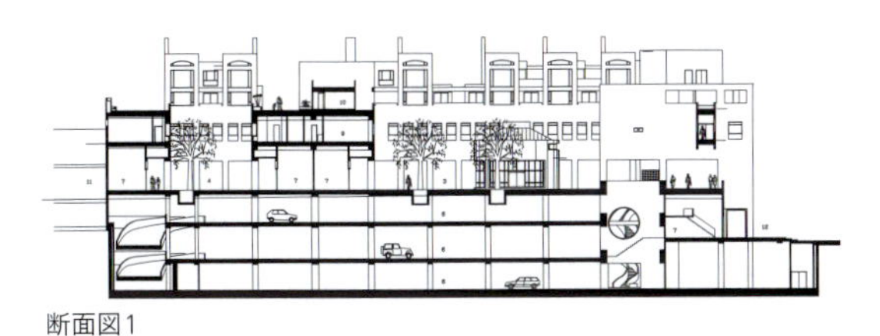

断面図1

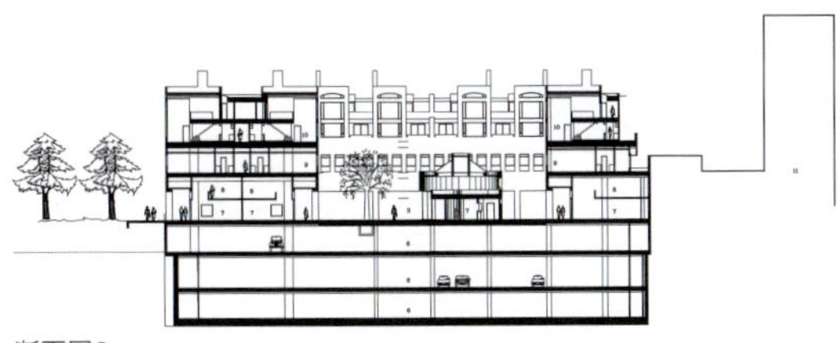

断面図2

図4

図7＝屋外公共空間（回廊と中庭）

ラ・カンデラリアの住宅

CASA LA CANDELARIA

ボゴタ Bogotá…………1994-1997

図1＝歴史地区の中の住宅（Photo：Antonio Castañeda）

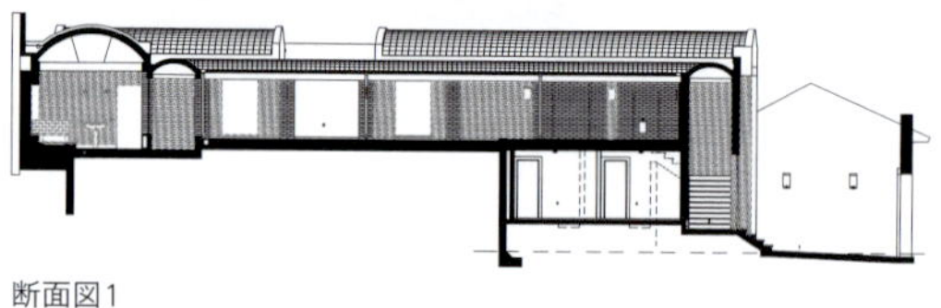

断面図1

断面図2

図2

図3＝廊下と中庭

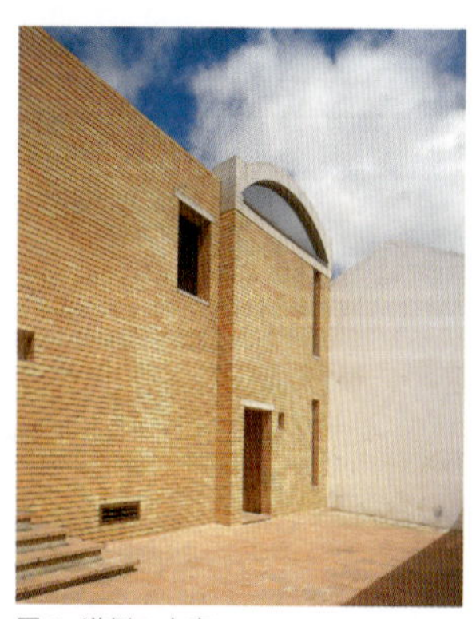

図4＝道側の中庭

［建築家］
ディアナ・バルコ Arq. Diana Barco

［協働建築家］
セシリア・カスティジョ Arq. Cecilia Castillo

この建物は、ボゴタの歴史的市街地であるカンデラリア地区に特有の敷地(道路は狭く、地表面は平坦でない)にある。この住宅は植民地時代の住宅の増築を含む再生建築である。元の建物を再生するにあたり、材料や建築的な類型への配慮、空間の再配分、そして空間ボリュームの変更が条件となった。そこで、オリジナルの部分は改変せず残すこととし、廊下幅や天井高、壁厚、中庭に面した窓の変更も行われなかった。

タイルで覆われたヴォールト屋根は周囲のスパニッシュ瓦で統一された屋根の風景に溶け込んでいる。通りに面した伝統的な白い化粧漆喰のファサードはかつてと同様に残され、軒高も隣接する住居に揃えられた。

新しい空間として、入り口に中庭が設けられた。この空間が街路に面したファサードと建物を切り離している。

また不整形な平面をもつパティオやこれを囲むL字型の回廊を新たに設けることで、既存の廊下や、アーチ状の天井のボリュームのある配置により、元の建物にあったいびつな形状を調整している。窓のニッチと寝室のクローゼットは廊下の上部の小さなヴォールト天井と、大きいヴォールト天井のある空間に配置された。メインのアーチ状天井があることで、2つのベッドルームの間に小さなパティオを挿入し、両室に光が入るようになった。

図5=廊下

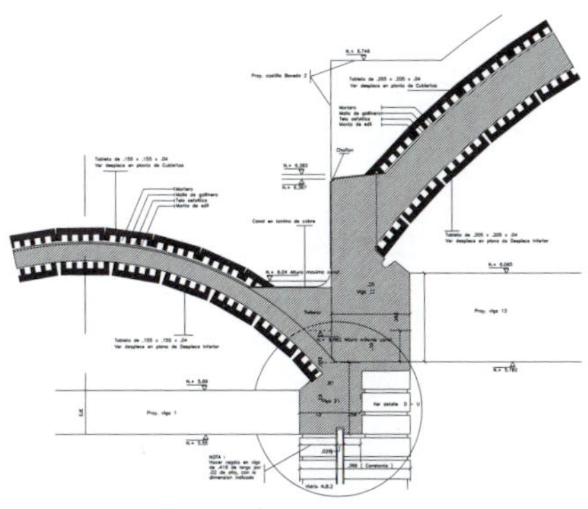

図6=ヴォールト屋根のディテール

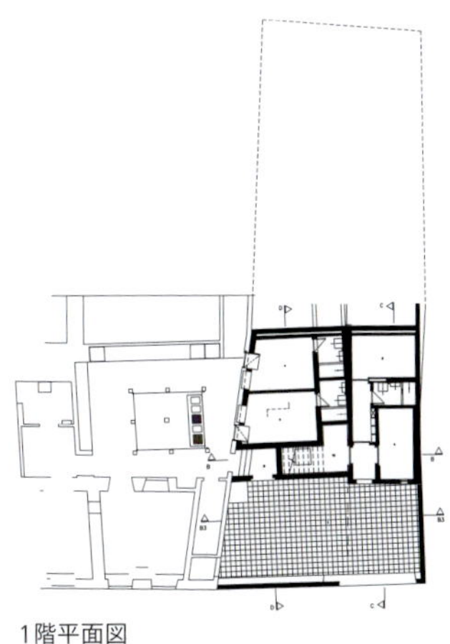

1階平面図

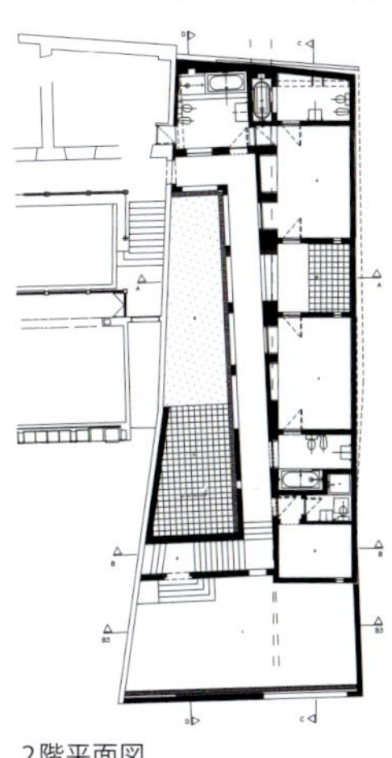

2階平面図

図7

図8=敷地周辺図

サンタンデルの住宅

CASA EN SANTANDER

バリチャラ Barichara…………1994-1996

図1＝外観写真（Photo：Rodrigo Orrania）

図2＝パティオ1

図3＝パティオ2

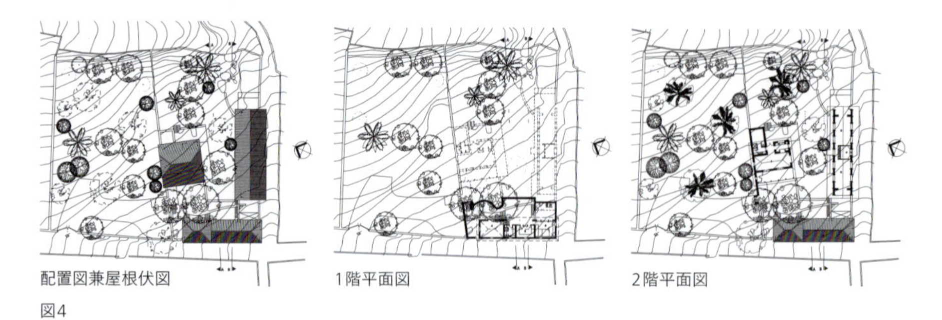

配置図兼屋根伏図　1階平面図　2階平面図

図4

［建築家］

ホセ・アレハンドロ・ベルムデス・サンペル Arq. José Alejandro Bermúdez Samper

アンヘラ・ヒメネス・ペレス Arq. Ángela Jiménez Pérez

図5＝内観写真1

図6＝内観写真2

図7＝内観写真3

図8＝樹林と住宅

アンデス山脈のバリチャラという小さな町に、この住宅がある。敷地の中央部には木が繁り、木々を通して敷地に光が差し込む。敷地には石、ライムの木、土を使った3棟の建物がある。これら3棟の建物は赤みをおびた傾斜した敷地に建っている。

住居を建設する過程で用いられた建築の設計方法は、この地域の建築類型の研究と地域の建築技術を掘り起こす機会となった。こうした設計方法は建築を実現してゆくための原動力となり、同時に、同様の設計方法に敬意を表することでもあった。そして、風景に対する沈黙と知恵に最大の敬意が払われた。建築と環境の概念は調和的に共存している。

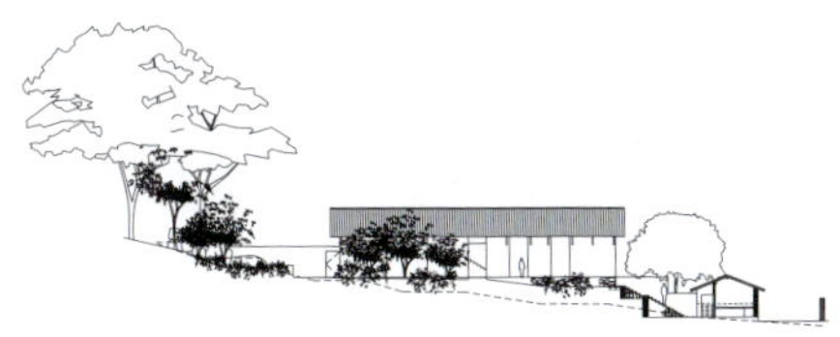
図9＝断面図

図10＝断面図

ビジャヌエヴァ・ショッピングセンター

CENTRO COMERCIAL VILLANUEVA

メデジン Medellín…………1982

図1=中庭（Photo：Juan Felipe Gómez）

図3=在りし日の神学校

図4=中庭の入隅

図2=街路景観

図5=内観写真

［建築家］
ラウレアーノ・フォレロ・オチョア Arq. Laureano Forero Ochoa

［コーディネーター］
ホアン・ホセ・エスコバル Arq. Juan José Escobar

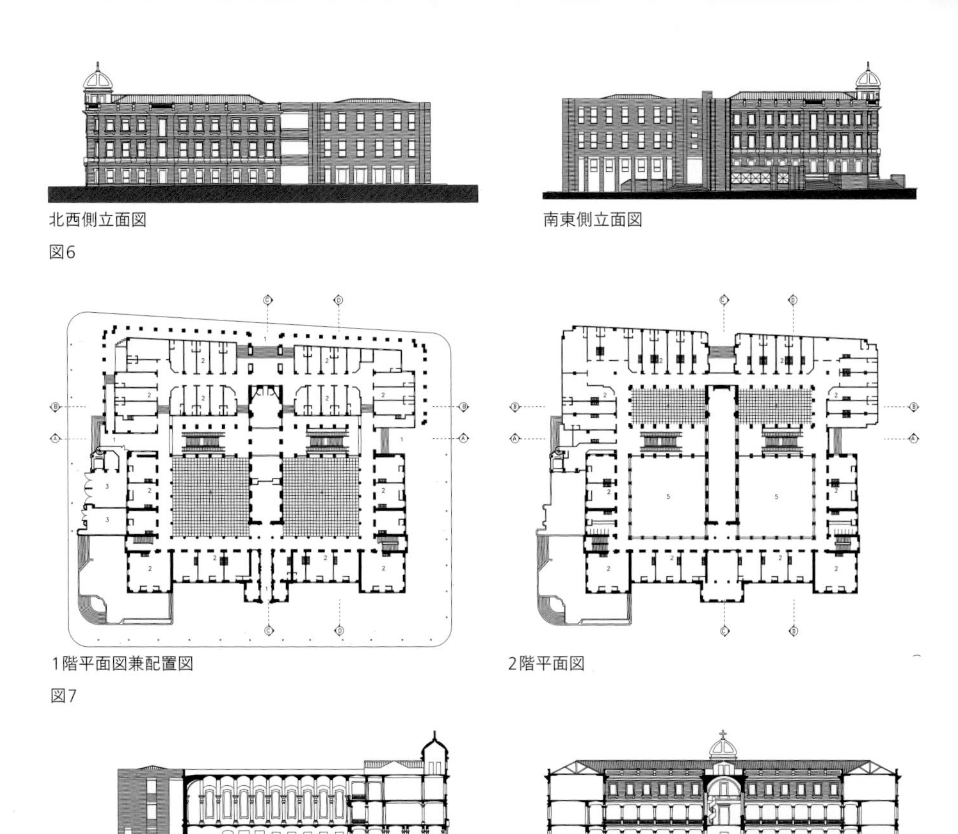

この建物はかつて神学校だった建物を再生したものである。全体の調和を保ち、更に新しい使い方ができるようにする、という要請に応えるために、従来の建物の本体に全く新しい建築物を加えた。計画では、古い建物の内部のインテリアは全体として保存し、変更部分のすべてはオリジナルの建物に適応するように設計された。利用方法の変更、密度の高い各種サービスといった基本的な観点から、従来の建物の各部分が再生された。オリジナルの建築物の各階の高さが一般の建築物の2倍だったので、床面積を増やすことが可能となり、建物に中2階を設置して商業空間とした。新しい建物は同じ高さをもつU字形の建物で、オリジナルの建物に接続されており、空間的に連続する構成が意図された。新しい建物はオリジナルの建物と同様に長方形を基本とし、時代の異なるふたつの建物を一体化させ、さらに一層の共生を目指すという意図が実現できた。新しい建物の素材には従来の建物の基調となっていたレンガが選択された。オリジナルの建物と新しい建物が全体をなすように、調和したリズム感のあるファサードを与えることで解決した。

ラ・ケッハの家

CASA DE LA QUEJA

カリ Cali…………1990-2000

図1＝廊下

図4＝池と回廊

図5＝池・中庭

図2＝プール

図3＝屋内空間

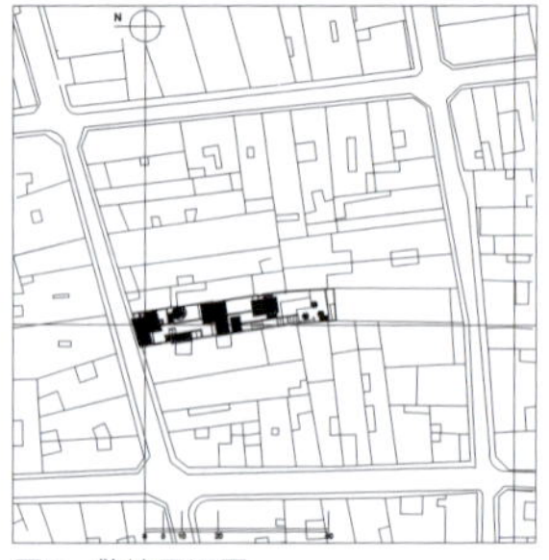

図6＝敷地周辺図

［建築家］

ベンハミン・バルネイ・カルダス Arq. Benjamín Barney Caldas

この住宅は、カリ市の伝統的な植民地街区にある20世紀の建築を改修した建物である。中廊下が保存された。建物全体の保存状況は良く、周辺の地区とも調和している。改修工事では新しい車庫も増築されたように、明確に新しい部分を取り込む改修が行われた。内部空間には現代の生活に必要な設備が備えられた。また安全性も保たれている。この地区の伝統的様式の玄関、廊下、中庭は保存されたが、テラス、展望室、プールも新しく建設された。

この建物は、気分や気候、一日の移ろいに従って過ごす幾つかの場所がある。日干しレンガやセメントブロックの壁が、木材とコンクリートで建設された中2階や屋根を支えている。この建物ではおもに、セメント、木材、陶製品、ガラス、鉄が使用された。新しい材料の採用にあたっては、素材がエイジングしてゆくように工夫された。新しいものと古いものとの関係が直接的に感じられる。中庭の水面には太陽の移ろいや雨風の醸しだす気候の変化が反映される。

隙間と中庭、香りとせせらぎ、硬さと滑らかさといった一連の課題について充分に検討された結果、単なる一軒の家としてよりも、時の流れの前でゆっくりと休息できる場所である。敷地や日々の生活のなかで驚きの体験がでできるような場所が具現化されている。

図7=ラ・ケッハの家と周辺の連続立面図

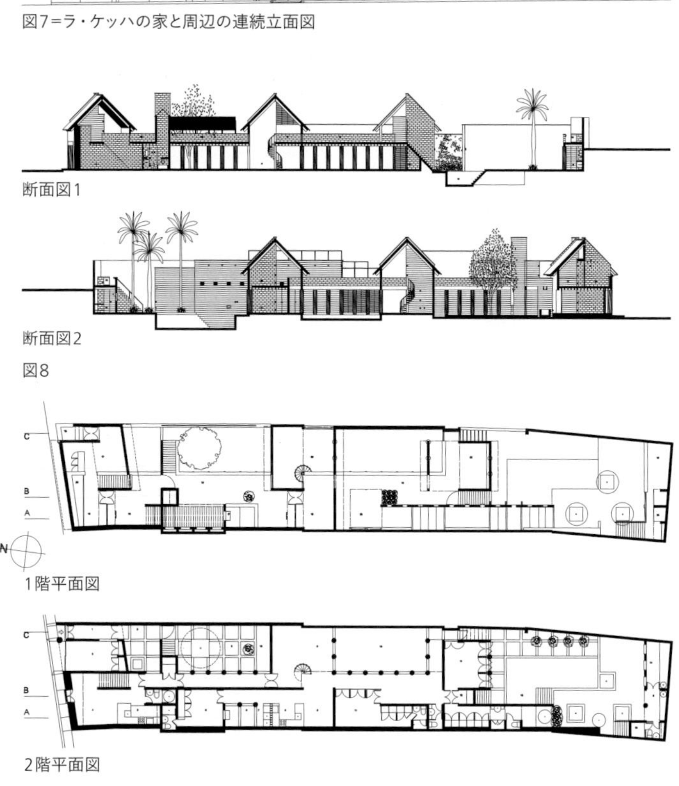

断面図1

断面図2

図8

1階平面図

2階平面図

図9

コダックの社屋

EDIFICIO KODAK

ボゴタ Bogotá…………1980

図1＝回廊と中庭（パティオ）

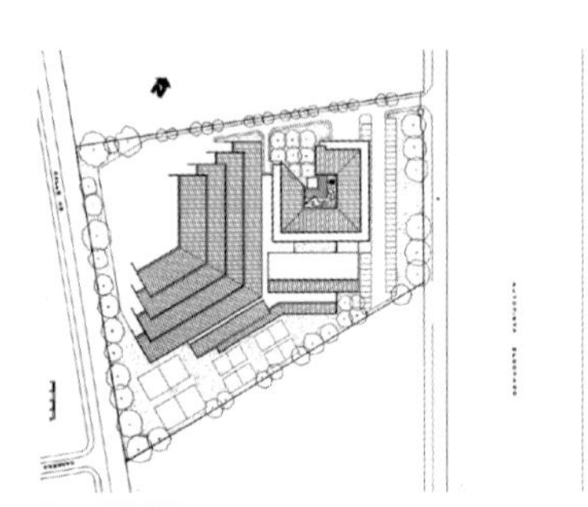

図2＝配置図

図3＝全景写真1 （Photo：Germán Téllez）

図4＝全景写真2

［設計事務所と建築家］
カマーチョ・イ・ゲレロ建築事務所
Camacho y Guerrero Arquitectos Ltda.
ハイメ・カマーチョ Arq. Jaime Camacho
フリアン・ゲレロ Arq. Julán Guerrero

この建築物は、ボゴタ国際空港とボゴタの中心市街地を繋ぐハイウェイのエルドラド通りの近くにある。この建物には3つの空間的な中心がある。1つは、簡易な作業ができる倉庫の中心となる空間で、2つめが、社員が使うスポーツ・ジムとカフェテリアをつなく中心である。3つめが事務部門の建物に中心を与える空間である。事務部門の建物は3層で構成されており、パティオを囲んでいる。パティオには3層の開放的な通路(回廊)とそれに続く階段がある。事務部門の建物からエルドラド通りを見渡すことができる。それぞれに囲繞された中心的な空間があり、それらの空間を囲むように通路部分が構成されている。通路部分はペリメータゾーンとなっている。こうした空間の構成により、同心円状の空間の構造を持つ。

中心のパティオにつながる傾斜した天井は、空間を連続にな統合している。おそらく、これが、建物に最も明確な特徴を与えているといえよう。内部空間としてのパティオは空間の伝統に誠実で、空間の中心性と空へとつながる空間をつくりだしている。緊張感のある空からの光が通路との関係で中心となる空間を経験できる。この経験は、レンガの効果的な完璧な使い方とによって強められており、明確に地域の伝統と調和している。

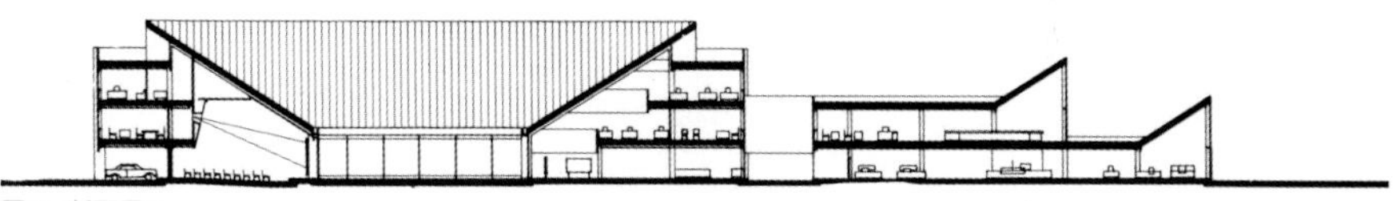

図5＝断面図1

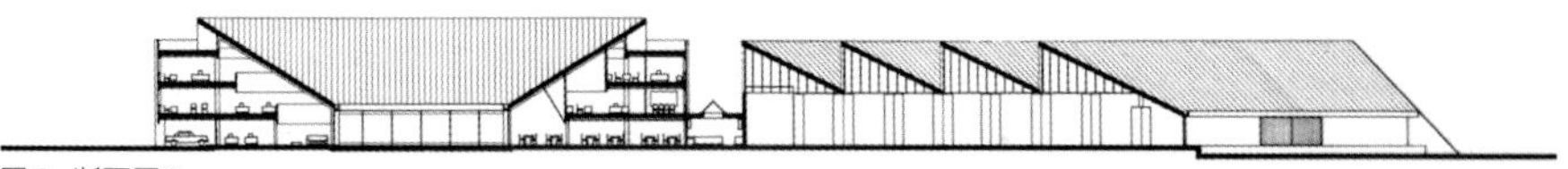

図6＝断面図2

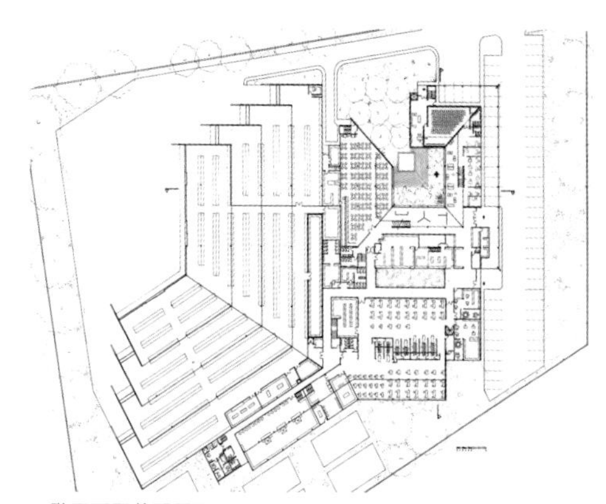

1階平面図兼配置図

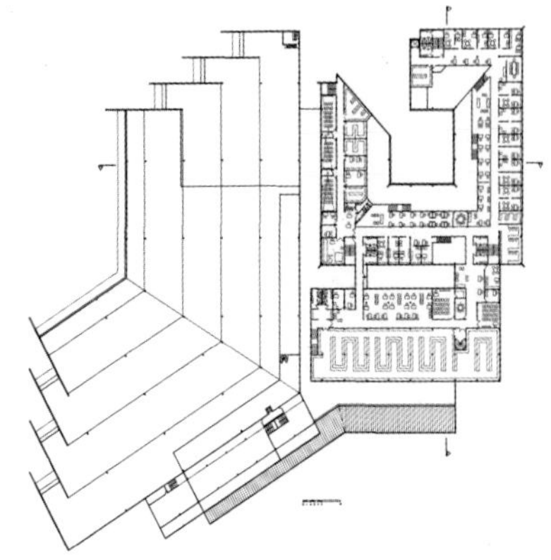

2階平面図

図7

バンコ・デ・クレディイット

BANCO DE CRÉDITO

ボゴタ Bogotá…………1981

図1＝全景写真（Photo：Germán Téllez）

この建物は、ボゴタの中心部の銀行や国際的な企業が建ち並ぶ国際地域の中心部にある。平坦でない斜面地に建つ建物はサンタ・マリア闘牛場とコロンビア建築家協会の建物の近くに位置しており、都市のランドマークとなっている。建物は都市の発展を示し、都市景観と深い関係がある。既存の建物のスカイラインとともに特徴的な建築景観を形成している。建物は2つの広場を結ぶ小道に開かれている。この小道は単に建物への道ではなく、近隣の建物に通じる通路ともなっている。この建物から都市の東側に聳える山々を望むことができる。建物はレンガの壁の量感のある高層建築で、重量感がある。ボゴタの伝統であるレンガ産業の特色を見いだせる。この塔状の建物は地形と公共空間に調和している。

［建築家と設計事務所］

カマーチョ・イ・ゲレロ建築事務所 Camacho y Guerrero Arquitectos Ltda.

ハイメ・カマーチョ Arq. Jaime Camacho

フリアン・ゲレロ Arq. Julián Guerrero

図2＝全景パース

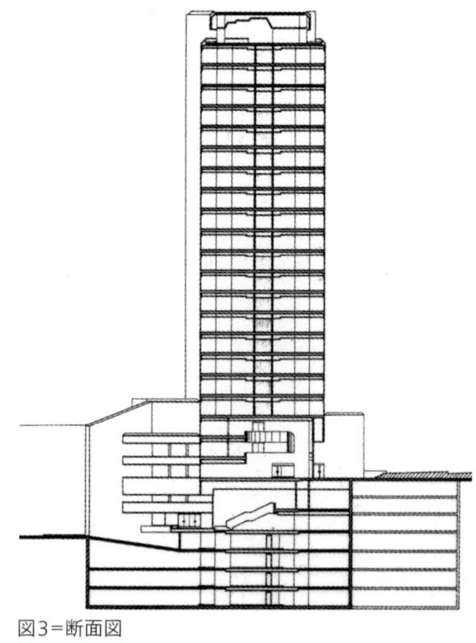
図3＝断面図

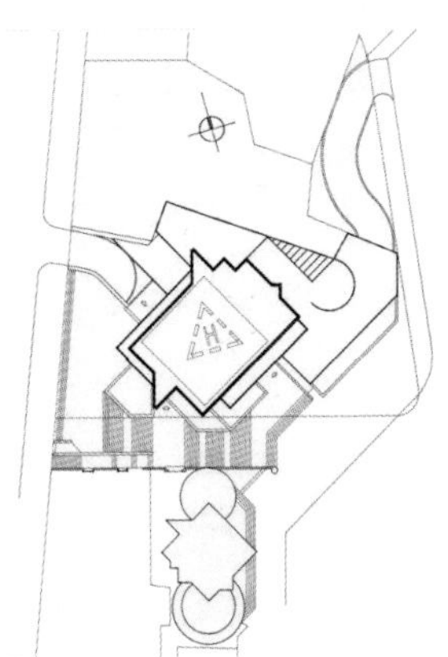
図4＝配置図

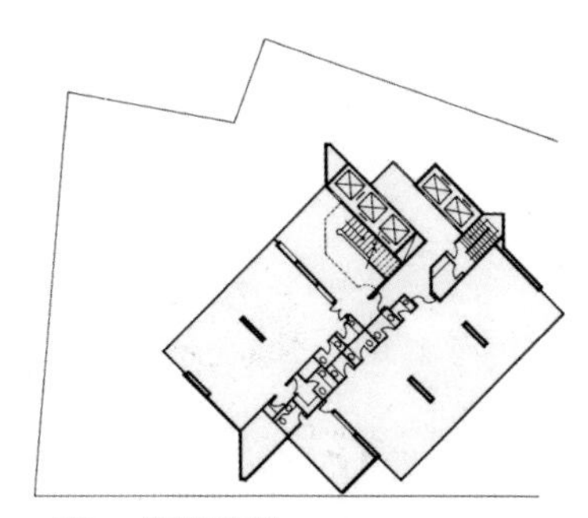
図5＝一般階平面図

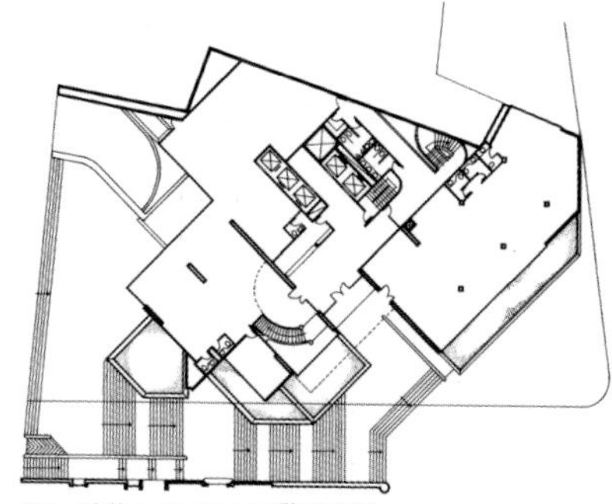
図6＝建物へのアクセス階平面図

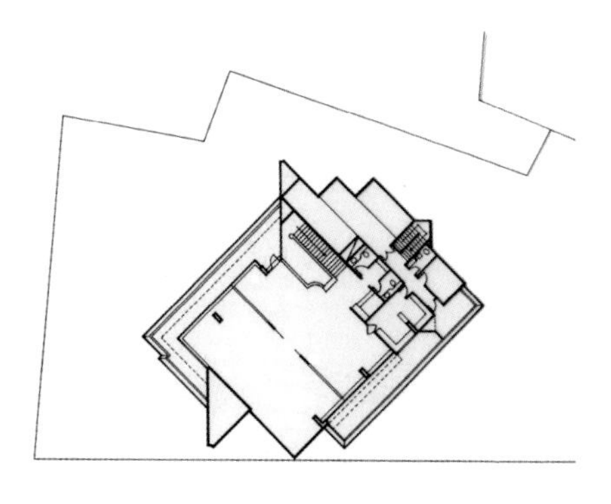
図7＝最上階平面図

臨時展覧会のための施設(共和国銀行)

SALAS DE EXPOSICIONES TEMPORALES, Banco de la República

ボゴタ Bogotá…………2003-2004

図1＝歴史地区の中にある開かれた中庭

［建築家］

エンリケ・トゥリアーナ・ウリベ Arq. Enrique Triana Uribe

ホアン・カルロス・ロハス・イラゴリ Arq. Juan Carlos Rojas Iragorri

［協働建築家］

カルロス・ロセロ・サンタンデル Arq. Carlos Rosero Santander

コロンビア造幣局の建物が建てられたのは17世紀に遡る。建物はボゴタの歴史地区にある。コロンビア造幣局とボテロ美術館は永久コレクションを所有しており、作品はリパブリカンハウスの展覧会で見ることができる。臨時展覧会場の建設事業にはワークショップ、収蔵庫、サービスエリアおよび駐車場に加えて、国際的な展覧会に対応するために必要な設備を備えている。2つの大型展示室の建設を含んでいた。既存建造物だけでなく、厳しい都市計画上の規制に加えて、美術品を際立たせる空間を提供したいという施主の希望が考慮された。その結果、敷地に広場と通りを取り込んだ白い建物となった。広場の1つは正面玄関に隣接し、街区の曲がり角に位置する。20世紀の中頃に建設されたテラスが取り壊された。これは、ボテロ美術館の側壁を取り払い、大階段を通じて通りからアクセスが可能となる広場を形成するためだった。東側には広場に面する壁があり、その壁にはカンデラリア教会に面する開口部がある。街区の中央部には大きなレセプションのための広場がある。その入口は大階段を通じて通りに繋がっている。また、街区の内側の17世紀以来の中庭はボゴタ大司教の邸宅に繋がる。今日、この中庭はボテロ博物館、国立造幣局と「通路」に繋がっている。中庭は新たに建設した仮設展示室を持つ建物の影に隠れている。光はこの「通路」を通って大空間に入り、美術品を照らす。各階の展示室は長方形で、必要に応じた受付を設置でき、展覧会場を分割して使用することができるようになっている。これらの展示空間は建物の核となる部分を構成している静かに物思いにふけることのできる小さな中庭につながっている。

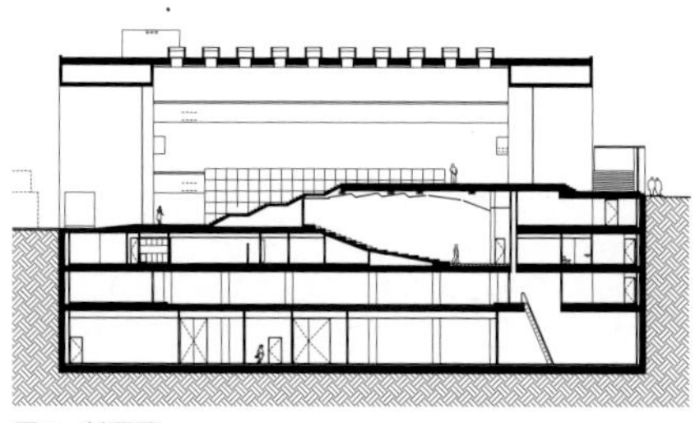

図2＝断面図

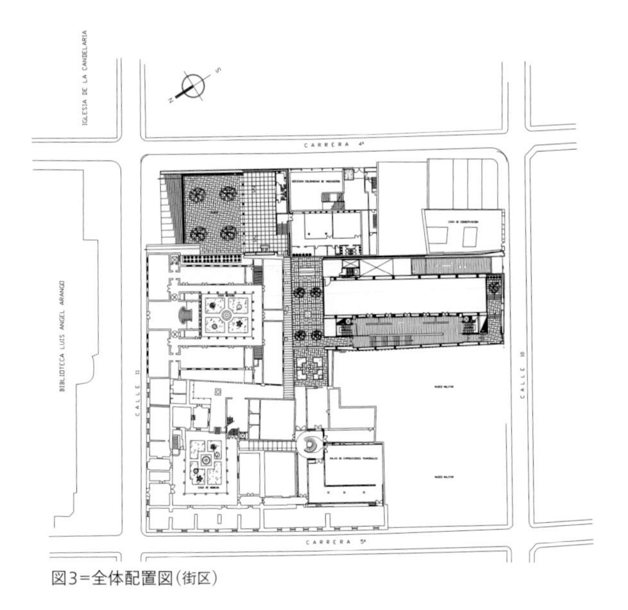

図3＝全体配置図（街区）

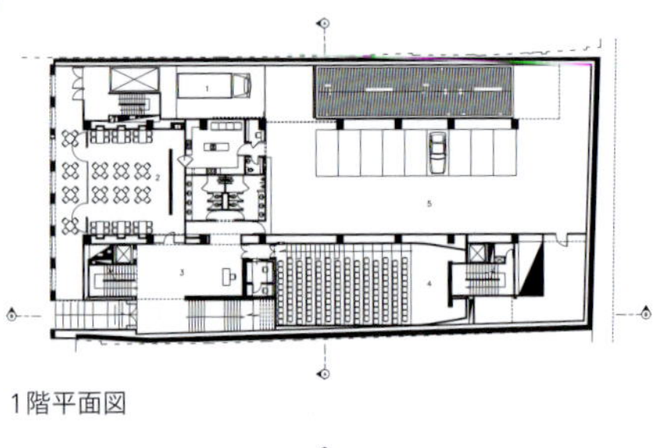

1階平面図

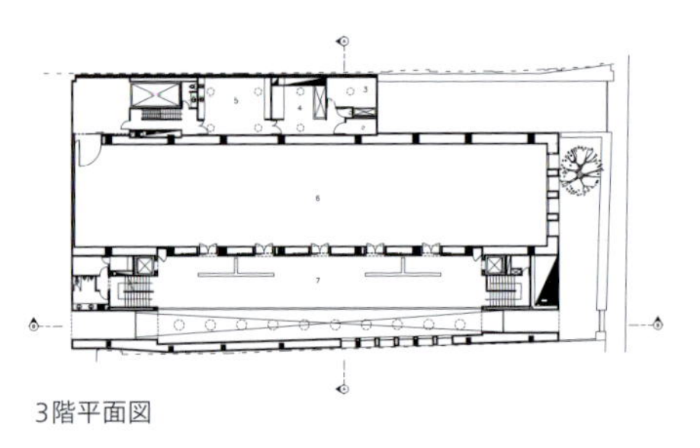

3階平面図

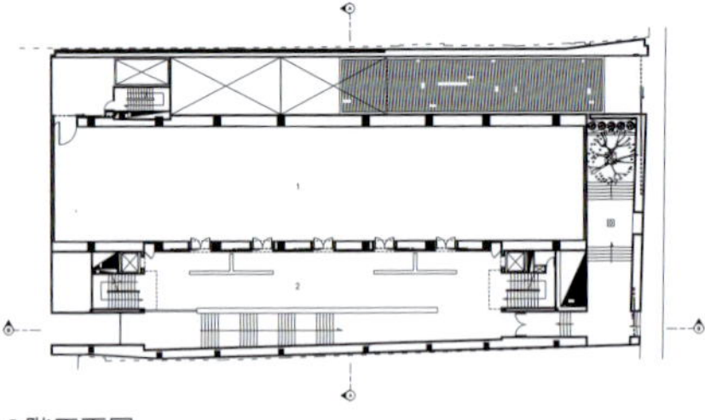

2階平面図

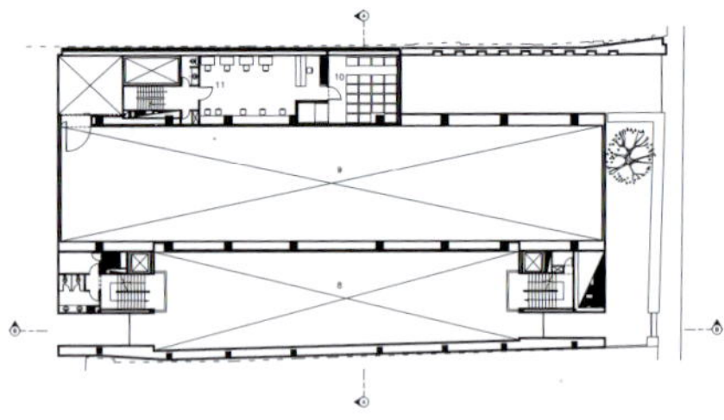

中2階平面図

図4

図5＝街路に通じる大階段

図6＝展示室

作　品　編　（Works）

建　築　材　料　と　表　現

Architectural Material and its Expression

マカナの家

CASA MACANA

カウカシア Caucasia…………2003

図1＝内観写真1（Photo：Carlos Tobón & Manuel Peldát）

図2＝全景写真

［建築家］
ホワン・マヌエル・ペラエス・フレイデル
Arq. Juan Manuel Peláez Freidel

［協働建築家］
アンドレア・デイアス Arq. Andrea Díaz
ホアン・パボロ・ペレア Arq. Juan Pablo Perea

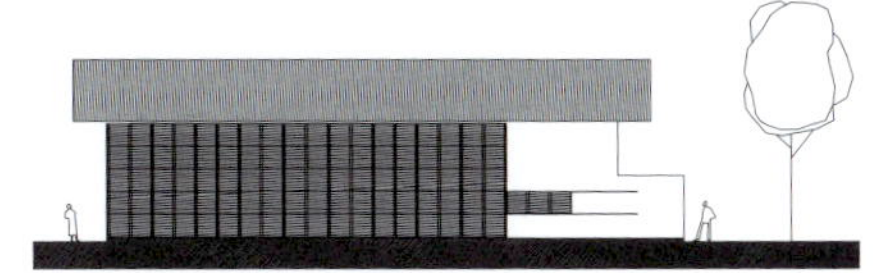
南立面図

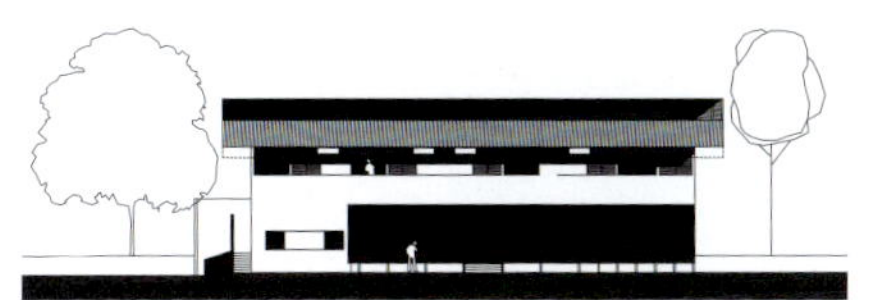
長手方向の立面図

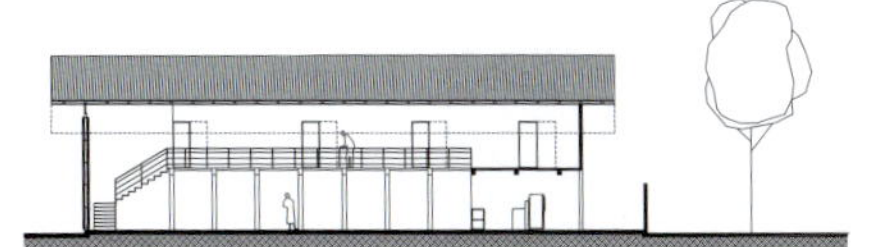
北立面図

図3

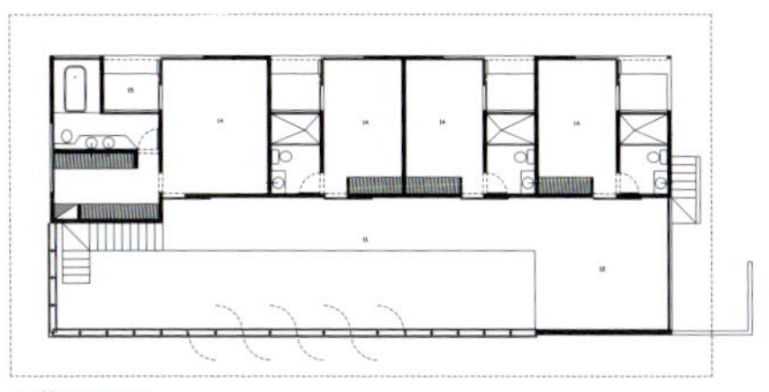
2階平面図

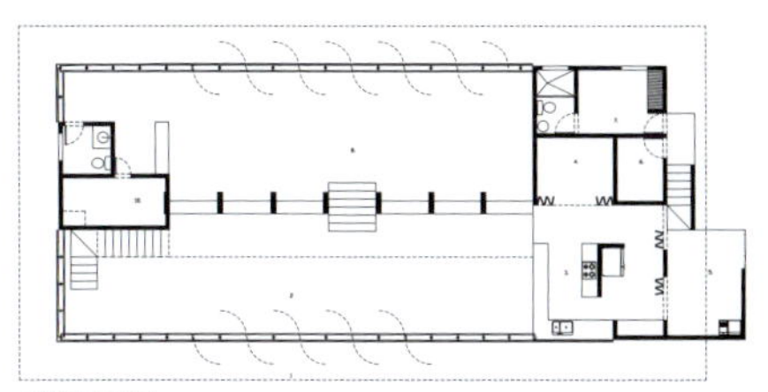
1階平面図

図4

辞書によればマカナは以下のように定義されている。

1)アメリカの先住民(プレ・コロンビア時代からアメリカ大陸に住み始めていた人々)が土地を耕すのに用いた棒。2)耐久性が高く厳密な組成の繊維質の素材。

この建物はグアドゥア、金属、そしてマカナを使っている。マカナは風の通りを妨げず、太陽光を濾過するフィルターとして使われている。太陽の動きにあわせて、絶え間なく動く影により、建築と自然が分かれている領域を融合させている。明るさの変化、時間の移ろいに任せて変化する透明なものである。

家屋の内部は、ぼんやりとしたまどろみが漂い、耐え難い暑さなので、パティオにハンモックを吊るし、アーモンドの木の木陰にスツールを置いてまどろんだり、しゃがんで、うとうとと、昼寝をしている
——ガブリエル・ガルシア・マルケス

図5=内観写真2

図6=内観写真3

ロス・ノガレスの神学校の礼拝堂

CAPILLA COLEGIO LOS NOGALES

ボゴタ Bogotá…………2000-2001

図1＝全景写真（Photo：Jorge Gamboa & Alberto Fonseca）

図2＝正面入口

［建築家］
ダニエル・ボニージャ・ラミレス Arq. Daniel Bonilla Ramírez

［担当建築家］
アレハンドウロ・ボレロ Arq. Alejandro Borrero
クラウディア・モンロイ Arq. Claudia Monroy
ジョニー・ドウアルテ Arq. Johnny Duarte

ロス・ノガレスの学校にある小さな礼拝堂は効果的な調和を表現している最高の透明感のある多面体である。地球上の生命の共存は生命の複雑性と関係している。調和により生じる力は、透明感のある多面体に穿かれた。建物の表面を傷つける、穴と切り裂かれた面の表現となっている。完全性は天井と壁を含む室内のランダムな光の軸により存在し、人工的な自然の秩序の変化と人の集団における個の存在を反映する。

外観の点で過去の表現と決別する一方でこの教会の現在は根の深い伝統に基づいている。教会に行く人の数が大きく変化するので、100人が使える部屋のある軸となるチャペルから、最大で2,000人が利用できる礼拝堂に変化することができる。そのために、建物の側面は開放される。中心、スケールそして軸線の変化は、教会の主な構成要素である十字架の適用と拡張性が求められた。現代の説教壇は聖歌隊への祭壇へと変わり、建物の領域は祭壇になる。大きな固まりにあるふたつの大きな扉の割れ目は、神秘性を人々に見せるためのようである。この強力な空間のインパクトの下で信仰深い信者は聖なる言葉により、敏感に、そしてより受容力を持つようになる。

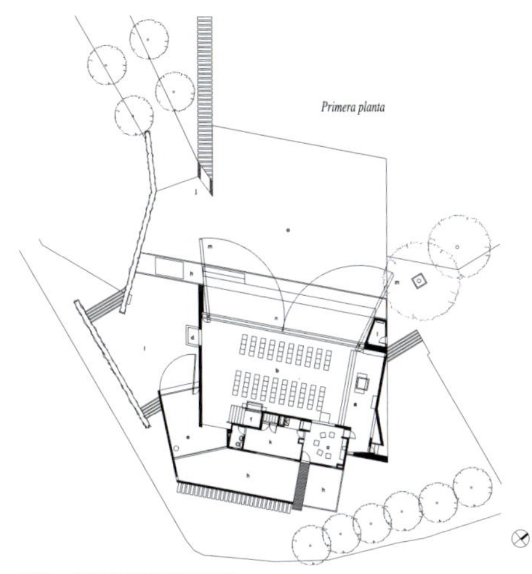

図3＝1階平面図兼配置図

図4＝内観写真

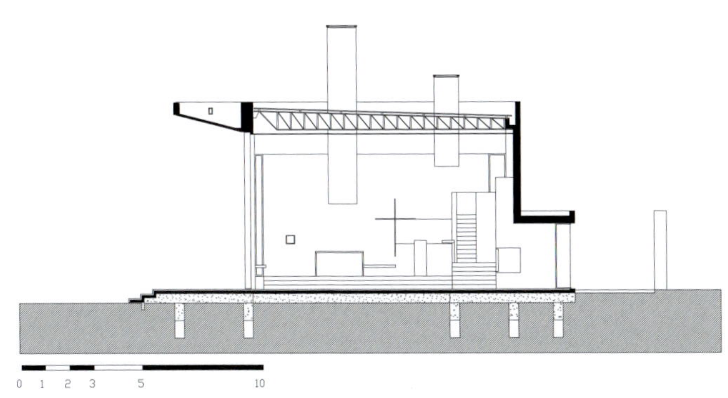

図5＝断面図

レストラン・バー、ラ・マニラ

RESTAURANTE-BAR LA MANILA

メデジン Medellín…………2000

図1=全景写真1

図2=全景写真2

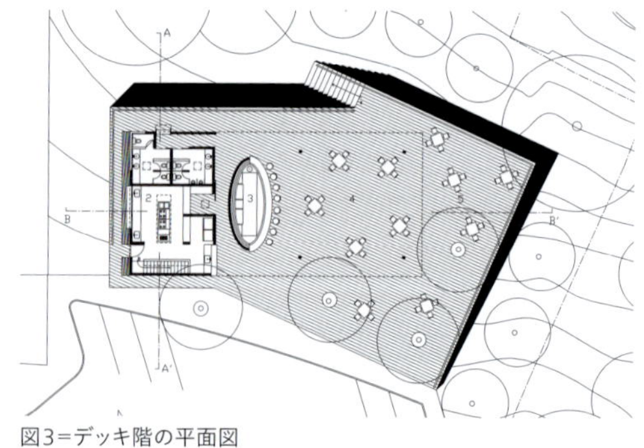

図3=デッキ階の平面図

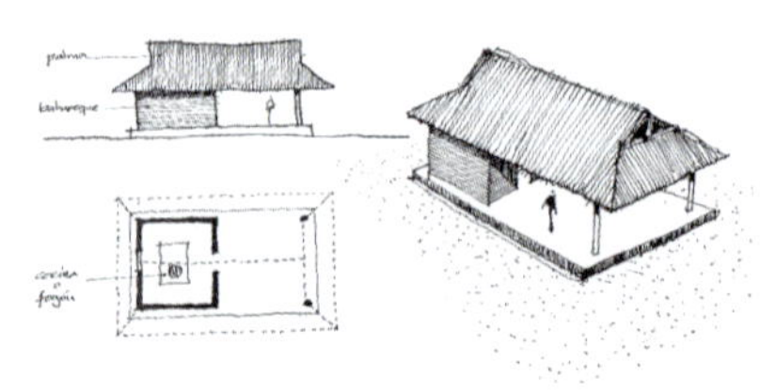

図4=伝統的な空間構成

［設計事務所と建築家］
オブラネグラ設計事務所 Obranegra ltda.
カルロス・パルド・ボテロ Arq. Carlos Pardo Botero
ニコラス・ベレス・ハラミージョ Arq. Nicolás Vélez Jaramillo
マウリシオ・スロアガ・ラトーレ Arq. Mauricio Zuloaga Latorre

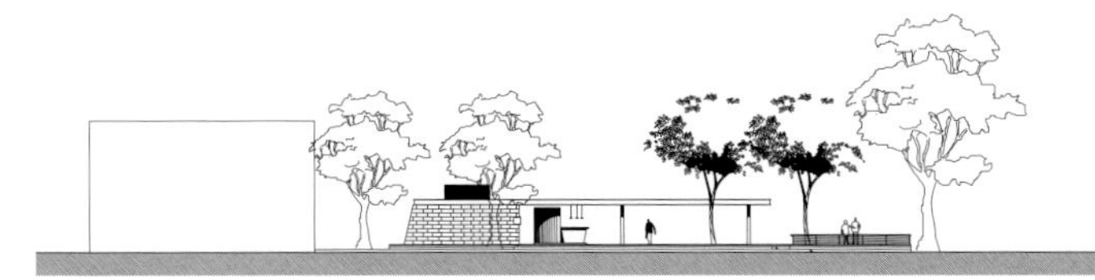

東立面図

西立面図

図5

このレストランは住宅密集地域にある。そこで、人々が高密度な場所であることを意識せずに過ごせる空間を創り出すことが目指された。現存する自然環境の保存により、この意図は達成された。敷地の側面に自然の領域があり、敷地内の現在の状況が将来にわたって変化しないことを暗示している。

空間の構成に関しては、透明性と幾何学的な抽象性を建物に取り入れる方法を用いることが考え出された。そこで、広い水平面の木製のデッキが提案された。デッキの上に小さな石の箱のような建物を配置し、バーには木製の楕円形のカウンターが設置された。必要最小限の柱で支えられた軽い水平面によって空間は2つに分割されている。そして屋内空間と屋外の境界を形成している。平面形態を単純化することにより、このレストランの本質的な目的は実現された。形式的な雄弁さよりも意味深長な沈黙を優先した建築的表現が採用された。気候に適した利便性や境界を除去したことにより、自然に対して開かれた空間や、人々に共有される楽しみを促し、ゆったりと時間を過ごせる楽しい場所が提案された。

断面図1

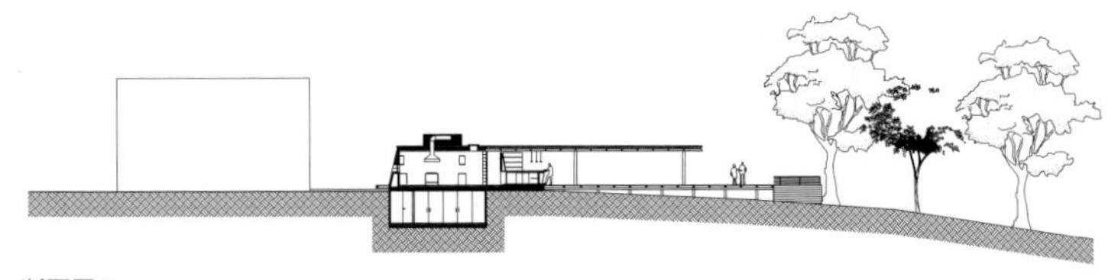

断面図2

図6

クレープとワッフル「カリの南」

CREPES & WAFFLES CALI SUR

カリ Cali…………1992

図1=インテリア空間

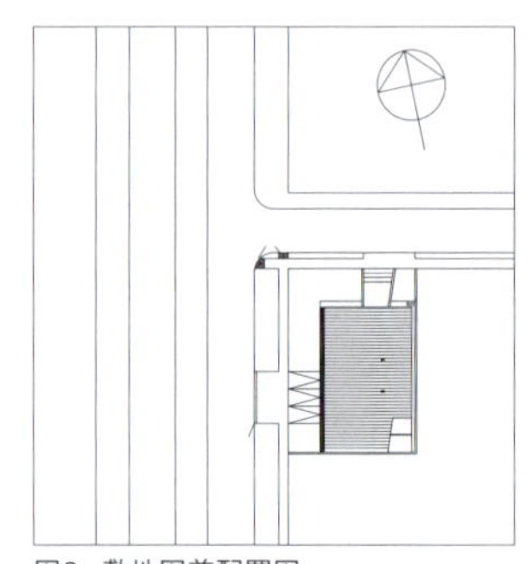

図2=敷地図兼配置図

図3=外観写真（Photo：Silvia Paiño）

［建築家］
ギジェルモ・フィシエル・ムニョス Arq. Guillermo Fischer Muñoz
パブロ・カイセド Arq. Pablo Caicedo

この建築物はカリに一般的に見られるレストランと屋外カフェの建築タイポロジーからインスピレーションを得て設計された。このカフェの前にある芝生に覆われたテラスは日常的な都市活動に積極的に対応する空間である。この地域の気候と多くの熱帯植物はオープンスペースの空間を活気付けている。風が流れる屋外空間では、市民同士が見守り、見守られる関係をつくり出すことを促している。最小限の建築素材で構成された大きな屋根は都市に対して気持ちよい内部空間を開放し、地域の伝統に従ったコミュニティ形成に一端を担っている。この建物の伝統的な様相をもつ、建物の境界領域は小さなパティオを街路に提供している。

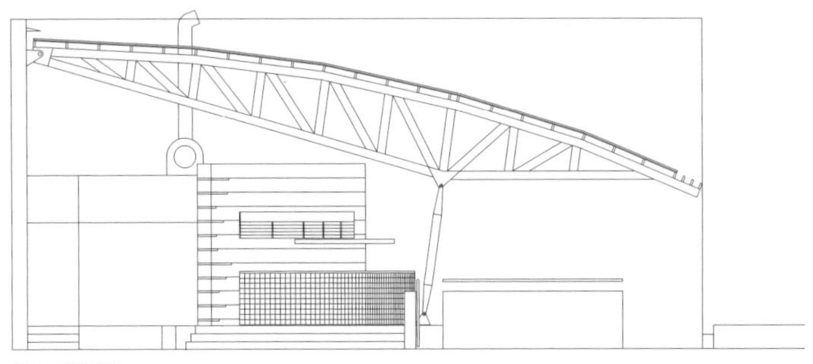

図4＝断面図

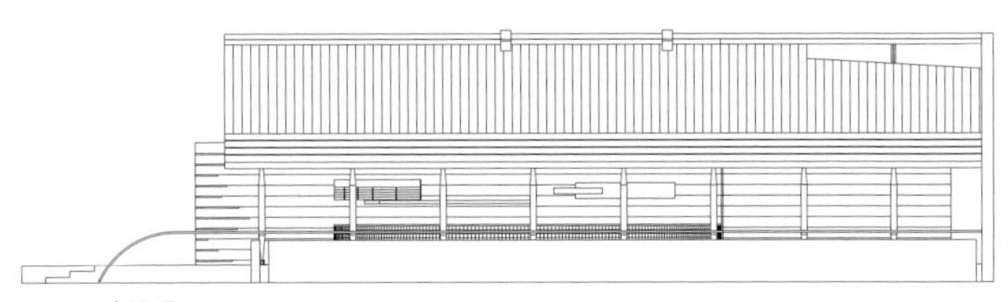

図5＝西立面図

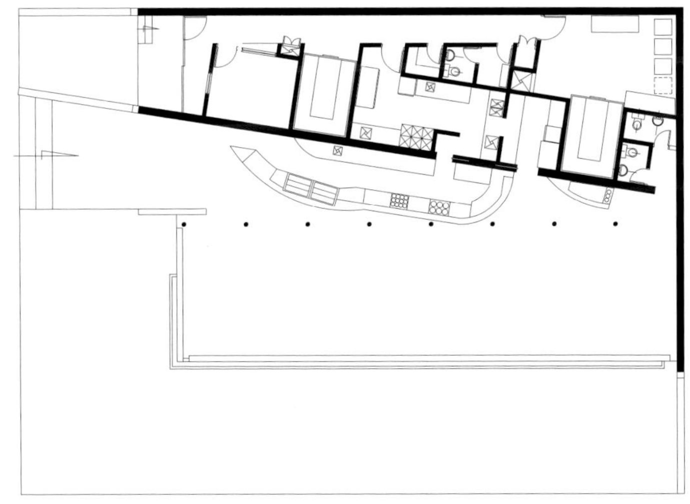

図6＝平面図

マンゴーの家

CASA DE LOS MANGOS

アナポイア Anapoima…………1992

図1=中庭と樹林(Photo:Jorge Gamboa)

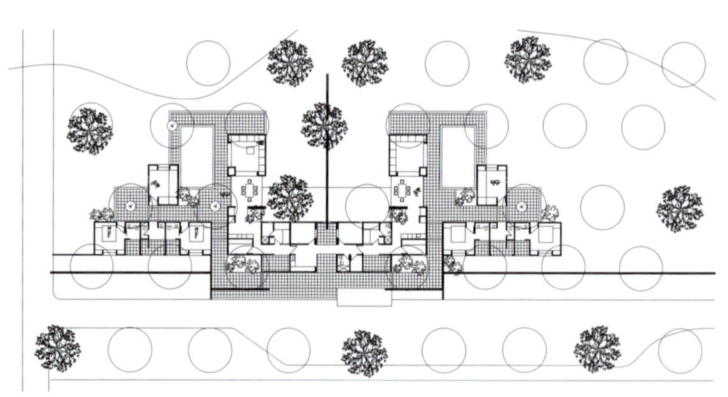

図2=敷地図兼平面図

[建築家]

ホセ・マリア・ロドリゲス Arq. Jose María Rodríguez

イヴォン・ヴァレンシア Arq. Ivonne Valencia

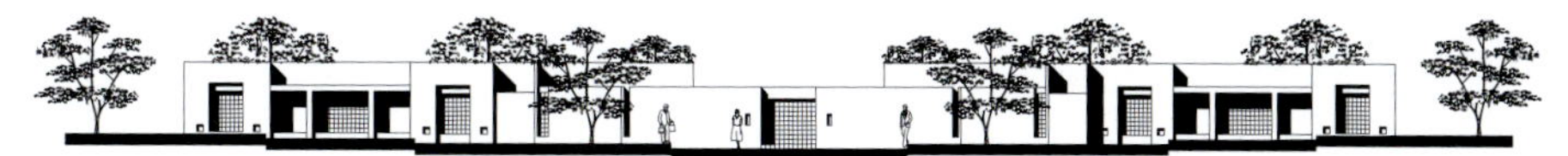

図3＝立面図

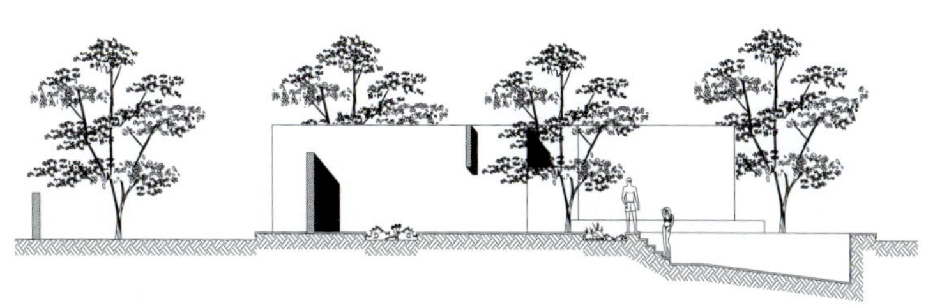

図4＝断面図

図5＝壁面と植栽1

図6＝壁面と植栽2

図7＝壁面と植栽3

ボゴタから数時間で行ける暖かく乾燥した地域にマンゴー農園がある。そこに、2戸の住宅がある。これらの2戸の住宅は木々の配置と関係して幾何学的な構成で設計された。マンゴーの木が中庭の空間を一体化し統合している。中庭は新鮮な空気を容易に自然換気できる空間となっている。周囲の木々の重要性と美的な側面から、建築は皮膜のような特定の色彩を持つ。建物の皮膜が作りだす影は刻々と変化するインテリア空間を導く。コロンビアの植民地建築から深く根づいている建物へのアプローチ空間に類似している中庭を通って住宅に入ってゆく。

この2軒の家は、住宅のユーティリティ空間を共有するために相互に関係している。居間とダイニングルームはオープンスペースとなっており、直接に2本のマンゴーの木陰の下に位置し、プールに面している。木の葉の緑色、オーカー色、そしてオレンジ色という果物のもつ色彩のコントラストで空間が形成されている。1日のなかで空間を構成する色と影は移り変わるので、自然に対する敬意の念をもつことができる。熱帯のアンデス山脈の活き活きとした生活空間が一体化している。

テウサカの住宅

CASA TEUSACÁ

ボゴタ Bogotá…………2003

図1＝住宅と周辺環境（Photo：Fabiàn Alzate）

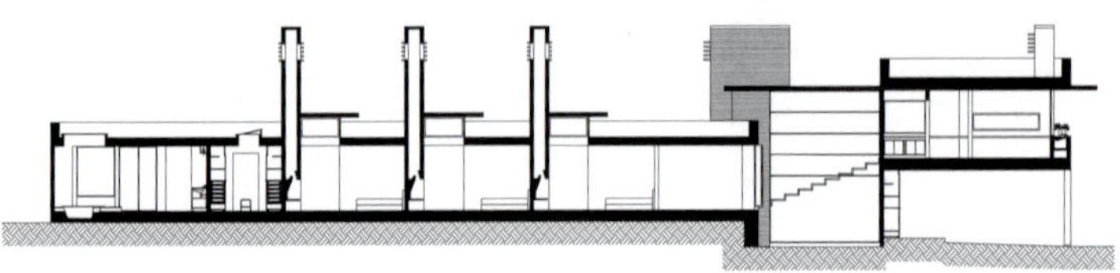

図2＝断面図（長手方向）

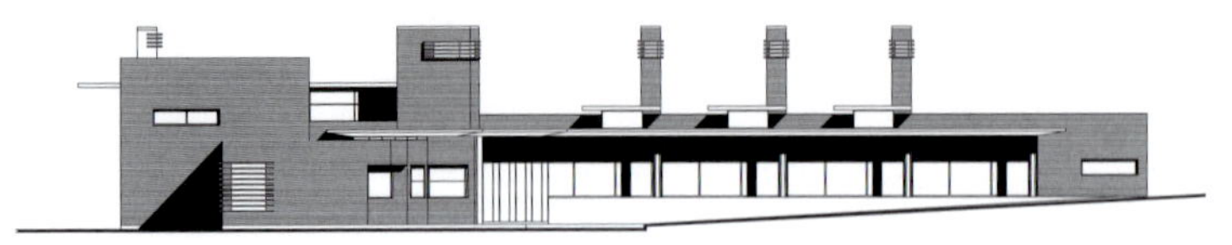

図3＝西立面図

［建築家と設計事務所］
MGP建築事務所 MGP Arquitectos
フェリペ・ゴンサレス・パチェコ Arq. Felipe González Pacheco
ホアン・イグナシオ・ムニョース Arq. Juan Ignacio Muñoz

この作品はボゴタの近隣自治体のラ・カレラへと続く道に接している。コミュニティがあり人口が密集しているが、地域には耕作地があり、丘には自然林がある。この建築は350m^{2}で、2軒の住宅から構成されている。各々の建物のファサードに違いがあるので、周辺環境になじんでいる。寝室は太陽の動きを考慮して計画された。社会的な性質を持つ空間は自然に面している。住宅は南側の自然林と北側の丘に面する。こうした敷地の状況に対応して外部空間が構成されている。寒い場所なので、ガラスで覆われている部屋の温室効果により室内を暖める。レンガは日中の太陽熱を吸収し夜に熱を放出する。住宅から森林の景観を一日中、感じることができる。風景や室内空間は光の刻々した変化により、ゆるやかな変化を感じることができ、こうした経験が日々の生活の質を高める。

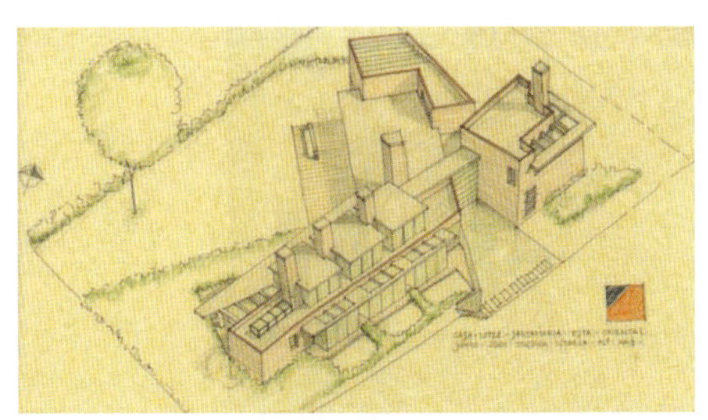

図4＝鳥瞰パース

図7＝外観写真

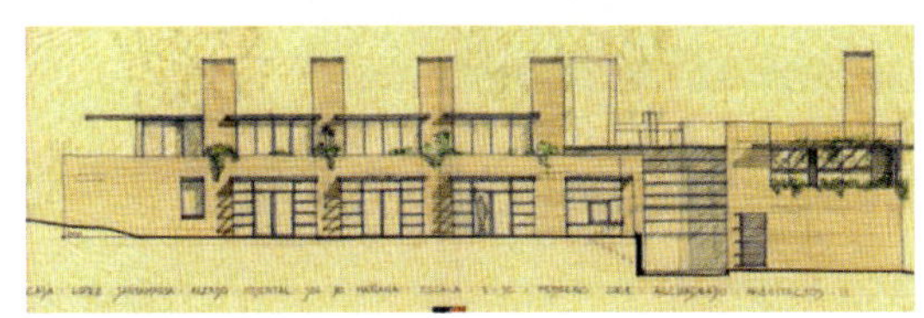

図5＝東立面図

図8＝住棟と中庭

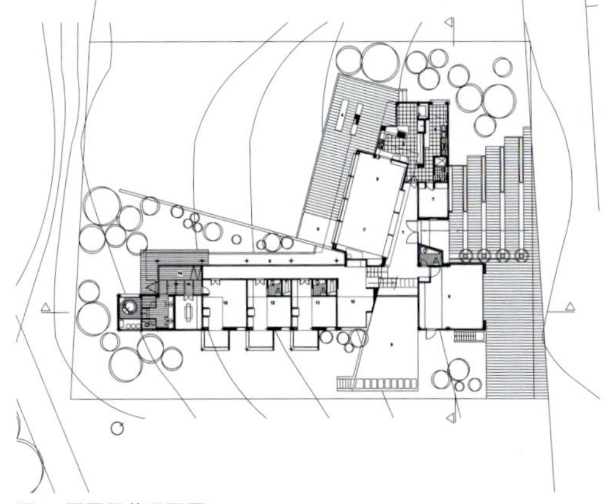

図6＝配置図兼平面図

図9＝全景写真

迎賓館

CASA DE HUESPEDES ILUSTRES

カルタヘナ・デ・インディアス Cartagena de Indias…………1981

図1＝中庭と回廊（Photo：Ricaldo Castro, Sergio Trujllo J., Slvia Patiño & Diego Samper）

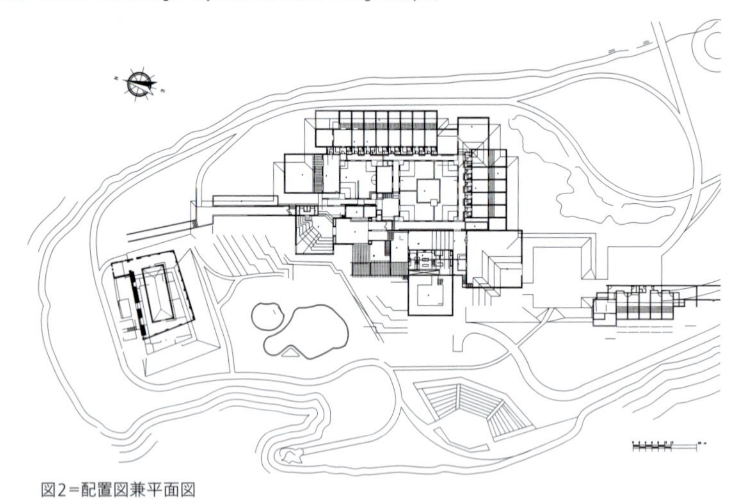

図2＝配置図兼平面図

［建築家］

ロヘリオ・サルモナ Arq. Rogelio Salmona

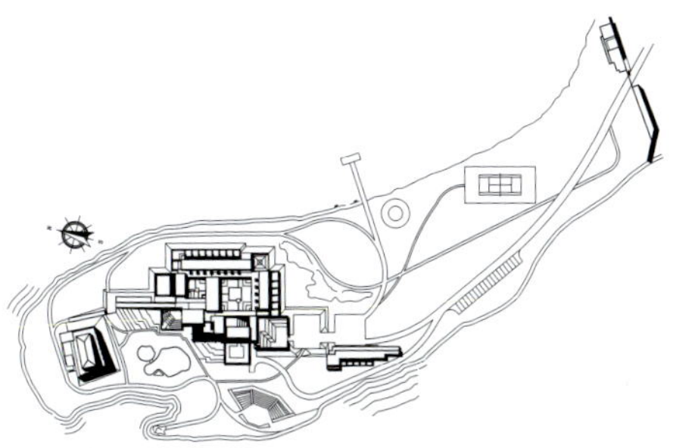
図3＝全体計画図

図4＝俯瞰写真

この建築はヘルマン・テレスによる部分修復が完了した、カルタヘナ・デ・インディアスにあるコロンビア政府の迎賓館である。

「この建物は、カルタヘナ湾に忘れられていたほんの小さな遺跡から産まれたものである。この建物は300年間におよぶスペインの植民地支配の後に、コロンビア国内に残る遺産目録に関する問題を提起していた」(ヘルマン・テレス)。

建築遺産の再活用は、新と旧の間の適切なバランスを把握することである。サン・ホワン・マンザニージュ砦の小さな食料貯蔵施設が新しい建造物内部のなかに消えてしまうことを防ぐという極めて難しい設計の問題があった。何より、全体の設計の課題は新しい建築物が旧い建築物を支配しないようにすることである。新しい建物と古い建物とを区別するために、新旧の建物がそれぞれに適切な自律性を確保することが必要である。同時に単一の建築物として連続性を、装飾的に、あるいは構造的にも維持することが必要となる。

迎賓館は石で造られている城郭都市カルタヘナの正面に位置する。建物全体に石を使用することにより、都市に用いられている圧倒的な建築資材に対する敬意を表している。

建物は一連の中庭で構成され、レンガと珊瑚石で造られている。中庭と通路では力強い、手で切り出した石の壁の力を感じることができる。この建物はカルタヘナの建築を常に思い出させる。この城壁の内部では、居住空間が発見さ

図5＝回廊

図6＝空間構成のコンセプト・スケッチ

れた。集会所と思われる空間も発見された。それらは伝統様式の建造物だった。

中庭から建物の内部へと回廊から漏れ出た光が射しこみ、回廊にはレンガでできた水路がある。水が清々しいせせらぎと共に流れている。ヴォールト天井は人々の目にとまり、建物の中を移動するときには、中庭や通路が徐々に現われ、海、空そして熱帯地方の庭園に出会うことができる。

図7=内観写真

図8=庭園

図9=テラス

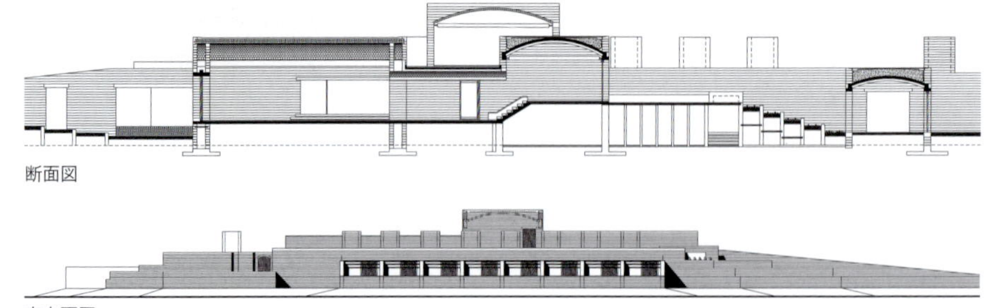

断面図

東立面図

図10

作　品　編　（Works）

集　合　住　宅

Collective Housing

アサフランの共同住宅

EDIFICIO EL AZAFRÁN

カリ Cali…………1991-1992

図1＝俯瞰パース

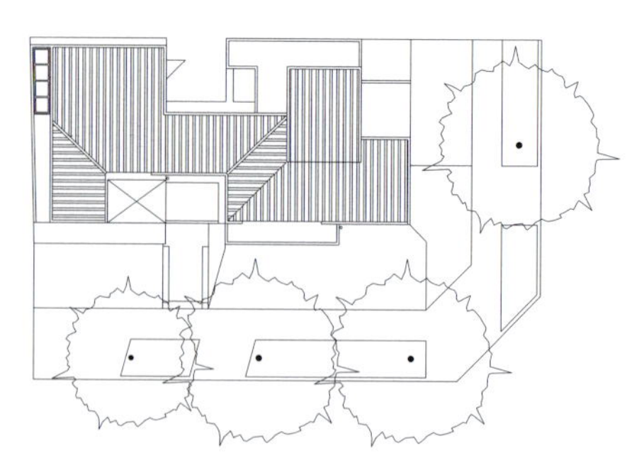

図3＝配置図兼屋根伏図

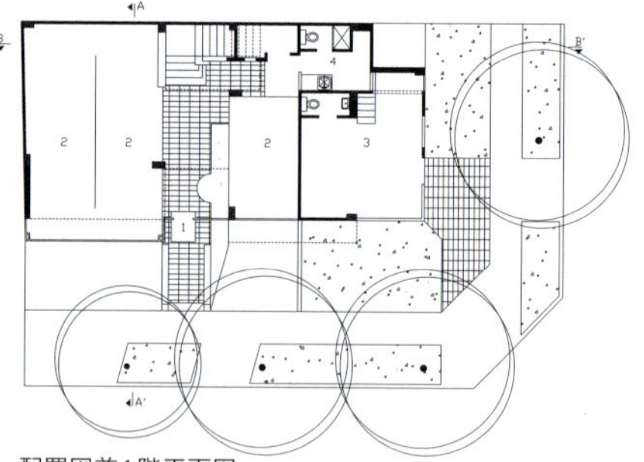

配置図兼1階平面図

標準階平面図

図4

図2＝内観写真（Photo：Rodrigo Tascón）

［建築家］

ロドリゴ・タスコン Arq. Rodrigo Tascón

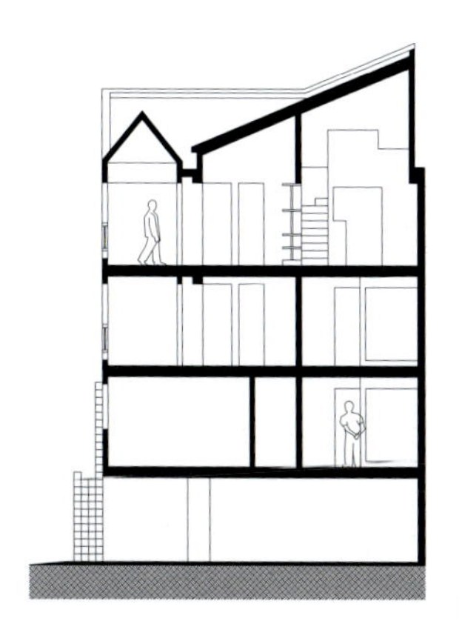

断面図1

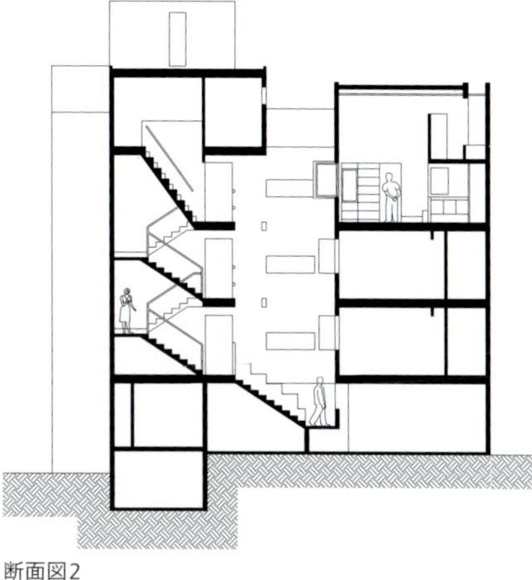

断面図2

図5

この建物はカリの歴史的な地域にある。敷地は小さな街路に面して長く、大通り側に面して短く接している。この敷地条件により、カリ西方の山地から吹き下ろす風を活用することが可能となった。建物の骨格は2つの平行する中庭が造り出している。中庭は建物に空気を取り入れたり、排出し、住宅の換気を助ける。そして空間の連続性と透明性を創り出す。2つの住棟は橋で連結され、中庭と連けいして、自然気流システムの一端として、建物の各階が構成されている。中庭は1階から2階への通路となり、階段は上下階をつなぎ、住宅の出入り口ともつながっている。しかし階段は雨に晒されていて、内部と外部の間に明らかな境目をつくらないという建物の意図を示す。共有区画は建物の隅に配置されており、その隣にはサービス区画があり、共有区画からの音を遮断する。建物の隅の部分の構成をみれば、2つの寝室、2つの浴室とバルコニーがある。バルコニーは木製で、展望台ともなっている。この空間を通じて、小さな中庭は大通りにつながっている。空間を構成する金属製の格子、展望台、ヴォイド、2つの中庭、屋根とその色彩、木製の窓と敷居を効果的に利用して、透明性と空間的連続性を獲得している。これらの要素の取り扱い方すべてが、建物と市街地の空間を結び付け、建物を周辺環境に組込んでいる。それは建物が立地する場所に根を下ろし、場所に帰属するという必要性に呼応しているかのようである。

図6=外観写真

図7=バルコニー

アルタニアの集合住宅

EDIFICIO ALTANIA

ボゴタ Bogotá…………1981

図1＝全景写真（Photo：Enrique Guzmán & Korrad Brumer）

［建築家］
コンラド・ブルネル・ヴォン・レーエンステイン Arq. Korrad Brumer von Lehenstein
アントニオ・ウンガル Arq. Antonio Ungar

［協働建築家］
オラシオ・エルミダ Arq. Horacio Hermida

ボゴタの西の丘から都市を取り囲むサワナ（サバンナ）のすばらしい眺望が得られる。小さなこの建物には重量感と軽快さがあり、閉鎖的な空間と開放的な空間で構成されている。そして、周辺環境に対する空間の固さと柔軟さの両面を備えている。閉じたシリンダー状の建物の階段の形態は入口付近の特徴的なデザイン要素となっている。建物は平らな表情と曲線を持つボリュームで構成されており、単純なファサードの反対側は都市景観に連続している。荒々しく暖かみのあるレンガはこの都市の建物に特色を与え、建物の地域性を語る。建物が完成して以来、この建物は新鮮さを保っている。それは地域のコンテクストの中で、都市の場所性を活かしているからである。

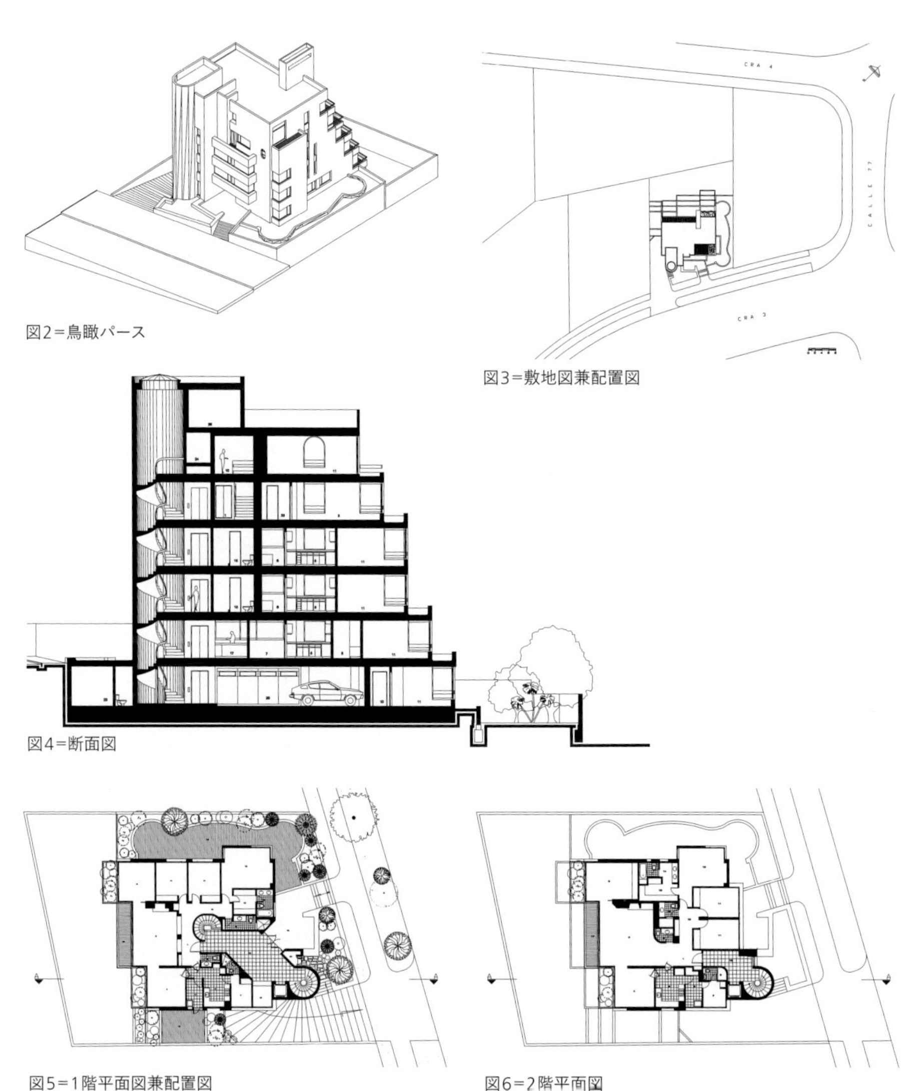

図2＝鳥瞰パース

図3＝敷地図兼配置図

図4＝断面図

図5＝1階平面図兼配置図

図6＝2階平面図

カンパニルの共同住宅

EDIFICIO CAMPANIL

ボゴタ Bogotá…………1993

図1=全景写真（Photo：Rodrigo Oranita）

図2=側面の開口部

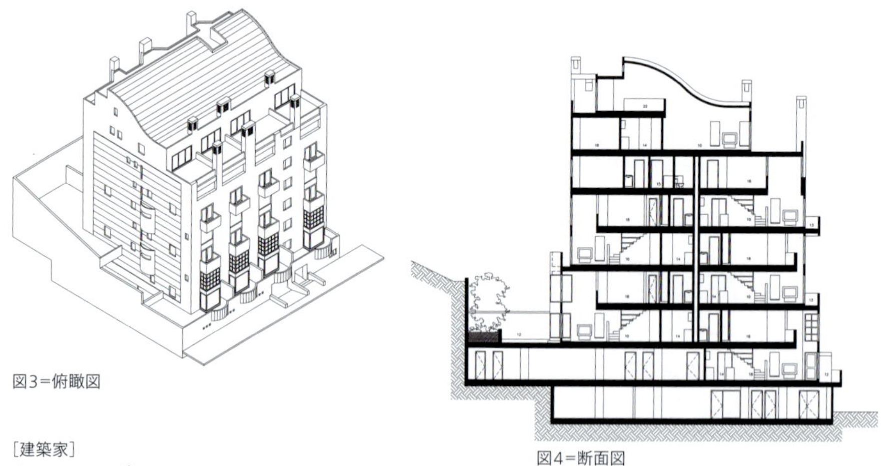

図3=俯瞰図

図4=断面図

［建築家］
ホルヘ・ルエダ Arq. Jorge Rueda
カルロス・モラーレス・ヘンドリイ Arq. Carlos Morales Hendry

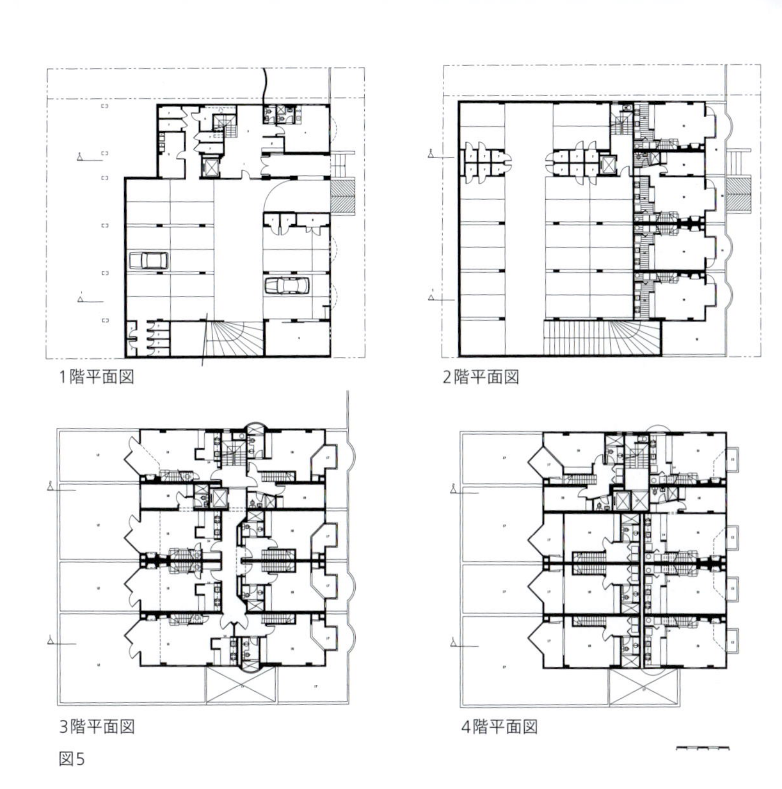

図5

この建物はボゴタの旧市街地に存在した2つの敷地を1つに統合して生まれた敷地に建つ集合住宅である。かつて、この敷地には地域の持つスケールに適した建物が建っていた。

この集合住宅は教会の隣に建っている。経済的に可能な範囲で、かつて存在した建築物を再解釈した設計が行われた。設計者は注意深くレンガを使い、バルコニーを採用した。ボゴタの建築物の特色が現れている。

この建物には24戸の住宅があり、それぞれが2-3層の住宅となっている。中庭があり、テラスやバルコニーは2層の吹き抜け空間に面している。屋根はボゴタの近くの山の景観になじむように設計された。

図6＝教会のタワー(右)と共同住宅(左)

アサハレスの共同住宅

EDFICIO AZAHARES

ボゴタ Bogotá…………1995-1996

図3＝内観写真

図1＝立体的な中庭

図4＝中庭

図2＝全景写真

図5＝内観写真

[建築家]
フィリップ・ヴァイス・サラス Arq. Phillip Weiss Salas
マルセラ・ベジョ・サンドバル Arq. Marcela Bello Sandoval

[協働建築家]
ルイス・フェルナンデス・ラミレス Arq. Luis Fernando Ramírez
マリア・フェルナンダ・オテロ Arq. Mariá Fernanda Otero
アドリアーナ・グティアレス Arq. Adnana Gutiérrez
ロドリゴ・サムデイオ Arq. Rodrigo Samudio

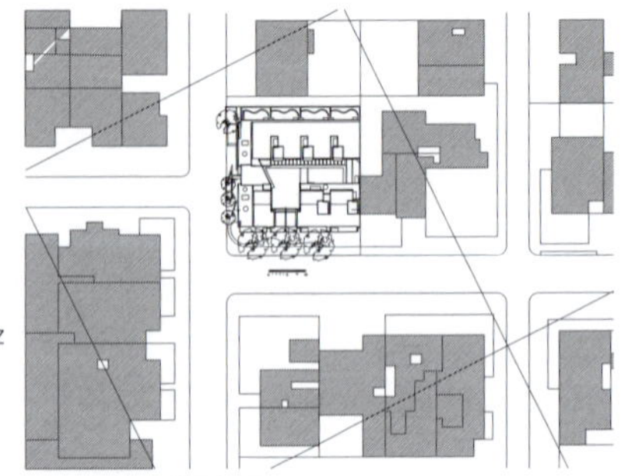

図6＝敷地図兼配置図

この集合住宅は5つの階層をもつ、あまり密集していない戸数構成で実現された実に親しみやすいメゾネットタイプの集合住宅である。空間のレイアウトや外部のテラスへの延長部分、住戸部分から中央のパティオを通って共同住宅の入口通路に至る共有部分まで小さな階段があり、この集合住宅全体の水準を最高に引き上げている。

重要な点はレンガを積み上げる工事をした結果、一塊のレンガのような建物となった事である。小さなレンガの塊が建物のさまざまな構成要素に用いられ全体が構成されている。ファサードには小さなレンガの塊が凹凸をつくり出しており、凹部は大きな面との調和がとれるように調整され、垂直性を表している。窓には白い石の枠があり、全体の調和が保たれている。コンクリートの部分は建物の日陰と共に建物の構造の表現にふさわしい使われ方をしている。この建築では、居住のための基本的な要素となる植栽や水に対して十分な配慮が払われている。

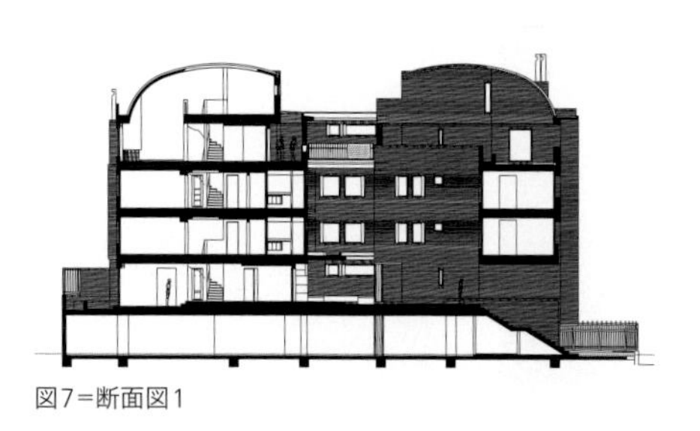
図7＝断面図1

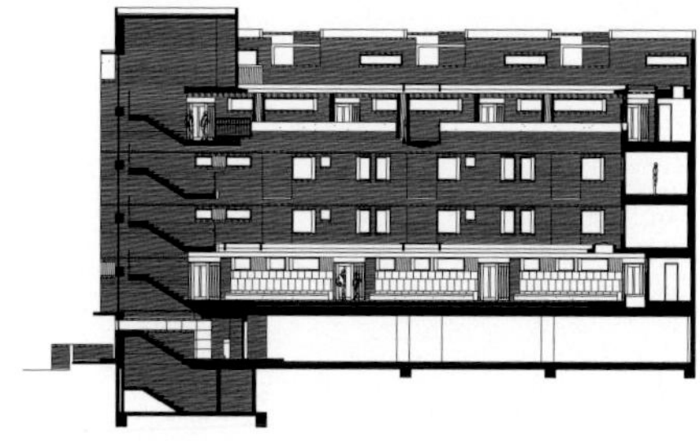
図8＝断面図2

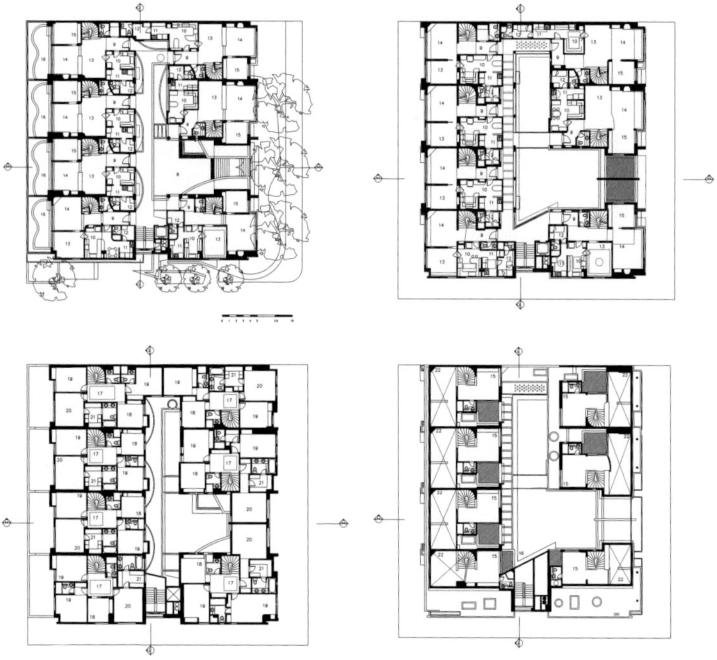

図9＝平面図

100番通りの集合住宅

PARQUE RESIDENCIAL CALLE 100

ボゴタ Bogotá…………1990

図1=歩行者路と住棟（Photo：Antonio Castañeda）

図2=住棟と中庭

図3=住棟と中庭

[建築家]

アルトゥロ・ロベルド・オカンポ Arq. Arturo Robledo Ocampo

[協働建築家]

エルナンド・マラゴン Arq. Hernando Malagón

カルロス・アルトゥロ・ガルシア・リコ Arq. Carlos Arturo García Rico

クララ・ヴェラスコ Arq. Clara Velasco

図4＝全景写真

図5＝スケッチ・パース

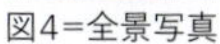

この集合住宅は2棟の建築で構成されている。寝室と居室は外部空間に面しており、それらの部屋は外部空間によって内側の空間から切り離され、自然光が入る。交通量の多い市街地に近い敷地にこの建物は位置している。この建物には2つの都市の街区をつなぐ路があり、この路から周辺の公園の景観を望むことができる。

自動車道は完全に歩行者路から切り離されている。周辺の自然とは対照的に寝室の窓が水平性のある外観を形成している。建築物の高さは高いが、法律によって許可されている容積に納まっている。共用空間と外部空間は多様なインテリア空間を統合し、一定の環境的な質が現れている。

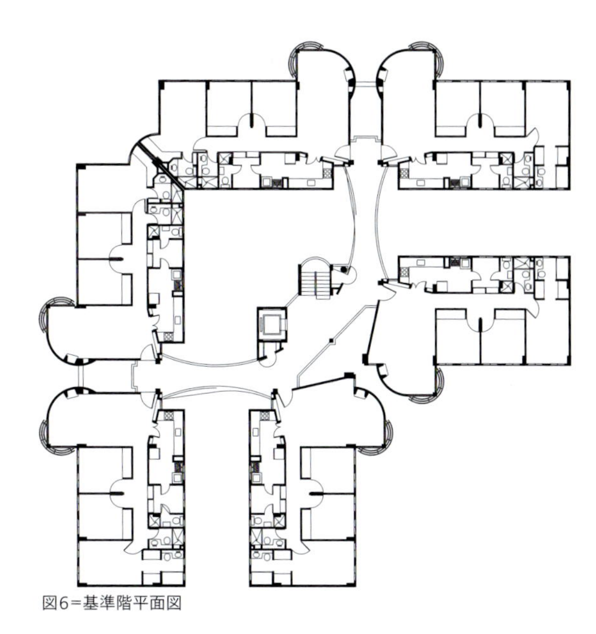

図6＝基準階平面図

エル・マンサノの集合住宅

CONJUNTO RESIDENCIAL EL MANZANO

ボゴタ Bogotá…………2003

図1＝外観写真

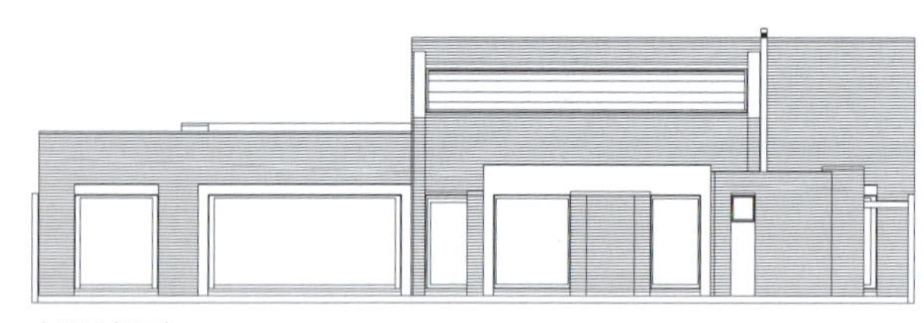

立面図（背面）

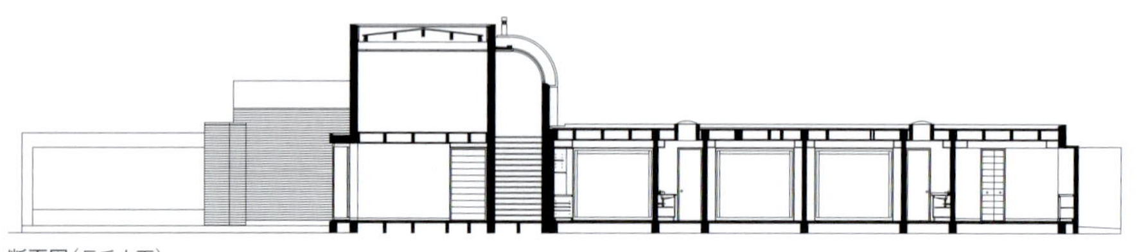

断面図（長手方面）

図2

［建築家］

カルロス・カムプサノ・カステージョ Arq. Carlos Campuzano Castello

カルロス・カムプサノ・オテロ Arq. Carlos Campuzano Otero

［協働建築家］

アンヘラ・マリア・ヘルナンデス・アテオルトゥア Arq. Angela Marial Hernández Arehortúa

この集合住宅地は静けさのある平和な雰囲気を醸し出すという考え方で設計された。この住宅地に住む人々はサワナ（サバンナ）の環境を享受できる。建物は繰返しデザインの手法が採用されている。このデザイン手法とともに、高いプライバシーが得られるように考えられている。建物の設計は屋内空間から始められ、リジッドな様相をもつ空間となった。室内空間は遠くの木々や山々の景観を取り入れている。建物に太陽光を入れることは自然エネルギーの利用である。建物の基本的な構成により、様々に空間を展開することができ、人々の必要性に応えることが可能となっている。ガラス、コンクリート、レンガの表情が庭や風景と調和している。

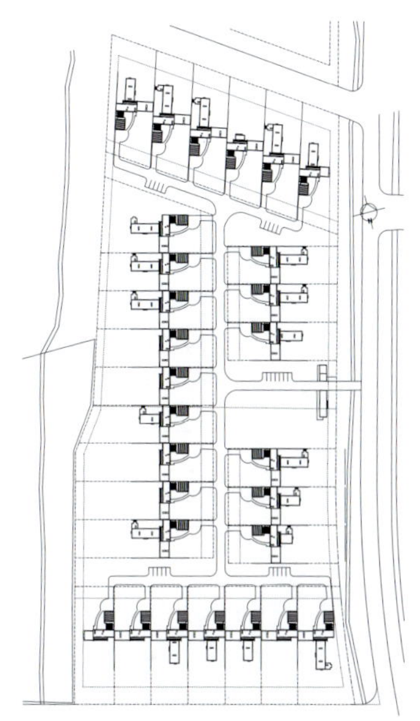

図3＝住区の配置構成図

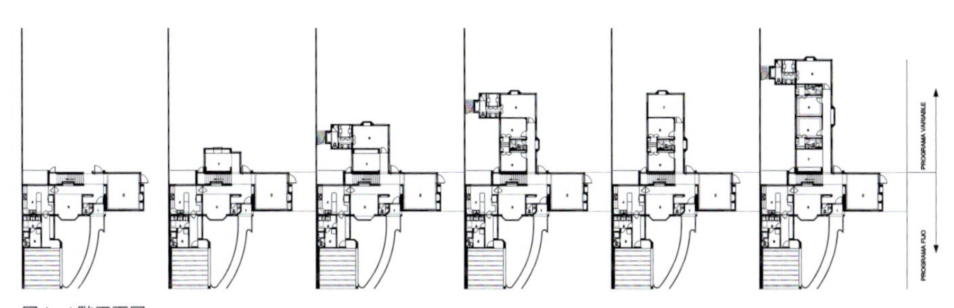

図4＝1階平面図

図5＝外観写真（Photo：Antonio Castañeda Buroglia）

カンポ・アレグレの集合住宅地

CONJUNTO RESIDENTIAL CAMPO ALEGRE

ボゴタ Bogotá…………1986-1992

図1＝全景写真

図2＝中庭と住棟1
(Photo：Taitana Meléndez Riveros & Álvaro Corredor)

図3＝住棟と周辺環境

［建築事務所と建築家］
ヒメネス・イ・ボシェル建築事務所 Jiménez y Cortés Boshell Arquitectos
エルネスト・ヒメネス・ロサーダ Arq. Ernesto Jiménez Lozada

［協働建築家］
タテイアナ・メレンデス・リヴェロス Arq. Tatiana Meléndez Riveros

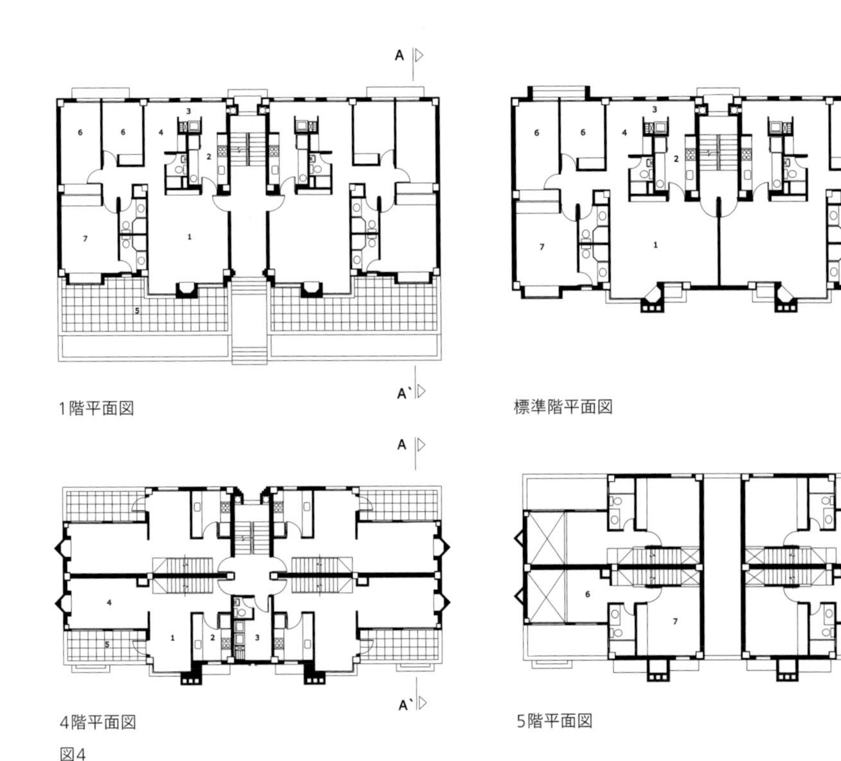

1階平面図

標準階平面図

4階平面図

5階平面図

図4

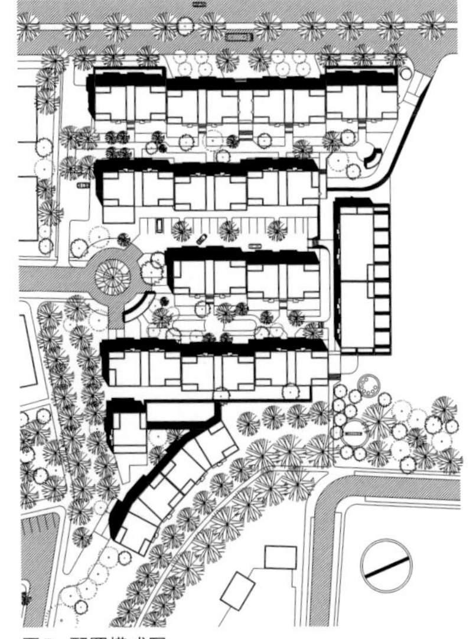

図5＝配置構成図

この多様なタイプの住居から構成される建物はボゴタの雑多な都市的要素が入り組んだ地域に位置している。この集合住宅には都市の形態を再生するという目的と、未開発の場所で集合住宅を開発するためのモデルとなる事が意図されている。この建物は良好な生活環境を高密度なまま、低層の建物で実現する事にあり、多様な形態が連続する空間から成り立っている。

光と植栽は重要な雰囲気を演出している。

伝統的なレンガの質感は影の多様性を生み出している。周辺の商業地の中で豊かな植栽とともに存在している。このプロジェクトは3段階に分けて計画された。それぞれの段階で地域との統合が意図された。公共空間、準公共空間(セミ・パブリック・スペース)、そして、交通計画により周辺環境と統合してゆく手法が採用された。

図6＝中庭と住棟2

図7＝セミ・パブリック・スペース

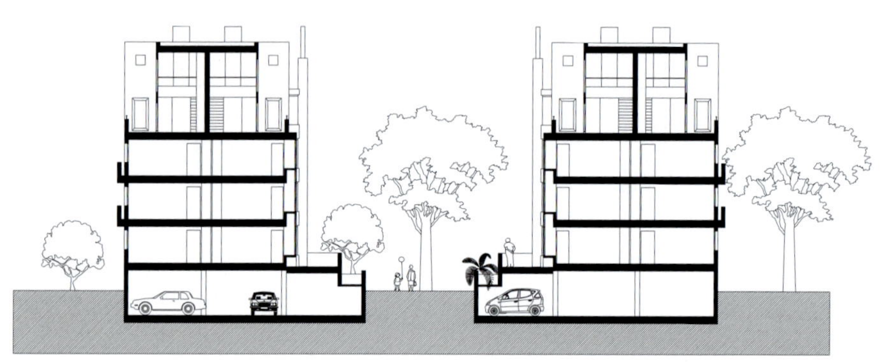

図8＝断面図

作　品　編　（Works）

ランドスケープと建築

Landscape and Architecture

素足の公園

PARQUE DE LOS PIES DESCALZOS

メデジン Medellín…………1999-2000

図1＝全景写真

図2＝俯瞰写真

図3＝公園の水路（Photo：Juan Felipe Gómez）

［設計］
LAUR-ポンティフィシア・ボリバリアナ大学 LAUR-Universidad Pontificia Bolivariana

［主任建築家］
ホルヘ・ペレス・ハラミージョ Arq. Jorge Pérez Jaramillo

［プロジェクト調整建築家］
ジョバンナ・スペラ・ヴェラスケス Arq. Giovanna Spera Velásquez

［参加建築家］
フェリペ・ウリベ・デ・ベドウト Arq. Felipe Uribe de Bedout
アナ・エリベラ・ヴェレス Arq.Ana Elvira Vélez

この事業の目標は、行政庁の建物と文化施設によりメデジンの都市の重要な中心となる場所を構築することであった。計画では、将来、大都市となることに対して伝統的な市街地と新しい大規模な都心部との間に、特別な関係を確立することが目指された。この公園の建設事業は既存道路の改善だけでなく、新たな駐車場の整備が含まれている。事業の核心は、新しい美術館に隣接する広場を整備することである。2つの相互に明瞭に示されているL字形の領域がこの空間で設定された。1つが硬い地面で、もう1つは緑地である。石、水、草、花、草木、砂、木などの様々なテクスチャーが使用されている。これらの要素は楽しさや思索、歩行、そして遊びをもたらす領域であることを示している。視覚的な経験としての楽しみや、素足で使うことも意図されている。そして地域のすべての人々に開放され、自由に利用することを促進するためにストリートファニチャーが配置された。メデジンの人々はこの広場が提供する空間を歓迎し、市民として、人生をより豊かに高めることができるように、人々はこの広場に来る。

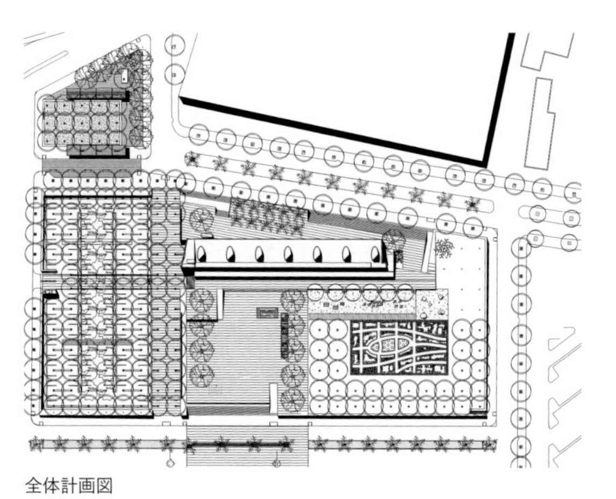

全体計画図

図4

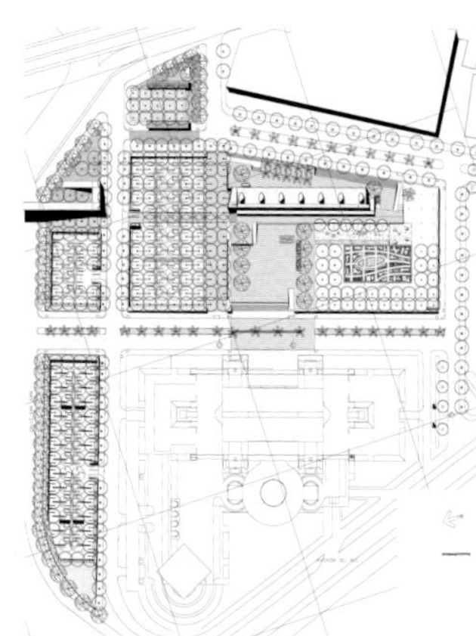

敷地周辺図

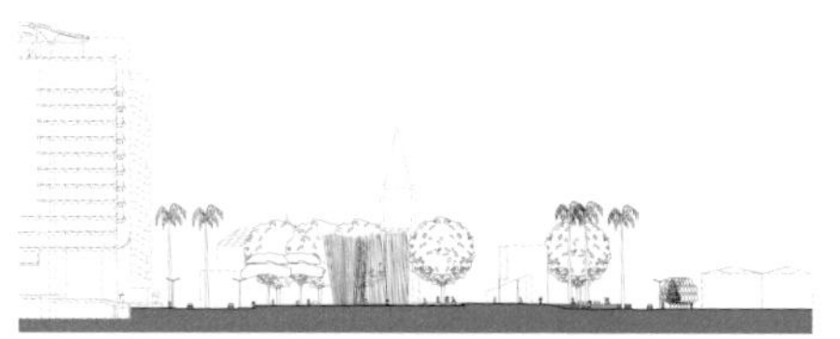

図5＝東西断面図1

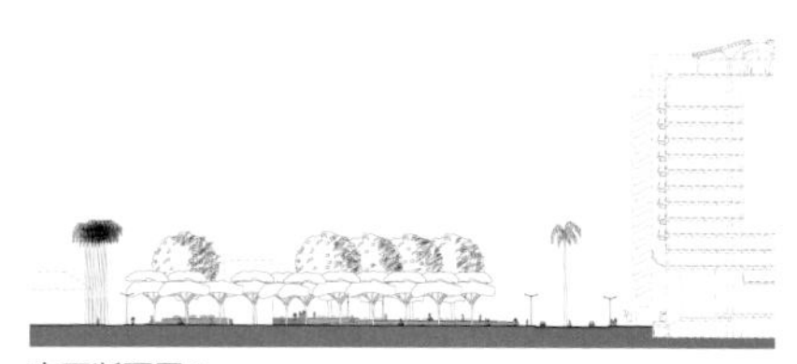

東西断面図2

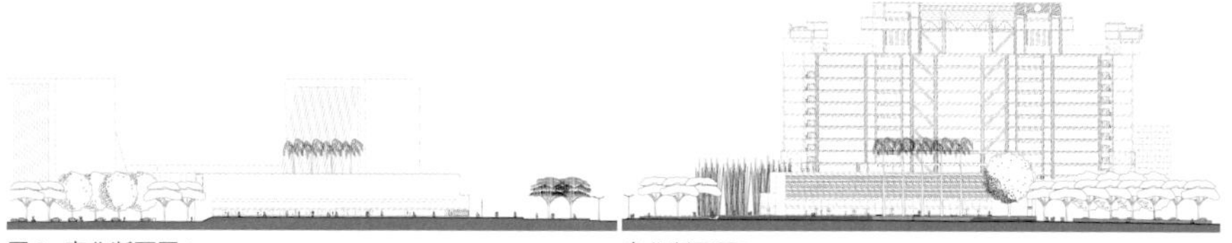

図6＝南北断面図1

南北断面図2

ポサーダ邸

CASA POSADA

エル・レテイロ　El Retiro…………1995

図1＝全景写真（Photo：Juan Felipe Gómez）

図2＝風景と建築

［建築家］
アレハンドロ・エチェヴェリ　Arq. Alejandro Echeverri
ホアン・ベルナルド・エチェヴェリ　Arq. Juan Bernardo Echeverri
［協働建築家］
ルイス・フェルナルド・モラーレス　Arq. Luis Fernando Morales

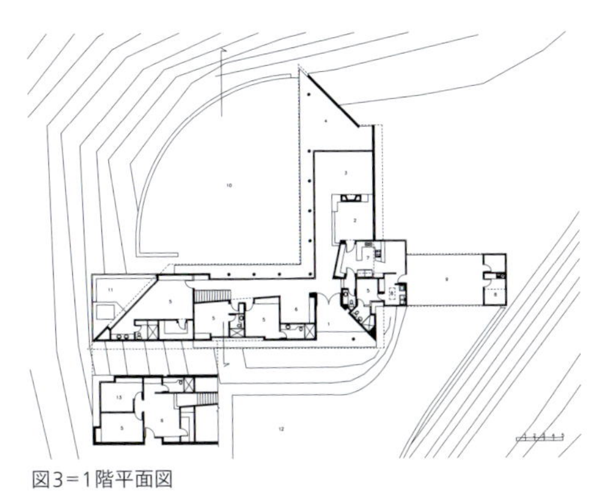

図3＝1階平面図

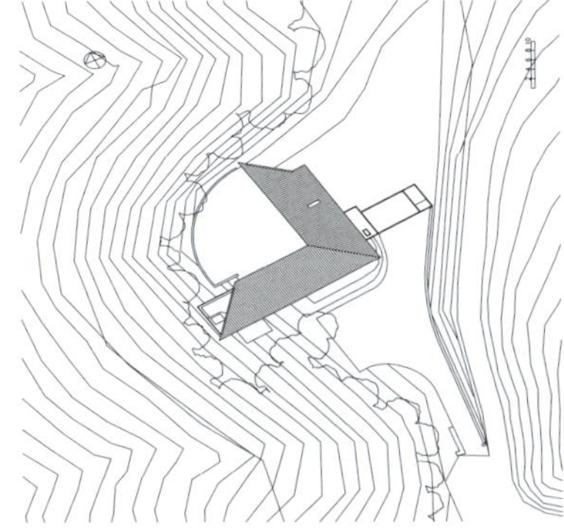

図4＝配置図兼屋根伏図

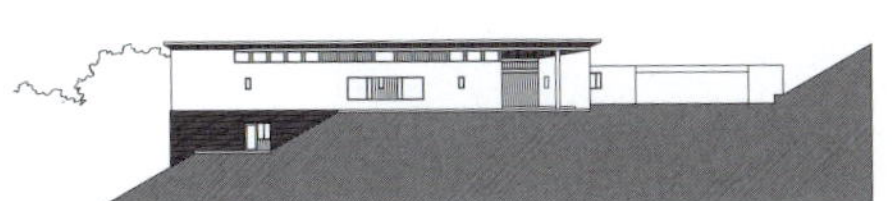

アプローチ側立面図　　断面図

図5

別荘が散在する田園地帯の、山腹の傾斜した松林の中にこの建物がある。L字の構成によりこの住宅はパテイオがある。り緑の芝生のパテイオはLの字の2本の腕により半ば囲われた空間となっている、そして芝生は風景と空間的な関係を作りだしている。周囲の景観を取り入れるために透明な引戸によって内部の空間と外部の境界が形成されている。フィルターにかけられたような光を住宅内部に持ち込むために、高窓のついた壁が山の方向に向かって開かれている。ふたつの翼のような棟の先端にある入り口はプライベート・スペースとパブリック・スペースに分割されている。一方、翼の端には松林が眺められる木のテラスがある。他方の端には、屋根のあるテラスがあり、その空間は、緑のパティオに開かれている。

図6＝中庭

図7＝内観写真

グティエレス邸

CASA GUTIERREZ

マニサレス MANIZALES…………1991

図1＝全景写真（Photo：Jorge Alberto Guiterrez）

図2＝住宅内観写真1

図3＝住宅内観写真2

［建築家］

ホルヘ・アルベルト・グティエレス Arq. Jorge Alberto Gutierrez

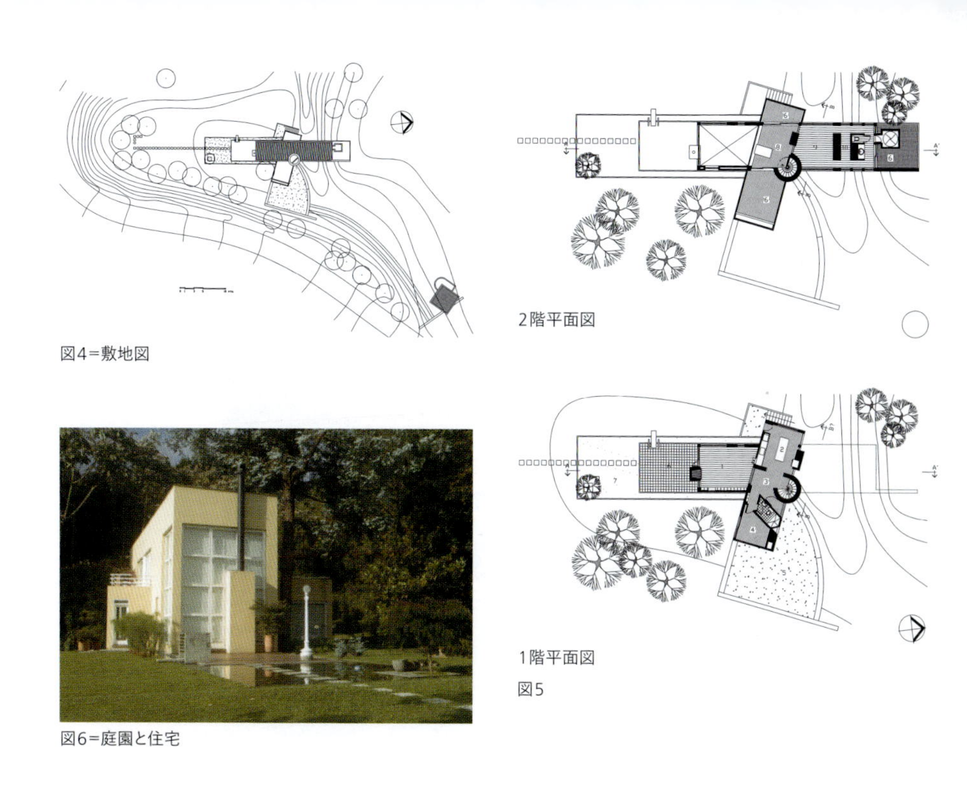

図4＝敷地図

2階平面図

1階平面図

図5

図6＝庭園と住宅

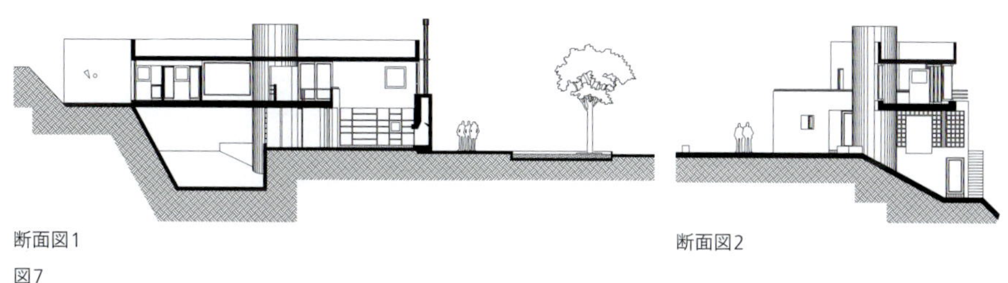

断面図1

断面図2

図7

敷地にはマニサレスとボゴタを結んだ古道があった。これは顕著な特徴である。

建築家にとって、おもな関心事は分割された2つの特徴の異なる土地を結びつけ、敷地の特色のある形状を認識すること、即ち、その場所の歴史を認識することだった。この考え方を表現するために、この住宅は「道に架かる橋」と想定された。このコンセプトは、場所と建築における固有性を明確にした。こうした土地の形状は、住宅の配置構成に一定の制約を与えて、建物の長手方向の形態を確定することにつながった。住宅は原生林の真っただ中にあり、池に対して、際だって見える。この住宅に高い評価が与えられるのは、都市景観や国立ナーバドス公園を通じて、地勢と関係をもつからである。建築の明確な配置、朽ちることのない建築言語、そして周辺環境は質の高いものとなっている。

ラ・メッサ・デ・ホワンディアスの展望台のある家

CASA MIRADOR DE LA MESA DE JUANDIAZ

アナポイマ Anapoima…………1983

図1＝庭園よりリビング・ルーム（サロン）を望む（Photo：Antonio Castañeda & Louis Kopec）

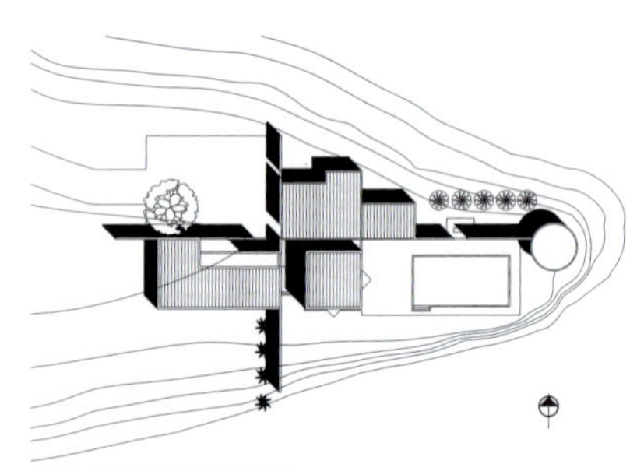

図2＝配置図兼屋根伏図

図3＝渓谷を望む

図4＝石の壁と風景

［建築家］
ルイス・G・J・コペック Arq. Louis G.J. Kopec

ボゴタのサワナ（サバンナ）の丘陵地帯からの雄大な眺めは、マグダレーナ川の渓谷へと向かい、連続している空間の層を下ってゆく。この場から、レジャー農園の場所と方向を確認することができる。農園はラメサとアナポイマの町の間にある。

建物の縦軸は地元で採掘された石の壁によって示され、農園の西の端を示している。この壁は東の方向と、太陽が沈む方向へと延びており、土地の境界を超えて景観を眺めることができる。渓谷の底に降りていくと、ボゴタ川が激しく流れている場所にたどり着く。もう1つの建物を貫く短い軸は、長い軸と交差して、敷地を4つに分割し、そのなかの1つの区画の境界を形成している。これらの4つに分割された区画のうち、北東の区画は、隣接した敷地に近いので、景観を期待できない。そこで、アメニティに関する諸室はこの区画に配置されている。残りの区画は、それぞれの景観の階層に基づいて構成されている。高くて四角いリビングルーム（サロン）はプールや食堂に通じている。寝室を配置している区画から、農園と断崖の景観を楽しむ事ができる。そして、区画の1つには、アクセスのしやすさの点から駐車場がある。この建物は、壁とともに別の敷地と一体的に設計されている。地形と十分に調和するように非常に注意深く設計されている。

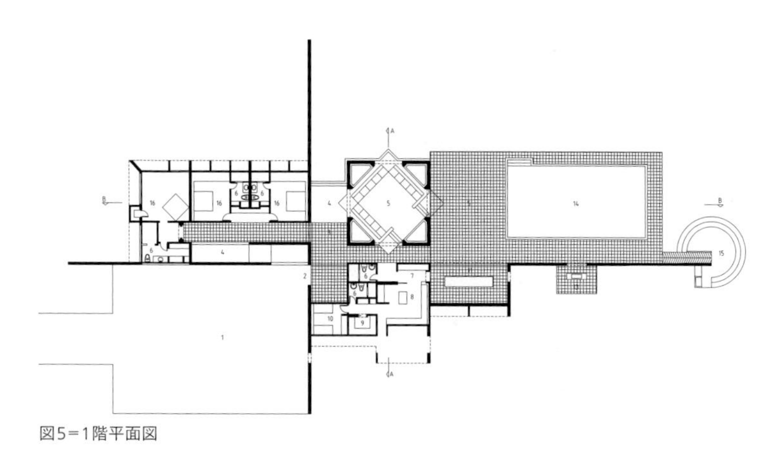
図5＝1階平面図

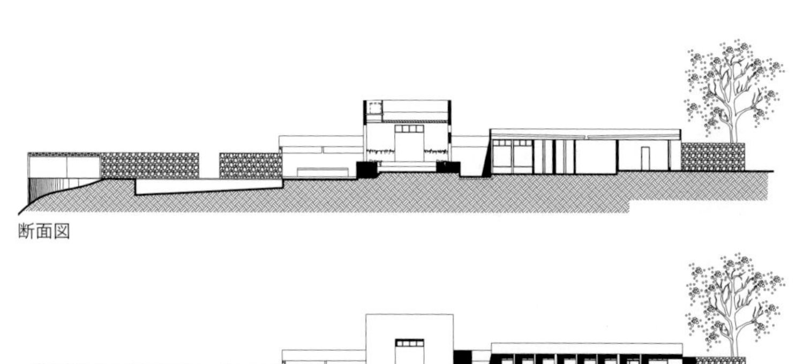
断面図

北立面図

図6

リオフリオ邸

CASA RIOFRÍO

タビオ Tabio…………1997-2000

図1＝建築化された庭園（Photo：Sergio Trujillo J.）

図2＝テラスの入隅

図3＝テラスと住棟

図4＝水路

図5＝ヴォールト屋根

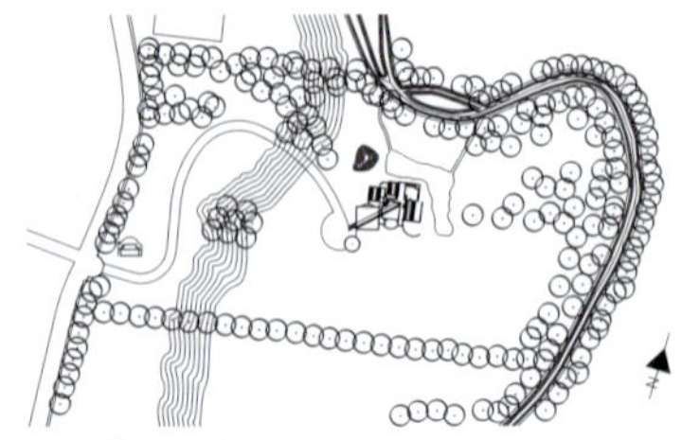

図6＝敷地図兼配置図

［建築家］

ロヘリオ・サルモナ Arq. Rogelio Salmona

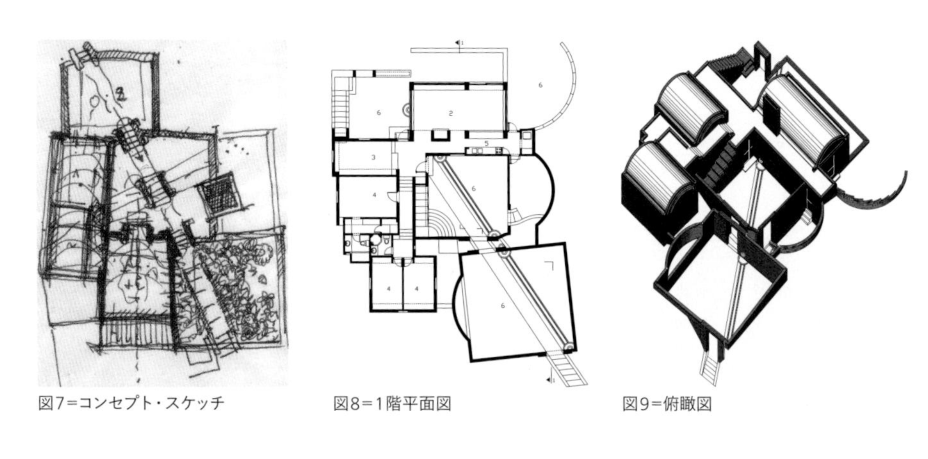

図7＝コンセプト・スケッチ　　図8＝1階平面図　　図9＝俯瞰図

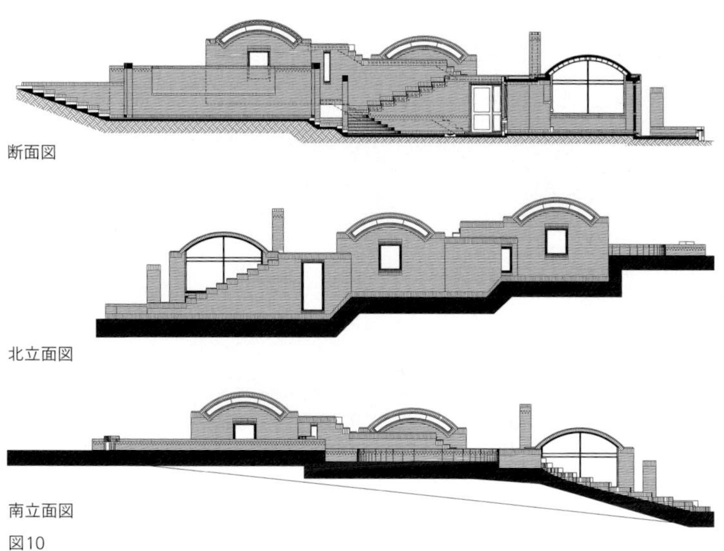

断面図

北立面図

南立面図

図10

プレ・コロンビア時代の詩からこの作品の感性を以下のように理解できる。

> 家に入るのは大地に入ることである。屋根に上がるのは天に昇ることである。

この建物はフリオ川に面した位置にある。ボゴタのサワナ（サバンナ）にあるこの住宅は、傾斜した敷地に建築された。敷地にはテラスが連続した空間があり、これらのテラスには、湧き水が流れる小さい水路がある。水路は対角線のパターンを採用して、それぞれの囲われたテラスを越えて流れている。2つのテラスは屋根に通じていて、周辺の壮大な地形を超えて空に通じる空間となっている。また、レンガ壁とアーチ型天井をもつ建物がある。1つのリビングルームと小さな図書室、そして3つの寝室で住宅が構成されている。

水の公園

PARQUE DEL AGUA

ブカラマンガ Bucaramanga…………2002-2004

図1＝水路と植生

［建築・都市計画］

ロレンソ・カストロ・ハラミージョ Arq. Lorenzo Castro Jaramillo

ホアン・カミロ・サンタマリア・デルガド Arq. Juan Camilo Santamaría Delgado

［協働建築家］

セルヒオ・ガルシア・カサス Arq. Sergio García Casas

［全体計画］

ヘルマン・サンペル・ニェコ Arq. Germán Samper Gnecco

エドワルド・サンペル・マルティネス Arq. Eduardo Samper Martínez

［景観計画］

アルフォンソ・レイバ Arq. Alfonso Leiva

ミチェエル・セスカス・デ・レイバ Arq. Michelle Cescas de Leiva

［事業主体］

ブカラマンガ市水道公社 Compañía del Acueducto Metropolitano de Bucaramanga

図2＝水路と遊歩道

水の公園の建設事業は、既存の水路を利用して、新たな自然を創り出す目的をもつ。植生、地形、水の流路に関するインフラストラクチャー、水道公社の新しい建物や古い建物といった要素を組み合わせて、新しい公共空間を創りだすことが目指された。この新しい施設は既存の施設と組み合わさったものである。地表に重ねられた新たな構築物により地形、水路、植生、人々の領域が変化し、調和している。人々が頻繁に訪れて充実感あふれる風景を創り出している。人々が日常的に訪れる情緒豊かな風景である。水の公園は都市の一要素となった。囲われた場所や一連の公園の要素は工事中も利用された。公園を構成する様々な要素と場所は、主に地形的な処理によって最終的に1つの全体に織り込まれ、活き活きとした人々の経験がより深くなる。ヘビのような構造をした壁、池から流れる小川、起伏のある小道、滝のゲート、蓮の広場、受水槽、バルコニーや迷路のような空間は、楽しみのある変化に富む連続した空間であり、水を共通要素としている。

図3＝遊歩道

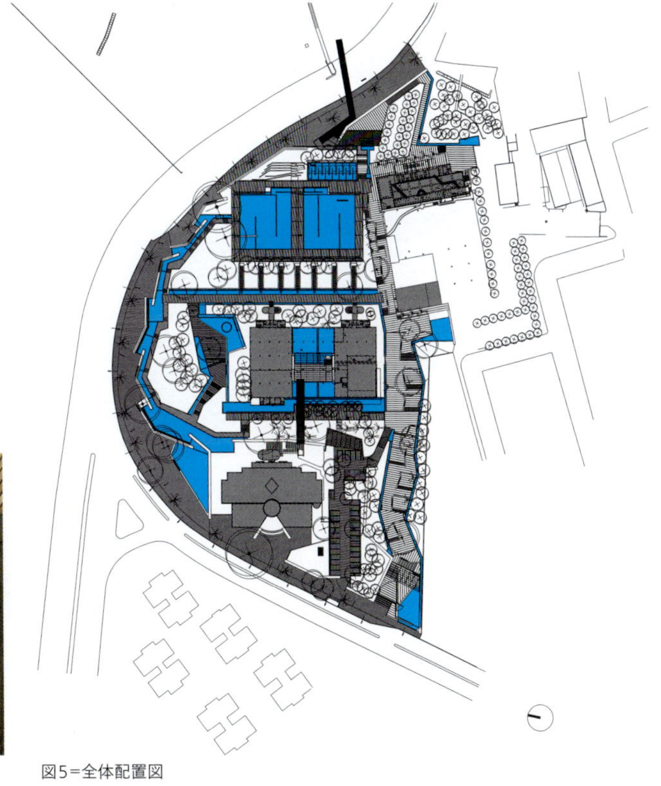

図4＝ファウンテン（滝）

図5＝全体配置図

アルチサノ広場

PLAZA DE LOS ARTESANOS

ボゴタ Bogotá…………1996

図1＝全景写真（Photo：Danie Caicedo）

図2＝多目的ホールと中庭

図3＝多目的ホール（背面）

図4＝回廊

［設計事務所と建築家］

モンテネグロ・リサラルデ建築事務所 Montenegro Lizarralde Arquitectos

フェルナンド・モンテネグロ・リサラルデ Arq. Fernando Montenegro Lizarralde

ベロニカ・ペルフェテイ・デル・コラール Arq. Verónica Perfetti del Corral

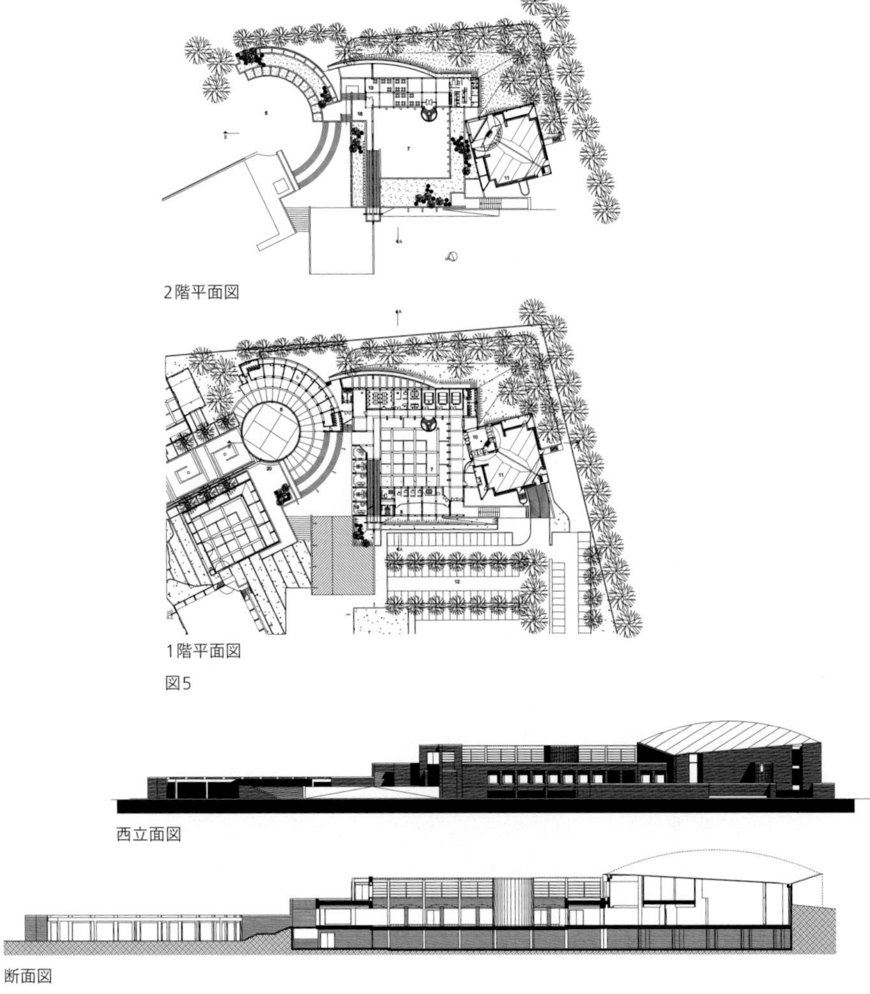

2階平面図

1階平面図

図5

西立面図

断面図

図6

この広場はシモン・ボリバル公園の一角を占めている。建物、広場、歩行者路で構成され、ボゴタを囲む雄大な山脈に対峙する場所となっている。この広場は典型的な都市デザインの実例であり、年間を通じて人々はレクリエーションを楽しむ。広場の中心部はこの計画の最後の段階にデザインされた。中心部の街路は周辺の建物に対する中心を形成し、視覚的にも中心となっている。建物は小さな半円形の広場に接続し、広場には食べ物を販売する小店がある。斜路や階段により、空間の魅力が高められている。山々の形態や都市のコンテクスト、そして視覚的なインパクトがあり、建物と一体となっている。広場と地域とのつながりを強め、周辺の地形との連続性が考慮され、活き活きとした表情をもつ。

カラグアラの住宅

CASA CALAGUALA

チア Chia…………2001

図1=全景写真（Photo：Claudia Uribe Touri）

［建築家］
ルイス・レストレポ Arq. Luis Restrepo

［協働建築家］
マリア・ヒルマ・アリサ Arq. Maria Gilma Ariza
ヴェロニカ・ランセタ Arq. Verónica Lanzeta
サンチャゴ・ムーニョス Arq. Santiago Muñoz
カルロス・プビアノ Arq. Carios Pubiano

この建物は傾斜地に立つテラスを備えた住宅である。中心の2階建ての建物は居室となっており、上階には2つの寝室があり、引き戸によって仕切られている。この建物の西側には小さなキッチンがある。唯一独立した部屋が主寝室である。駐車場となっている基壇の上に建物が載っている。住宅には2つの入口があり、内側の入口は駐車場にある。外側の入口からオープンテラスを通ってリビングルームに通じている。この建物は空間的にダイナミックに構成されており、垂直方向の風景やパノラマ的に広がる風景を楽しめる。

図2＝外部階段

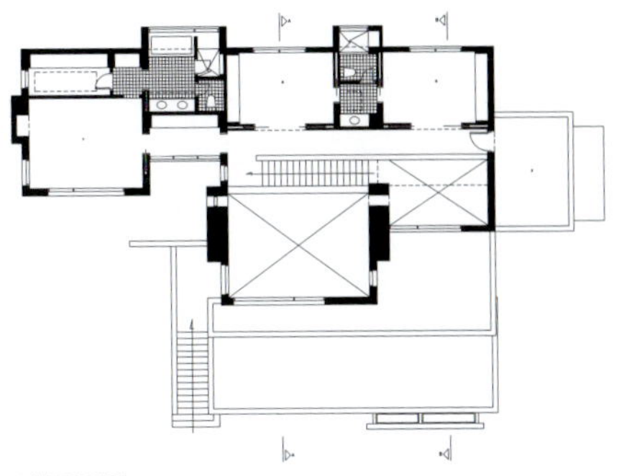

3階平面図

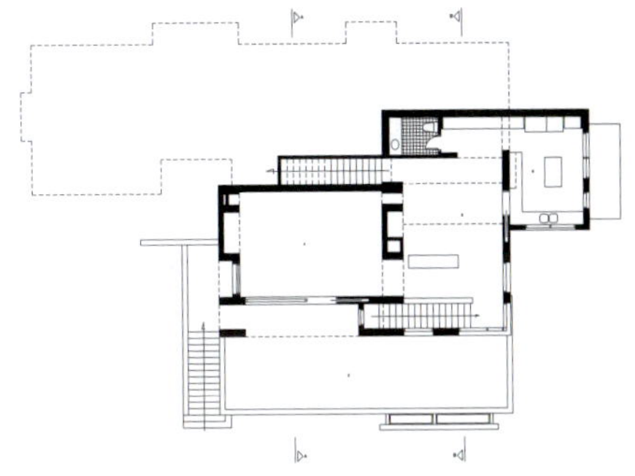

2階平面図

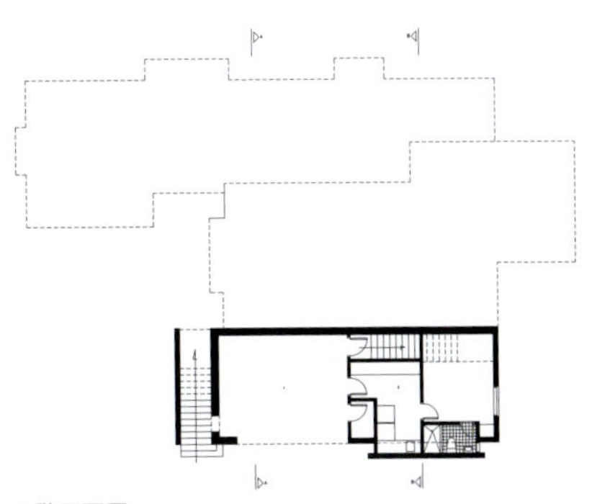

1階平面図

図3

アラヤネスの住宅

CASA ARRAYANES

エンビガード Envigado…………2003

図1＝全景写真

図2＝内観写真

［建築家］

マルコ・アウレリオ・モンテス・ボテロ　Arq. Marco Aurelio Montes Botero

［現場担当建築家］

グロリア・ムネラ　Arq. Gloria Múnera

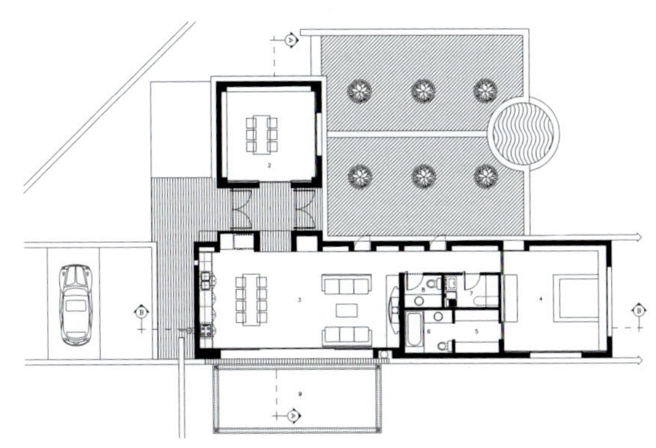

図3＝平面図

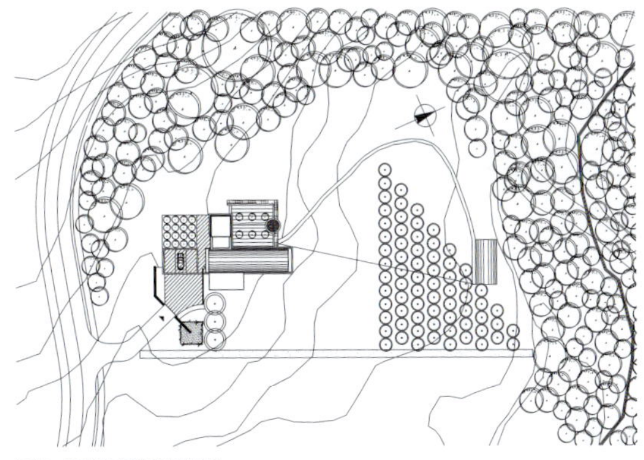

図4＝配置図兼屋根伏図

気候、地形、景観を考慮して建物は東の方角を向いている。各部屋は近くの丘の景観に開いている。それぞれの部屋から、近くの丘の風景を眺めることができ、書斎はオレンジの木のある中庭と自然林の方向を向いている。この建物の基壇は浮かんでおり、地面と建物の間に空気層がある。壁はレンガ、住宅の木部はラミネート・ウッドを使っている。

図5＝南側から住宅を望む

図6＝パーゴラのあるテラス

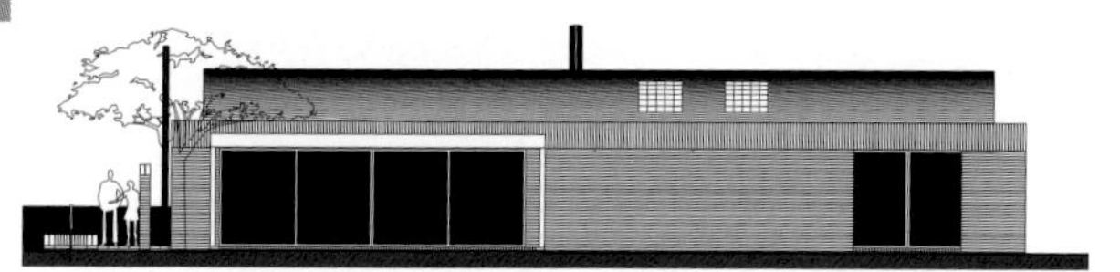

東立面図

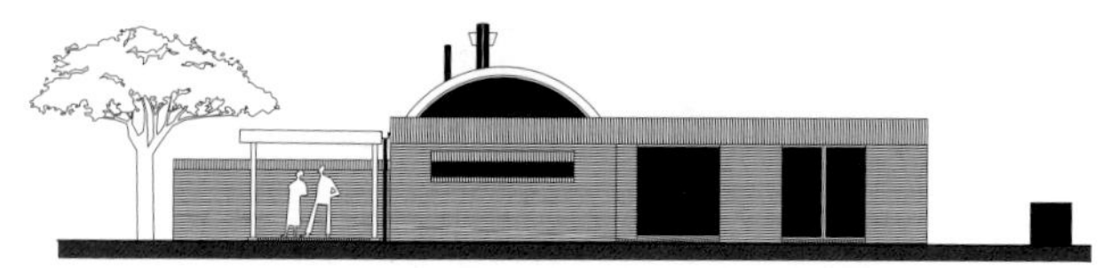

南立面図

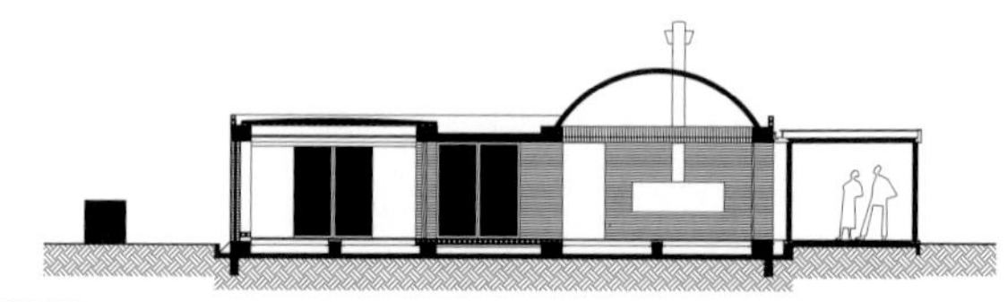

断面図1

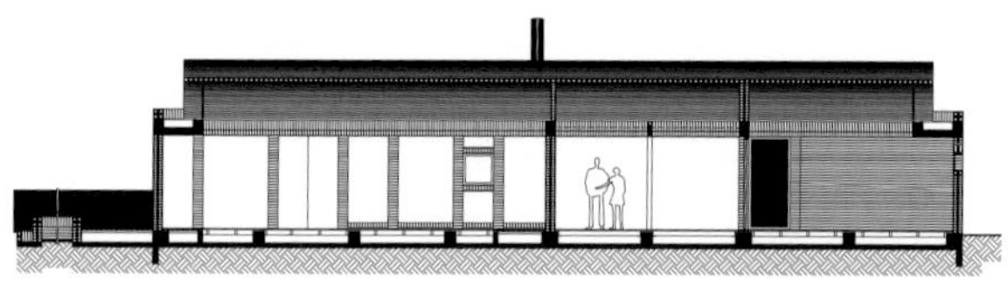

断面図2

図7

作　品　編　(Works)

文 化 施 設

Cultural Facilities

エル・トゥナル公共図書館

BIBLIOTECA PÚBLICA EL TUNAL

ボゴタ Bogotá…………2001

図1=内観写真1

図2=全景写真

[建築家]

マヌエル・ゲレーロ・サンドヴァル Arq. Manuel Guerrero Sandoval

スエリイ・バルガス・ノブレガ Arq. Suely Vargas Nobrega

[都市計画]

マルシア・ワンダレイ Arq. Marcia Wanderley

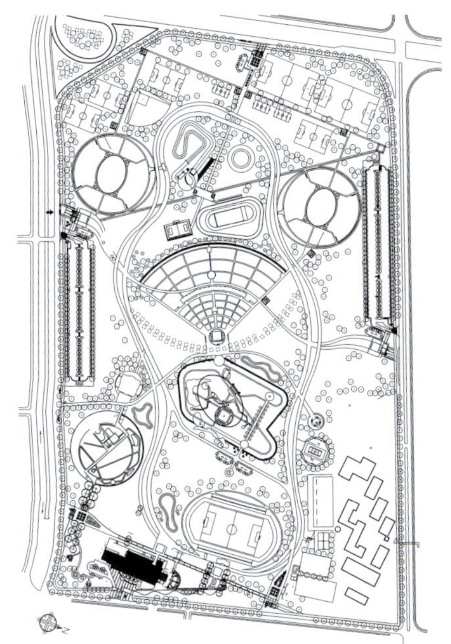

図3＝敷地周辺図

図4＝内観写真2（Photo：Enrique Guzmán）

エル・トゥナル公園の図書館はボゴタの南部に位置している。この地域はボゴタにおいて最も所得の低い人々が多く住む地域の1つである。この図書館では、建物を地域に統合する公園のマスタープランで策定された指標に基づいて設計されたアーバン・デザインであり、都市景観の形成が目指された。図書館全体に、空間的な柔軟性がある。柔軟性とは建築の構造が一定の変化に対応し、あらゆる必要性に対応可能であることを意味している。図書は開架方式を採用し、移動可能な家具を採用し全体で運用できる。建物内部の管理や、簡単に目的とする場所に行くことができるように、内部を分断する壁をクリスタル状の壁面として採用した。従って内部空間の障壁は取り除かれたといえる。共同作業空間のように、厳密に空間を仕切ることが必要な場合に限り、簡単な溝をもつ仕切りが備えられている。建物の内部空間のレイアウトは、それぞれに異なる空間の間に透明性をもたらすことが意図されており、利用者が図書館内での位置を感覚的に理解し、人々は明瞭に居場所を把握できる。図書館内部から見える景色、周辺で行なわれる人々の活動、建物に差し込む太陽光が考慮されている。建物内のそれぞれの空間から、人々が活動している様子をみることができる。

こうした都市開発事業はボゴタにおいて非常に重要な意味がある。それは、一般の人々が相互にコンタクトをとることができるようにすることである。この図書館は特別な人だけが利用する施設ではない。

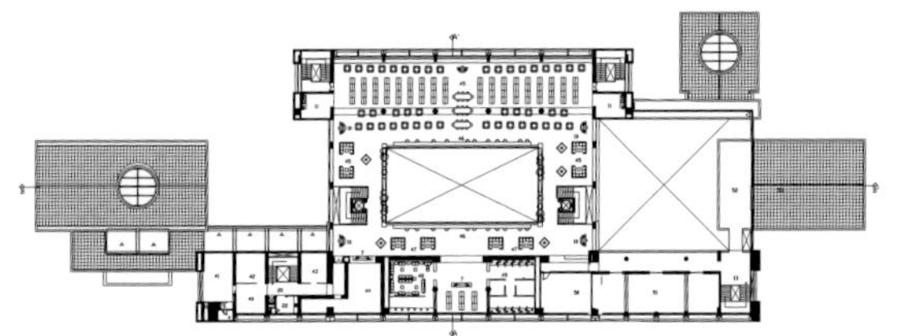

2階平面図

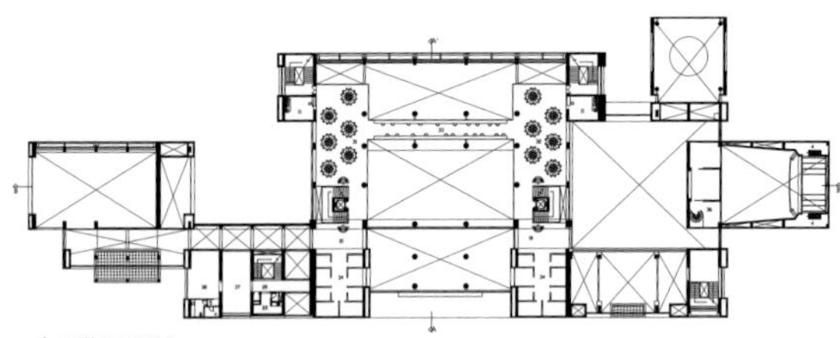

中2階平面図

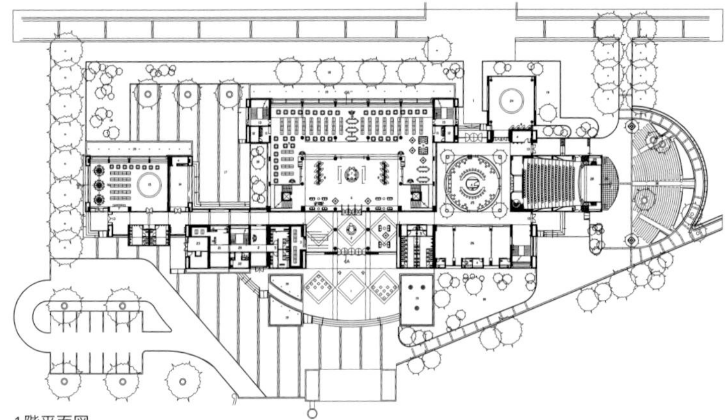

1階平面図

図5

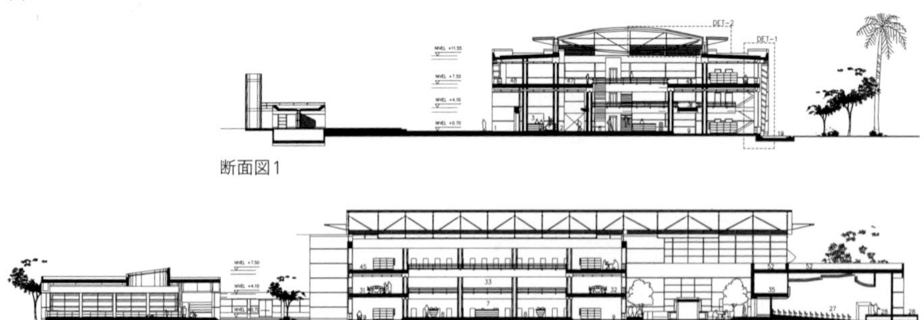

断面図1

断面図2

図6

コロンビア国立大学大学院

EDIFICIO DE POSGRADOS, Universidad Nacional de Colombia

ボゴタ Bogotá…………1998-2002

図1＝建物内のコモンスペース（Photo：Silvia Patiño & Rogelio Salmona）

［建築家］
ロヘリオ・サルモナ Arq. Rogelio Salmona

［協働建築家］
エデイルベルト・アマド Arq. Edilberto Amado
フェルナンド・アマド Arq. Fernando Amado
マリア・エルビラ・マドリーニャン Arq. María Elvira Madriñán

図2＝中庭

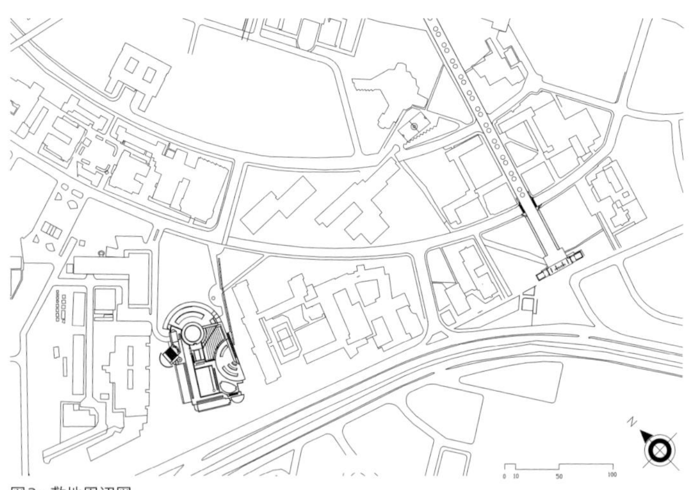

図3＝敷地周辺図

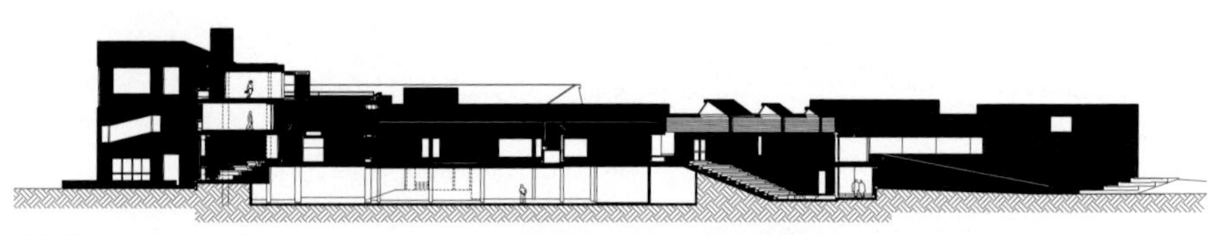

断面図1

断面図2

図4

コロンビア国立大学の人間科学部の大学院の建物である。この建物には3つの中庭があり、空に向かって広がる空間をもつ。建物は読書空間や円形の水面を持つ中庭、多目的空間などから構成されており、これらの部屋は、スロープや廊下で連結されている。スロープは最も下の層のカフェテリア、中庭、そして、教室やセミナールームとも結びついている。

4つのオーディトリウムや8つのセミナー室、そしてオープンスペースが2階にある。2階につながる通路の途中には、中庭を通って建物の外部空間へ通じている小道がある。研究ホール、外部のオーディトリウム、招聘研究者の宿泊施設、ガーデンテラスが3階にある。3階へは内側の空間と外側の空間の両方からアプローチできる。建物の内部をめぐる通路の要所にはキャンパスの木々を楽しみながら歩くことができる空間があり、木々を通じて山々を望むことができる。人々はこうした空間からこの建物の重要性を理解する。この建物は機能が充足しているというよりも、空間の感覚が記憶として人々の心に刻み込まれる。

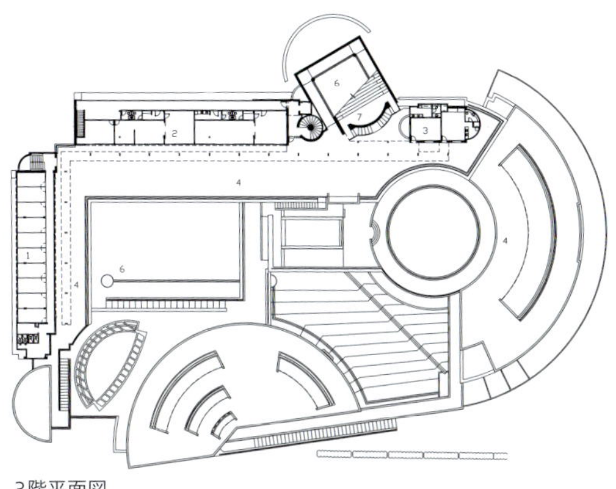

3階平面図

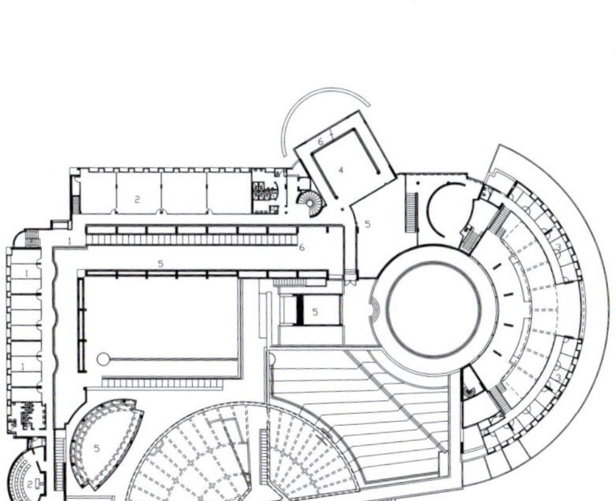

2階平面図

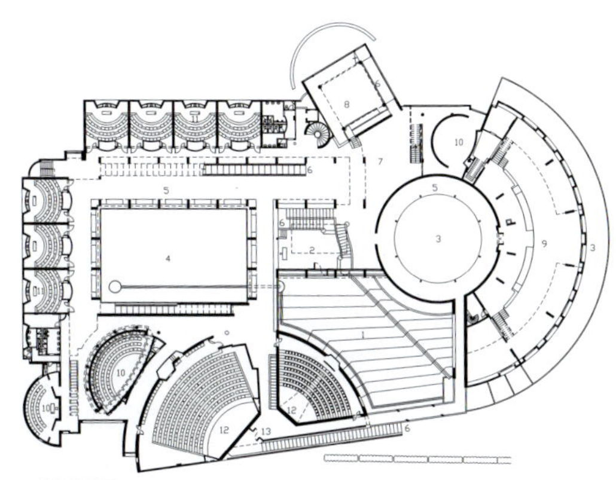

1階平面図

図5

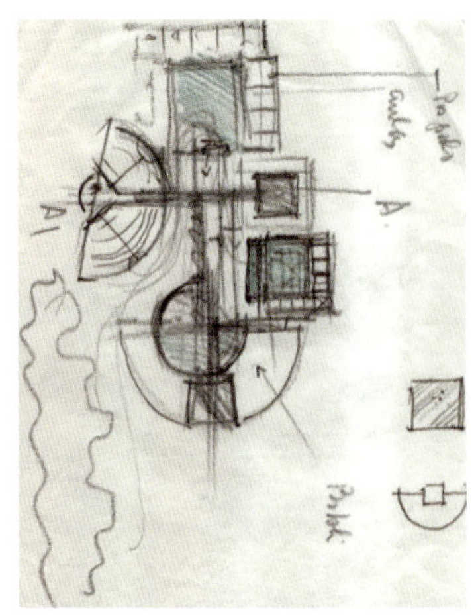

図6＝コンセプトスケッチ

図7＝建築的な屋外空間

図8＝回廊と中庭（池）

図9＝会議室

ヴィルヒリオ・バルコ公共図書館

BIBLIOTECA PÚBLICA VIRGILIO BARCO

ボゴタ Bogotá…………1999-2001

図1＝図書館と公園（ボゴタとアンデス山脈を望む）（Photo：Silvia Patiño & Rogelio Salmona）

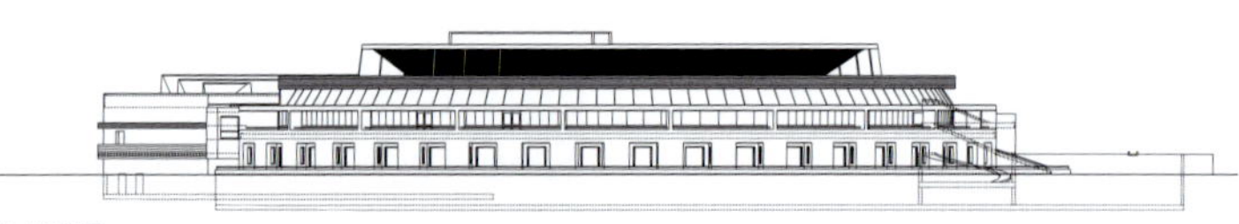

北立面図

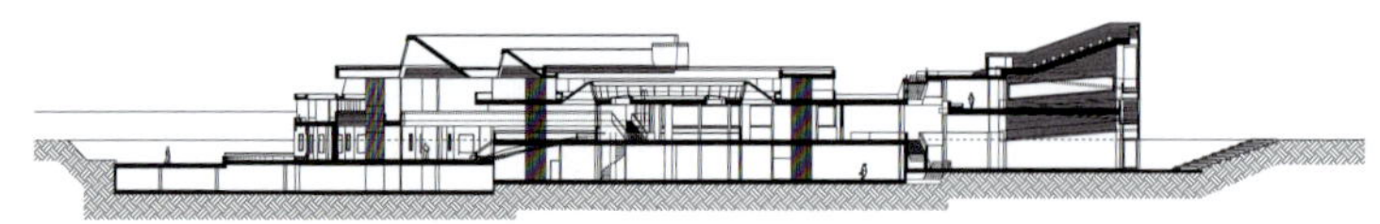

断面図

図2

図3＝エントランス空間
（Photo：Silvia Patiño & Rogelio Salmona）

［建築家］
ロヘリオ・サルモナ Arq. Rogelio Salmona

［協働建築家］
フェルナンド・アマド Arq. Fernando Amado
マリア・エルビラ・マドウリーニャン Arq. María Elvira Madriñán

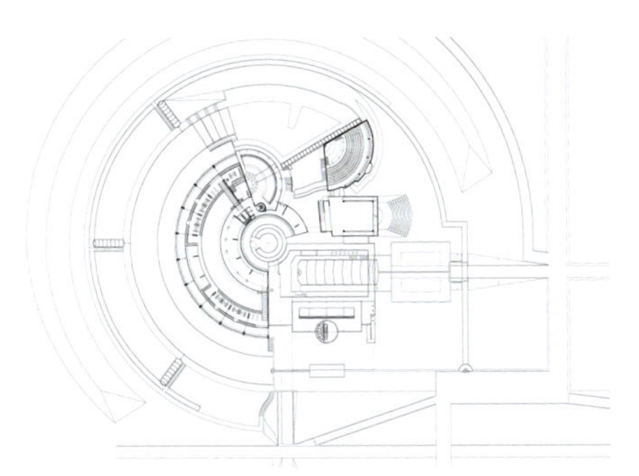

3階平面図

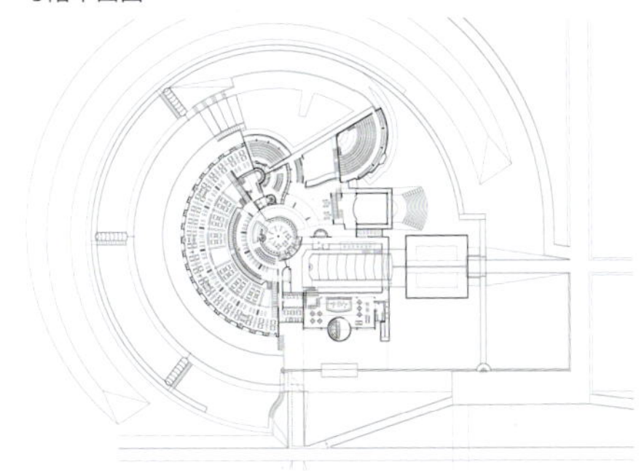

2階平面図

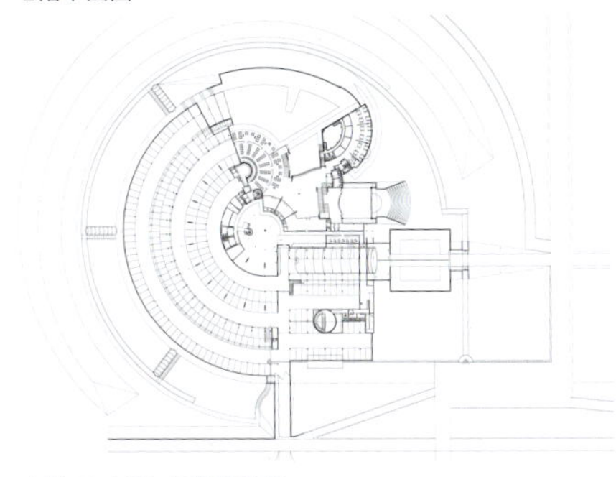

1階エントランス階平面図

図4

図5＝内観写真
（Photo：Silvia Patiño & Rogelio Salmona）

ヴィルヒリオ図書館はボゴタの中心部にある面積14haの公園の中にある。この図書館は市内に52館ある公共図書館網を構成する1館である。この図書館は近年建設された25館の公共図書館のなかでも最も規模が大きい。大規模な文化センターとしての役割も意図された。設計では用途や技術的な側面の他、ボゴタを取り囲む地形的、景観的な価値を高めるように考えられた。現在、公園となっている敷地は、かつて建築廃棄物が捨てられていた場所である。建設当時、廃棄物は道路から5mを超える高さになっていた。この廃棄物の収容を促進する事業が図書館の建設事業と一致した。事業では建物の残骸を外部に移すことに費用が掛かりすぎると考えられた。そこで、外部の騒音から建物を守るための壁体として残骸を用いる事が考えられた。この残骸からできた障壁はボゴタを取り囲む山脈のシルエットを表現している。

公園の中で集められた雨水は建物の周囲を巡り、公園の風景となる。最も重要な点はこの水が建物の内部と外部の間を流れ、建物を全体として感じさせている事である。公園、園路、水、パティオ、人々が使う空間、使わない空間、エントランス、すべての建築的要素が相互に交錯して全体を構成している。記憶に残る印象的な場所があることで、人々の場所への関心は高まり、この建物は場所に深く根ざしてゆく。

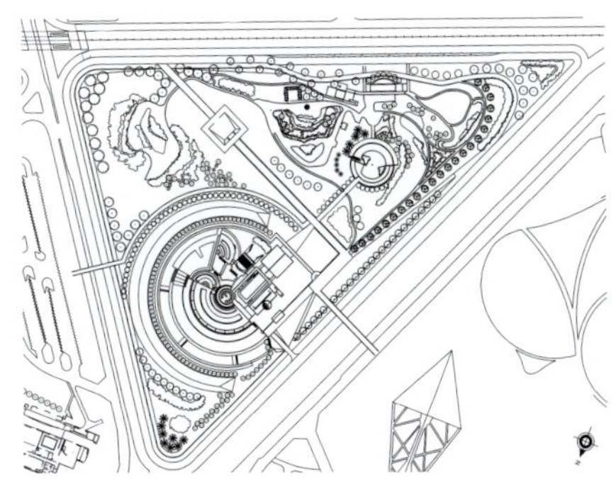

図6＝全体配置図

高齢者センター

CENTRO PARA LA TERCERA EDAD

エンヴィガード Envigado…………1999-2000

図1＝外観写真（Photo：Calros Tobón）

図2＝建物内部の斜路

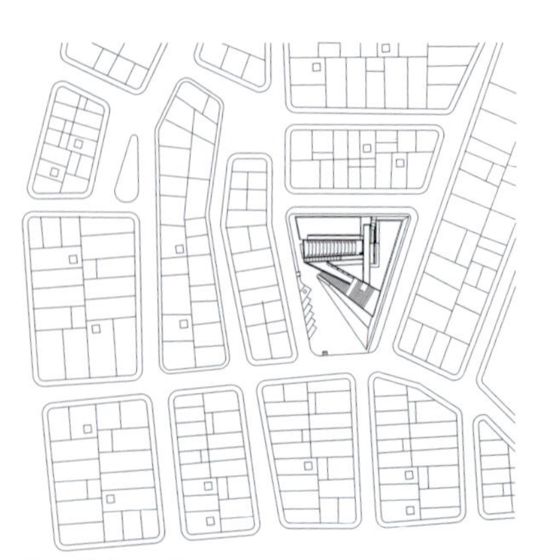

図3＝敷地周辺図

［建築家］

ホワン・フェルナンド・フォレロ　Arq. Juan Fernando Forero

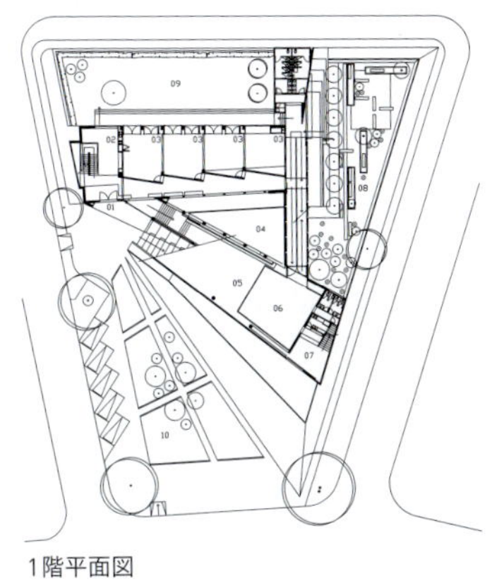

1階平面図

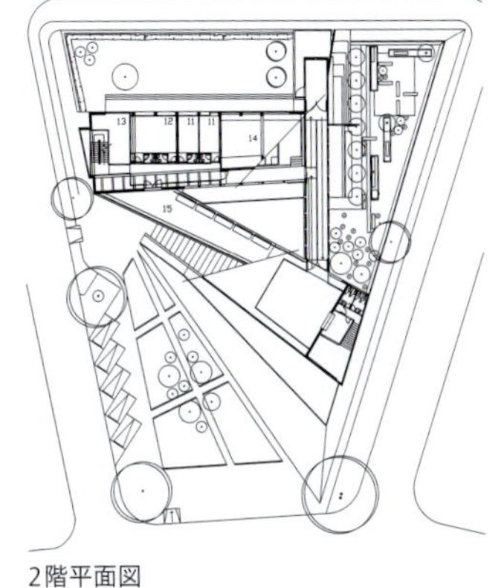

2階平面図

図4

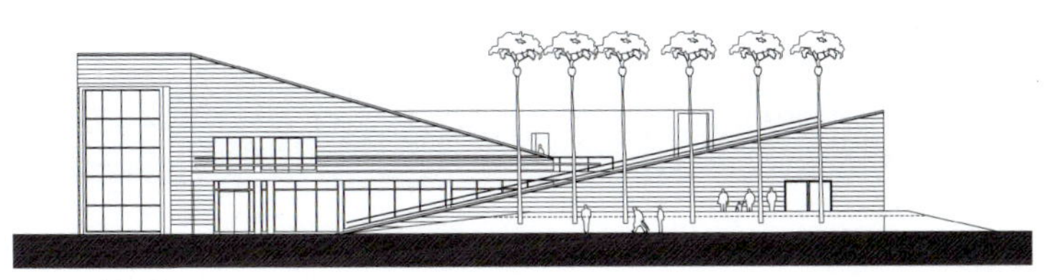

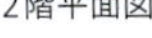

図5＝西立面図

エンヴィガード市には、公園や緑地を必要とする密集した市街地がある。このことを考慮して、この施設では公園、広場、緑地帯、隅々の場所まで階段や傾斜路を通って立ち寄れるホール（サロン）等が配置された。この建物の建築的な特徴を補強しているのが、半地下の大きなホール（サロン）に隣接した鏡のような水面である。その周りにサロン、野外劇場、小さな礼拝堂が設置されている。建物はシュロの木、水遊び場、さらに3つの公園により構成されている。1つ目の公園は街に向かって開かれている。2つ目の公園はこの地域の伝統的なパティオの形でデザインされた内部空間がある。そして3つ目は、岩が徐々に異なった色彩に変化し砂場として使用されている公園である。それぞれの公園は開放されている。この建築により公共空間が活性化された結果、この場所が重要な場所へと変化した。この新しい状況を創り出した事に、この建築の意義を見いだす事ができる。

図6＝外部階段

図7＝回廊

ティンタル図書館

BIBLIOTECA EL TINTAL

ボゴタ Bogotá…………2001

図1＝全景写真

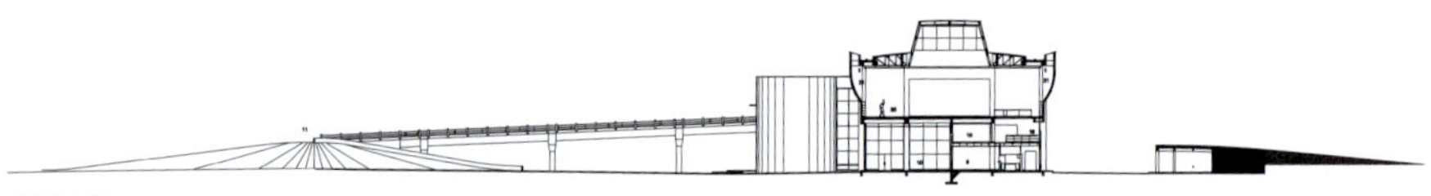

横断面図

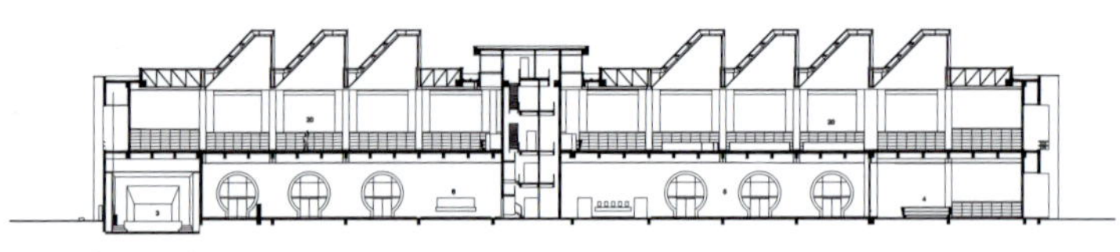

断面図（長手方向）

図2

［建築家］
ダニエル・ベルムデス Arq. Daniel Bermúdez

［協働建築家］
ディエーゴ・ブリティカ Arq. Diego Buriticá
ハイメ・ロメロ Arq. Jaime Romero
ハビエル・ルイス Arq. Javier Ruiz
ファビアン・メデイナ Arq. Fabián Medina
マウリシオ・メデイナ Arq. Mauricio Medina

図3＝東側より見る（Photo：Enrique Guzmán）

この図書館は近年ボゴタ市が建設した新しい4つの図書館のうちの1つである。清掃公社の民営化以来、使用されていなかった古いゴミ処理工場施設を再利用した建物である。建物の2階は75mの長さの高速道路のような構造で、ゴミ収集車が通行できた。

この設計では、最大の効率を追求するために、自然の採光と換気の機能性、なかでも既存の構造と特徴が最大限に考慮され、様々な課題に対する適切な解決が求められた。

敷地は、都市に一大緑地帯を提供し、ボコダ川の湿地帯の環状道路と一体となっている公園に隣接している。巨大な高架道路のような構造体は、公園から図書館に入る第2の入口となっており、レクリエーション活動、文化活動のほか見本市が開催される1階への主要な入口となっている。幾つかの部屋がある広い空間には、光の「ポケット」とよべるような箇所があり、光が差し込むことによって白く壁面が照らされる。光の「ポケット」は、朝日や夕日の時間以外には、最高の照明環境を提供する。

図4＝北側より見る

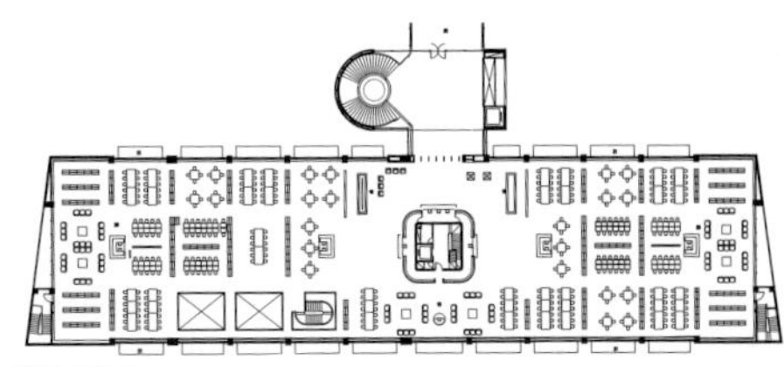

2階平面図

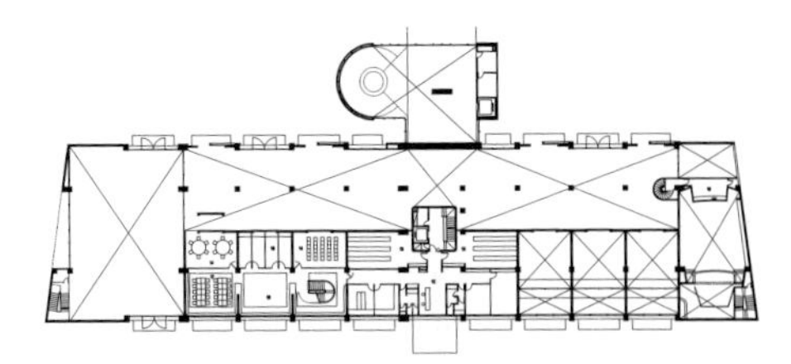

中2階平面図

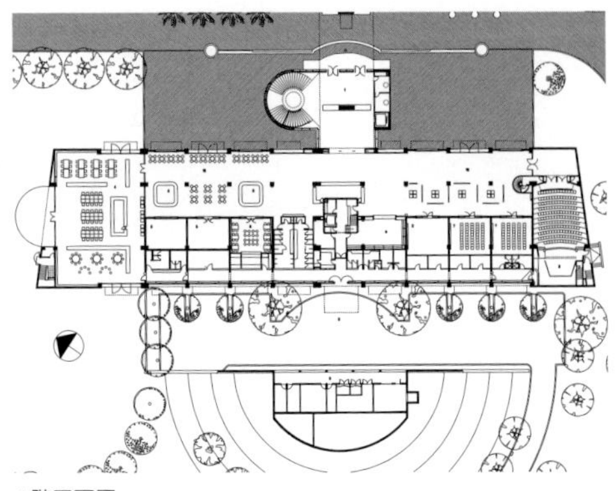

1階平面図

図5

都心部のレクリエーションセンター

CENTRO URBANO RECREATIVO CUR-1, COMPENSAR

ボゴタ Bogotá…………1981-1982

図1=屋上テラス

図2=外観写真1

図3=外観写真2

[設計事務所と建築家]
モタ・イ・ロドリゲス建築設計事務所 Motta y Rodríguez Arquitectos
フェルナンド・ロドリゲス・ボニージャ Arq. Fernando Rodríguez Bonilla
マリオ・ダニエル・モタ Arq. Mario Daniel Motta

図4＝外観写真3

公開設計競技が行われて選定された建築物である。3層の建物とそれに接続しているガラス張りの構造体にはレクリエーションとスポーツ施設が設置されている。1階にはポルティコとなっている回廊がある。そこには入口があり、階段を通じて上層階と結びついている。水泳施設は長方形の建物の一部に配置されている。建物のこの部分は道路から切り離されている。更衣室とロッカーは水泳施設の中央部にあり、運動施設は建物の上層階にあり、階段室で結びついている。カフェテリアには倉庫と厨房がある。敷地の中の外部空間は自動車に適した計画が採用され、敷地を斜めに横切るように街灯が設置されている。レクリエーションのためのスケート場は建物の隅に設置されており、将来的には運動場がこのスケート場の上に建設される計画がある。幾何学的にリジッドな配置計画にもかかわらず、建物全体は、スケールの異なる空間が一体となるように考慮されている。建物のそれぞれの場所に多様性があり、同時に敷地外の空間と強い結びつきをもっている。

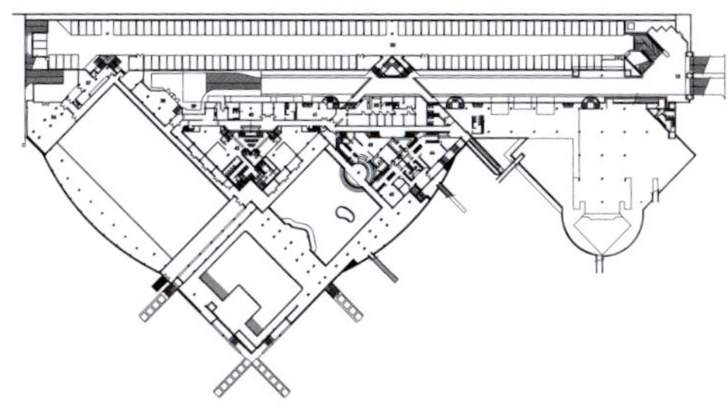

3階平面図

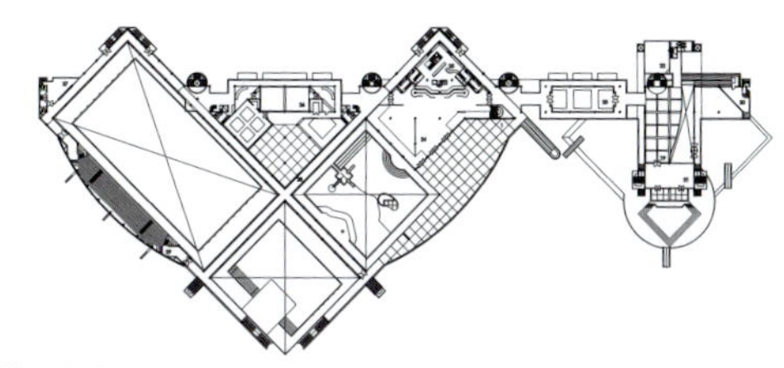

2階平面図

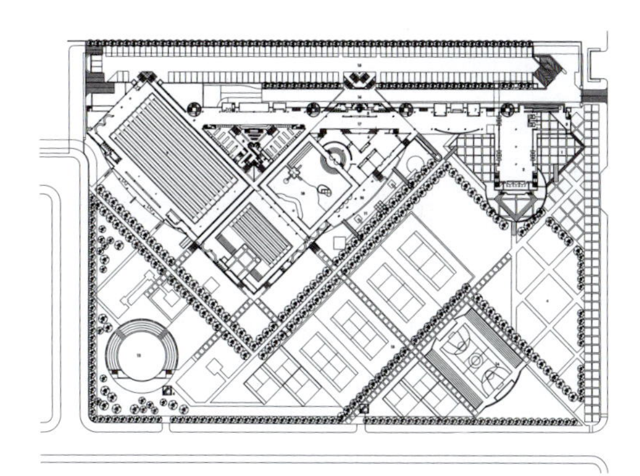

1階平面図兼配置図

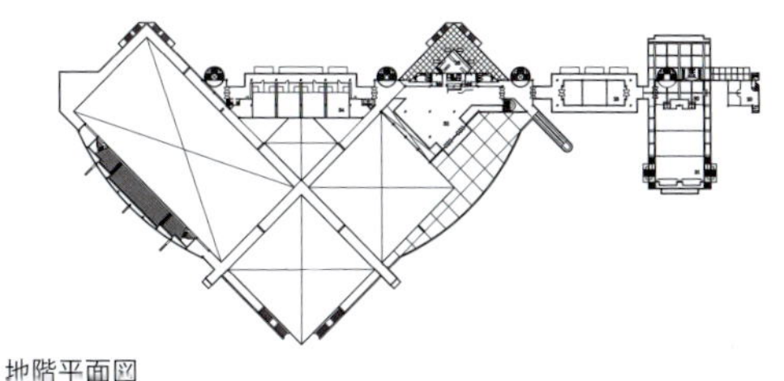

地階平面図

図5

メデジン・メトロポリタン劇場

TEATRO METROPOLITANO DE MEDELLIN

メデジン Medellín…………1987

図1＝ホワイエ／エントランス

メデジン市のメトロポリタン劇場は多目的の劇場である。この建物の考え方は、豪華さよりも建築的な用途を重視し、堂々とした表現性を備えていることである。素材は建物の維持にとって最も手間のかからない種類のものが選ばれた。建物全体の表情をつくる壁面や断面には、荒々しいレンガが使われている。この建物の設計競技では汎用性のある構造体が提案された。建築の音響と技術的な視点から、ミュージカル、ドラマ、オペラなどが上演できるように設計された。しかし、こうした利用には困難が伴う。特に劇場には音響に関する問題が生じる。この劇場には1650席の客席があり、内部にはオーケストラ・ピットと上部バルコニーがある。この施設は巨大な劇場の一例である。

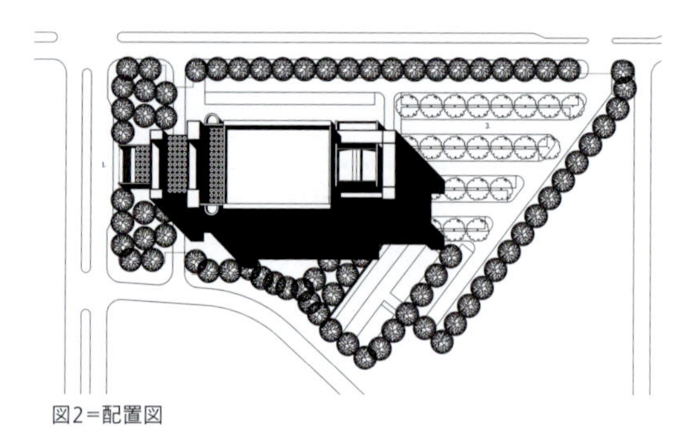

図2＝配置図

図3＝全景写真

［建築家］

オスカル・メッサ・R Arq. Oscar Mesa R.

［協働建築家］

マリア・テレサ・シェラ Arq. María Teresa Sierra

図4＝ホール

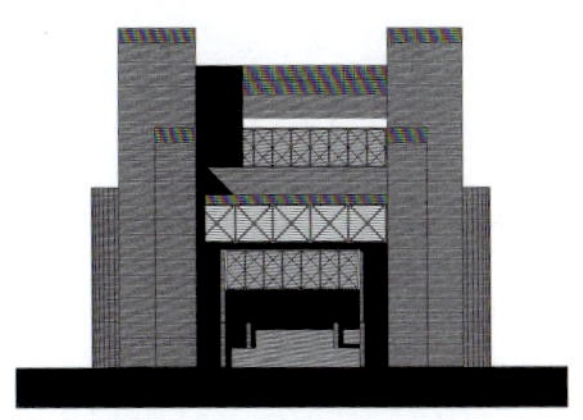

南立面図

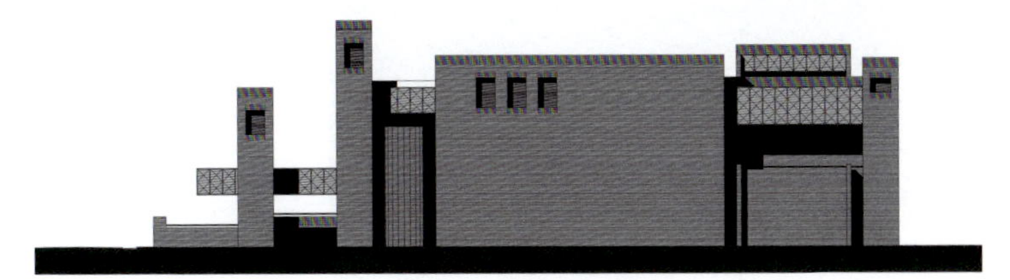

東立面図

図5

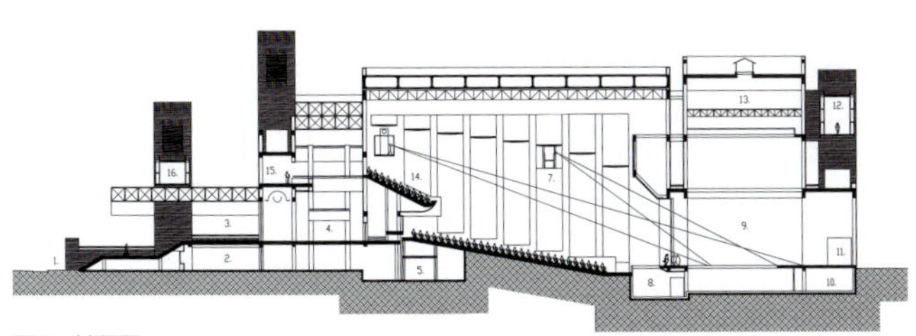

図6＝断面図

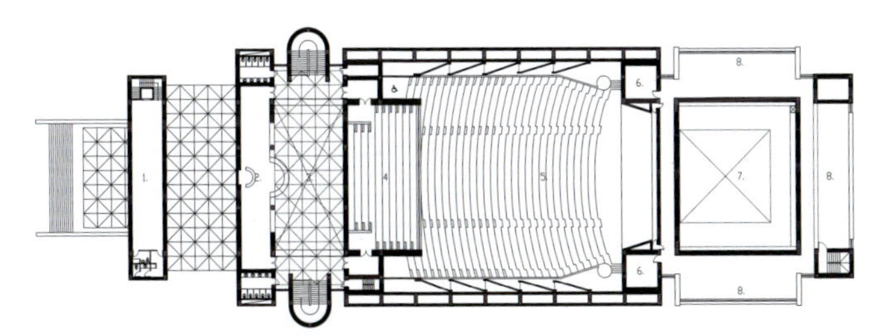

ラウンジ及びバルコニー階平面図

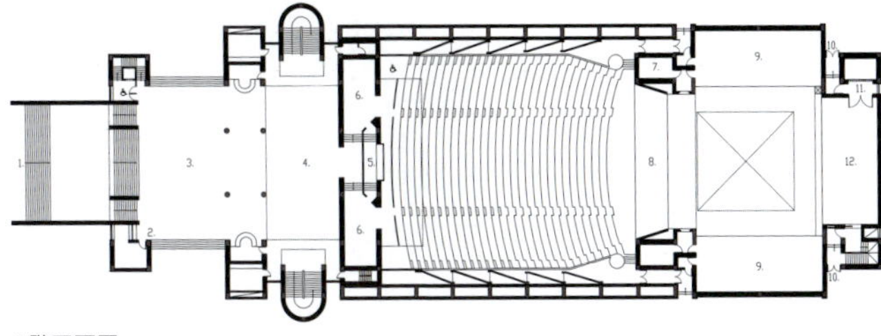

1階平面図

図7

国立総合資料館

ARCHIVO GENERAL DE LA NACIÓN

ボゴタ Bogotá…………1988～1990

図1＝外観写真1（Photo：Rogelio Salmona & Silva Patiño）

ボゴタの歴史地区に位置するこの建物は、文化的な意義と建築学的な価値を実証することとを目指し、コロンビアの歴史を蓄積し、過去のでき事を納めるための施設である。建物は、現代のアーカイビングの概念の背景にある哲学を明らかにしようとしている。つまり、存在している遺産をこの場所に過去の記憶として保管するという「奇跡」を詩的で創造的な形態の中に置くことを明確に示す。このことを考慮すれば、とてつもない作品だと理解できる。つまり建物自身が持つ保管機能として光も、湿気も、空気も、塵も侵入させてはならないという建物の性能だけでなく、アーカイブの場所を構築するという目的を達成する必要性に応える必要がある。これらの制約はアーカイブの用途を持つ建物がそもそも「建築」に反することを示している。

ボゴタの乾いた気候のため、高価で不要な機器類は当初から利用されない事となった。第一に建物の「肌」に着目された。換気を可能にする多孔性のあ

図2＝コンセプトスケッチ

図3＝外観写真2

［建築デザイン］
ロヘリオ・サルモナ Arq. Rogelio Salmona

［協働建築家］
ディアナ・バルコ Arq. Diana Barco
サンチャゴ・フェルナンデス Arq. Santiago Fernández
マリア・エルビラ・マドリニャン Arq. María Elvira Madriñán

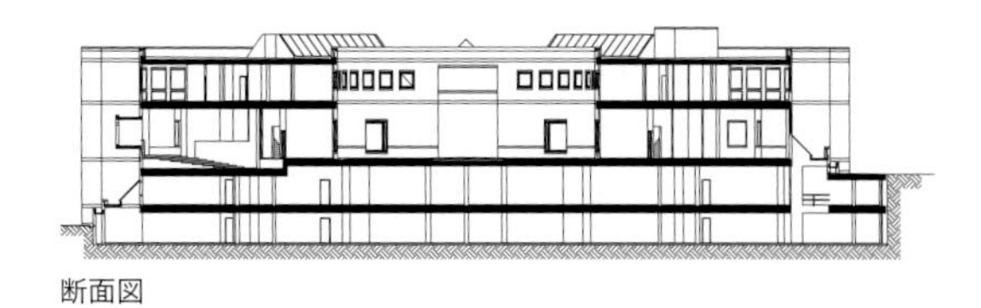
断面図

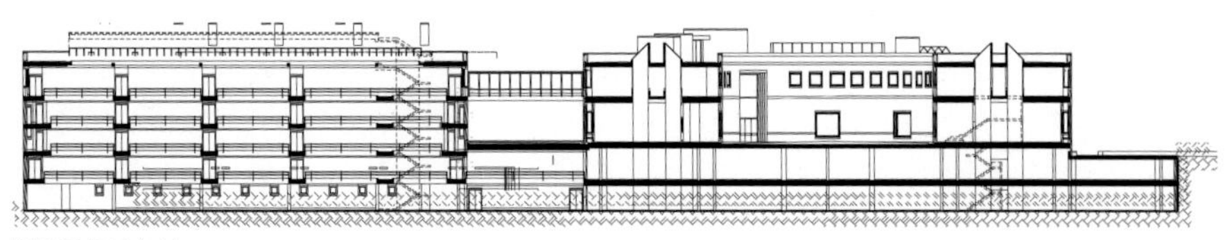
断面図（長手方向）

図4

る二重壁を採用し、雨水や結露による水を集めるために建物全体に水を処理するシステムが考案され、外部からくる汚染された空気が室内で循環することを防ぐフィルター、室内（特に保存庫）の室内換気、建物が太陽の方向を向くときと、影になるときの相互の環境調整、そして最後に、公的にアクセス可能な領域と文書を保管する領域の明確な分離が計画された。

この建物は、歴史地区の最も重要な建物に関連し、周囲のすばらしい都市環境が考慮された。この場所はアーカイブを設置するためにふさわしい場所であり、この場所は永遠の美の「谷」なのである。建築自身は、中央に円形の中庭をもつ立方体で、あらゆる領域にアクセスできる円形の構造を持つ。この円形の構造はまた、周囲で発生する音を受け止め引き寄せる役割を果たす。追記すべきことは、モンセラーテやグアダルペの丘と調和する場所に建物が存在することである。

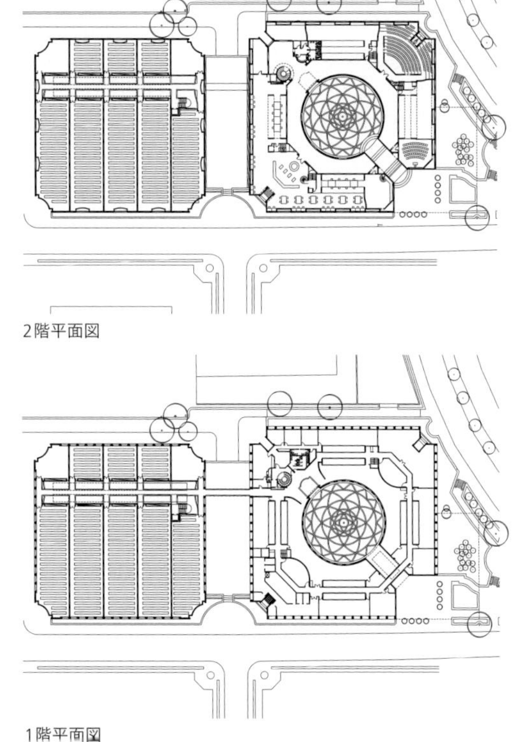
2階平面図

1階平面図

図5

ハベリアーナ大学の大学施設

EDIFICIO PEDRO ARRUPE S.J 《Pontificia Universidad Javeriana》

ボゴタ Bogotá…………2001-2002

図1=全景写真

図2=外観写真（Photo：Enrique Guzmán）

図3=周辺環境と施設

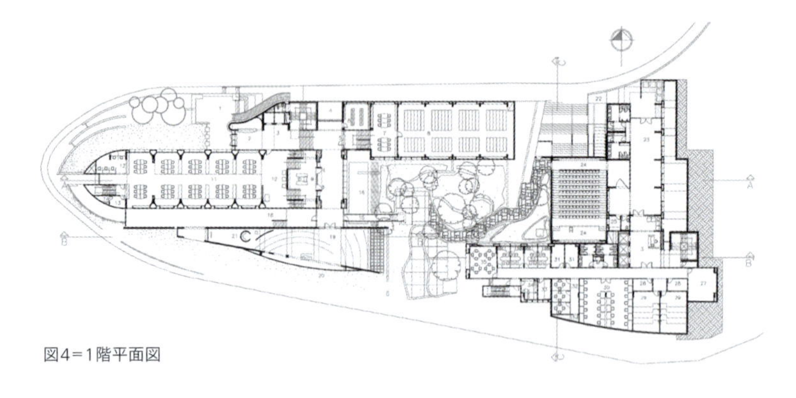

図4=1階平面図

［建築家］
オクタヴィオ・モレノ・アマヤ Arq. Octavio Moreno Amaya

断面図1

図5

一般的な考え方だが、建築において敷地は基本的な役割を担う。この建物はハベリアーナ大学にあり、キャンパス景観において特徴を与える場所に位置している。環境との調和が意図された。配置計画では、第一に敷地の自然条件に従うことが取り入れられた。木々や既存の路などとの関係を調和させることが意図された。この建築は北と南に向いているので、自然の直接光が開口部を通って入ってくる。一方、建物の一部を構成する図書館は明確な放射状の形をしている。そこで、光は調整される必要がある。設計で特に尊重されたことは、木々を中心とする風景を統合することであった。教会、図書館、教育施設が一体となるように設計された。これは垂直方向の建物であることが考慮された結果である。さらに美的に、形態的にコンクリートという素材は特別に軽い雰囲気を出している。このことで室内空間では暖かみを感じることができる。教会では光とコンクリートは基本的な要素となり、この地域の特色を表現する空間を表現している。太陽の恩恵を最大限に活かすことにより、特別に柔和な雰囲気をつくり出している。

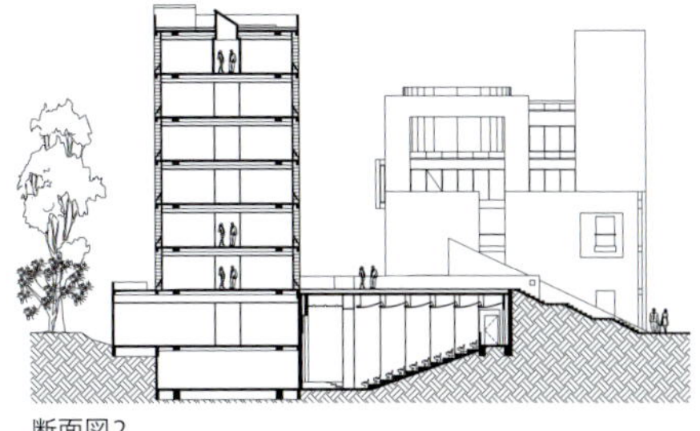
断面図2

図6＝礼拝堂（Photo：Enrique Guzmán）

図7＝北立面図

論　考　編

第1章　コロンビア建築へのアプローチ

北尾靖雅 Yasunori Kitao

第2章　コロンビアの建築における場所と伝統の構築

カルロス・ニーニョ・ムルシア Carlos Nino Murrcia

第3章　コロンビアの建築に関する場所の感覚

遭遇と失われた遭遇

セルヒオ・トルヒオ・ハラミージョ Sergio Trujillo Jaramillo

第4章　ボゴタの都市化と都市政策

境界領域を巡る論考

ハビエル・ペイナード Javier Peinado

第5章　ボゴタの歴史地区の建築遺産

ロレンソ・フォンセカ＆ホルゲ・エンリケ・カバジェロ
Lorenzo Fonseca & Jorge Enrique Caballero

第6章　レンガ・土・竹の建築

根津幸子 Yukiko Nezu

第7章　ボゴタにおける住宅地開発とコミュニティ

ホアン・オルドネス Juan Ordonez

第8章　人間の生命に触発される建築

地域の空間に見るコロンビアの建築と自然

エスペランサ・カロ Esperanza Caro

第9章　国際協力事業による集落地の地域図書館

北尾靖雅 Yasunori Kitao

論　考　編

第 1 章
コロンビア建築へのアプローチ
An Approach Toward the Architecture in Colombia

北尾靖雅 Yasunori Kitao

航空路の開発と近代建築運動

人類は神話の時代から空を飛ぶ夢を持ち続けてきた。この夢はダヴィンチの活躍したルネサンスを超え、20世紀の始まりと同時に飛行機の発明で現実となった。飛躍的に発展した航空技術は世界の諸地域を地理的な制約によらず航空路で結んだ。

コロンビアは航空路の開発が建築の発展に大きな影響を与えたと考えられている国である。今では、コロンビア国内には国際空港が8箇所、国内線の空港は587箇所ある*1。航空路はコロンビアでは重要な位置づけにある。

航空路に関して、1954年9月に発刊された「国際建築」に掲載されたコロンビアの近代建築運動と建築教育に関するレポートが掲載されている。このレポートに興味深いル・コルビュジエの言葉が引用されている*2。

「君達コロンビア人は、航空業務を会得した以上、良い建築を生み出す要素をすべてもっているのだ
——ル・コルビュジエ」

レポートは次のように続く。

> 航空路の発達が諸都市に文化の進んだ諸外国との接触を許したとき、はじめて建築家の助力の必要性が喧伝された。建築は航空路がかつての我国(コロンビア)*3の孤立状態に終わりを告げさせた時にはじめて、おのずから流入してきたといえよう。

当時、コロンビアでは都市部への急速な人口集中が始まっていた。ところが都市の人口増加に対応することのできる建築家がいなかった。コロンビアの諸都市は建築家が参加することなく建設されてきた事が問題視され始めた。航空路の発達により海外の文化に諸都市が接触したとき、建築家の役割が広く知られるようになったのである。つまり、航空路の開発により建築家の社会的役割が広く人々に知られるようになったと理解できる。

コロンビア社会が他国との文化的接触をより一層、密接にもったことは、コロンビアの建築教育にも大きな影響を与えた。欧州やアメリカの

大学で近代建築を学ぶ学生が現れた。さらに、大学でも建築教育の改革が学生達の要求を背景にすすめられた。そして、大学教育は近代建築運動を展開する方向を確立した。このレポートは次のように結ばれている。

> 近代建築はコロンビアにその発展の良き地盤と大きな可能性を見いだした。建築家は自己の責務を自覚し、そして真の建築を推進しようという信念を持って働きつつあり、同時に人類の最も普遍的な要求の基盤に立ち、よりよき社会の実現に努めているのである*2

このレポートは1950年代のコロンビアの建築教育と近代建築運動の状態について理解を深めるだけのものではない。その後50年以上にわたり(当時は予測できなかったであろう)コロンビアの社会が直面してきた困難な状況が待ち構えていた。

このレポートが書かれた時代背景を考慮すれば、ル・コルビュジエがコロンビアの建築の可能性について言及したのは、何を意味しているのであろうか?。

このことを考えるために、ル・コルビュジエのコロンビアの建築との接点について触れる必要がある。ル・コルビュジエのコロンビアとの関係の背景にはコロンビアの歴史において極めて重大な事件がある。それはボゴタソ(ボゴタ暴動)とよばれる事件である。この事件は1948年4月に起こった。当時、大衆に絶大な支持を集め大統領候補と目されていたホルヘ・エリエセル・ガイタンが暗殺された。ボゴタで暴動が起こり、都市の一角が壊滅し、他都市にも暴動が拡大した。この事件が60年以上続く国内の騒乱の発端と考えられている。コロンビア社会は地域限定的な内戦状態となった。

ル・コルビュジエがボゴタに招聘されたのは、ボゴタ動乱で壊滅したボゴタの市街地を再建し、都市の全体計画を作成するためであった。ル・コルビュジエがボゴタの都市計画に関わる以前に建築家ホセ・ルイ・セルトが既にコロンビアの幾つかの都市計画に関与していたこともコルビュジエが関与した伏線と考えられる。実際、ル・コルビュジエは暴動の翌年1949年にボゴタの都市計画の作成に関する契約を結び、コロンビア出身の建築家とボゴタの都市計画案に挑んだ。ル・コルビュジエと協働した建築家は、ヘルマン・サンペルである。さらにコロンビアを代表するロヘリオ・サルモナは上記の動乱で国立大学を離れ、パリのル・コルビュジエのアトリエで1957年まで協働した。同時代に吉坂隆正がル・コルビュジエのアトリエで協働していた。サンペルとサルモナはともにパリの近代建築を地域的文脈のなかに見事にとけ込ませた、近現代を代表するコロンビア近代建築の先駆者達なのである。

近代コロンビア

近年コロンビアで興味深い研究が行われてきた。それはル・コルビュジエのシャンディガールの都市計画の背景にボゴタの都市計画の経験があったことを明らかにするものである。パリのル・コルビュジエのアトリエに在籍していたサンペルはル・コルビュジエのもとで、ボゴタの都市計画を担当すると同時に、インドのシャンディガールの都市計画にも関与していた。ボゴタではル・コルビュジエが提案した都市計画案の骨格が反映されるに留まったが、ル・コルビュジエはボゴタでの経験に基づきシャンディガールを実現した。これはル・コルビュジエの業績の全く新しい側面として近年、世界的に注目されている。

ル・コルビュジエがコロンビアの都市計画に関与した事でコロンビアの近代建築運動は大きく進展したことは疑う余地はない。ここで注目すべき事は、近代建築運動がコロンビアに到達した時代は、コロンビアの国内情勢が不安定化した時代（ラ・ビオレンシアの時代；暴力の時代と呼ばれている）と重複することである。上記のレポートはこの時代に執筆された。

このレポートでは建築家の近代建築を通じた社会との関係が重視されている。暴力が人々の日常生活や人生に大きな影響を及ぼしはじめた時代にコロンビアの建築家達が直面していたことを反映したものだといえる。このレポートの結論には下記のように示されている。

> 人類の普遍的要求を基盤に立ち、より良き社会の実現につとめているのである*2

このことから、当時コロンビアの人々が直面していた社会的状況を改善するために近代建築運動が追求されたと理解することができる。志を持つ建築家達は現前にある困難な社会状況に対応するために、近代建築運動を展開する海外との文化的接触を積極的に行った。国内の社会情勢が厳しいが故に、近代建築運動の真の目的はより顕著にコロンビアで追求されたと理解できる。

環境と文化の多様性

コロンビア共和国は人口4,551万人(国家統計局資料)で一人あたりのGDPは5,890USD(2010年, IMF資料)*4で、南米大陸の北西部に位置する。国土の面積は1,141,748km^2、領海面積は928,660km^{2}で、西経67度から79度、北緯12度から南緯4度の赤道直下にある*5。

コロンビアは南にエクアドル、西にブラジル、西北にベネズエラ、北にパナマといった国々と国境を接し、国土は大西洋と太平洋に面している。これは直接的に北米、欧州、アフリカ、オセアニア、アジアなど世界の大陸に接続している事を意味している。地球上、明らかに地理的に他の地域との交通において有利な条件を備えている。コロンビアの文化を表現する概念として多様性の観点は最もふさわしい。

多様性の一つとして民族の観点がある。コロンビアに住む人々の祖先達はプレ・コロンビア時代から住み続ける人々、スペインからの移民、欧州諸国からの移民、アフリカからの移民、中東諸国からの移民と考えられている。歴史的過程でこれらの人々の間に人種・民族的な混淆がすすんだ。現在は全人口の60%が混血で、20%が欧州系、5%がアフリカ系、14%がアフリカ系と先住民族の混血と考えられている。また、全人口の1%と少数ではあるが、87のプレ・コロンビア時代から住み続けてきた民族が暮らしている*6, 7。

1 トリイマ県の山岳地帯。
急峻な山岳地帯のトリイマ県には
5,000m級の山々がある。(筆者撮影)

2 マグダレーナ川(トリイマ県)。
ボゴタからカリブ海へ通じる交通路だった。
(筆者撮影)

言語はスペイン語である。そして、特定の地方には64の地域の言語があるといわれている。

コロンビアでは、混血であることをコロンビア人としての自らの誇りであると考える人々に出会う。「わたしの身体のどこかに、この国が辿ってきた歴史が刻まれている」という感覚である。多様な要素が混淆することが身体への意識に現れていると理解できる。このように身体の成り立ちと社会の成り立ちが密接に関係しているという感覚はこの国の文化を理解する出発点といえよう。

多様性は生物多様性からも説明できる。コロンビアの国土はブラジルの国土面積の4分の1だが、生物の多様性はブラジルに次いで世界第二位である。鳥、蘭、椰子の木の種類は世界一の多様性をもつ。両生類の多様性は世界第二位で、爬虫類は世界第三位の生物多様性が認められている。コロンビアには34の自然公園があり生物多様性の保護がすすめられている*8。このようにコロンビアの気候や環境の多様性が示される。

ここで2つの地点で撮影した2枚の写真を紹介したい。一枚の写真はコエッリョ（標高39m）で撮影したものである▶3。半袖・半ズボンの服装をした家族の写真である。もう一枚はウバーテ（標高2,500m）で撮影した家族の写真である。この家族は皆ジャンパーを着ている。それぞれの都市はボゴタから3時間ほど離れているが、標高は2,000m以上の差がある。どちらも2011年11月初旬に撮影したものだ。気候の違いが衣服に顕著に表れている。

コロンビアの国内旅行では、目的地の気温だけでなく目的地に至る気温の変化を理解して旅装を考える必要がある。移動中に寒くなれば上着を重ね、暑くなってくれば上着を鞄にしまい込んでゆく。ボゴタからた

3 暑い地方での服装（コエッリョ、筆者撮影）

4 寒い地方での服装（ウバーテ、筆者撮影）

った2時間でも自動車で標高の低い地域に移動すればそこにはパーム椰子の繁る常夏のコロンビアがあり、標高の高い地域に向かえば、寒冷なコロンビアに出会える。このような気候の変化はどのようにして生じるのであろうか。それは、コロンビアの国土自体が持つ地形の複雑さと、地球上における国土の位置という二つの条件が揃う必要がある。

国土には3つの山脈が南北に縦走している。これらはアンデス山脈とよばれる。そして国土は5つの特色のある地域に分ける事ができると考えられている。カリブ海地域、太平洋地域、アンデス地域、オリノコ川流域そしてアマゾン流域の地域である。カリブ海地域には砂漠、山岳地帯、熱帯雨林、降雪地帯がある。太平洋地域は最も湿度の高い地域、アンデス地域は国の中央部に位置し重要な都市群があり人口が集中している。東部に展開するオリノコ川流域は大平原で石油や鉱物資源がある。そして国土の3分の1を占めるアマゾン流域は熱帯雨林となっている*9。

赤道直下の太陽高度の変化の少ないエリアは、通常、常夏の気候と理解されるであろう。ここで、コロンビアの国土の断面を見てみたいと思う。建築の理解を深めるために建物の断面図が重要であることと同様に、コロンビアでは国土のスケールの断面の理解は国土の多様性の理解を深める。国土スケールで複雑な「空間」的な構造があるといえる。

コロンビアで販売されている一般的な旅行書に掲載された図から標高、平均気温、都市名、出発点からの距離を書き抜いた図を作成した▶5。この図から、コロンビアの旅行は平面的に示された地図だけでは計画が立てられないということがわかる。明らかに、平面的な地図に加えて、国土を断面的に理解するダイヤグラムが大きな役割を持つ。このダイヤグラムは、コロンビアの気候環境の多様性を簡潔に示す。ダイヤグラムの左端には標高、右端には平均気温が示されている。コロンビアの大地を移動すれば、標高が大きく変化するとともに温度が大きく変化する。

近隣の都市であっても、その気候環境は大きく変化する。地図で平面上100kmあるいは200km移動すれば、その間に標高は1,000m単位で大きく変化し、同時に気温も10度単位で変化する。このダイヤグラムから、衣服、作物、料理、そして人々の生活の姿が人の移動に伴って変化することが予測できる。そして建築も同様に変化する。地域の標高に適した植栽、産業、ランドスケープが存在することを示唆している。こ

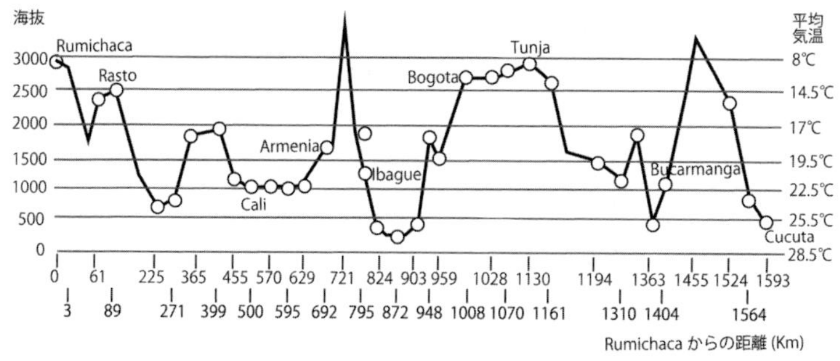

上記グラフの左側の目盛は、主要都市の海抜を、右側の目盛は、各都市の平均気温を示す。

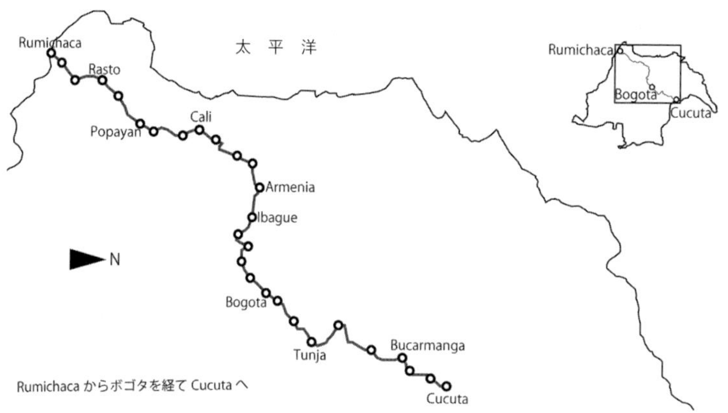

5 コロンビアの国土の海抜と平均気温の変化。○は主要都市
GiiA de Rutas por Colombia 2004-2005, Puntos Suspensivo Editories, 2005. を参考に筆者作成

6 平野部の田園（トリイマ県、筆者撮影）

7 山岳地域の草原（ボヤカ県、筆者撮影）

のことから同時に建築の条件も場所により変化することを示していると理解できる。つまり、コロンビアは時間軸に従い四季があるのではなく、場所に応じる季節がある。人々は気候の移り変わりを場所の軸でとらえ生活を営んでいるといえよう。時間的根拠ではなく場所的根拠による多様性を理解することはコロンビアの文化の理解に欠かせない視点となるといえる。

こうした状況の中で設計をするコロンビアの建築家は、世界の中でも環境の変化や多様性に最も敏感な感性をもっているのではないかと思える。

元駐日コロンビア大使のパトリシア・カルデナス閣下は「雪を頂いたアンデス山脈から、カリブ海の暖かい海岸に1日で出る事もできる」と紹介している*[10]。

経済と政治

近年、コロンビアの経済発展に関心が高まっている。近年の報道によれば、コロンビアは活力に満ち繁栄した南半球で注目すべき国と表現される*[11]。21世紀以降の国内の治安回復の流れとともに、コロンビアが注目されるのは資源国としての側面が見いだされたからでもある*[12]。こうした評価はコロンビアに対するイメージの転換を明確に示している。国内の治安が不安定であるというネガティブな評価は過去のものとなりつつある。そこで、ネガティブな側面を概略的にまとめた。

不安定な国内治安は、地域限定的な内戦状態と理解されている。上述のように国内の治安の悪化は1949年のボゴタソ(ボコタ暴動)に始まり、1960年代には非合法武装勢力が次々と形成されたことに続いていった。この1960年代には、富の分配構造の歪み、二大政党による権力の掌握に対する不満を背景に左翼系の反政府非合法武装勢力が形成された。さらに1964年には反米反帝国主義の思想を持つコロンビア革命軍が誕生した。1963年にはキューバ革命の影響を受けた国民解放軍が組織された*[13]。特に治安の悪化が顕著になったのが1980年代以降である。殺人や誘拐が急増した。武装勢力と麻薬が結びつき「麻薬戦争」とよばれる状態が生じた。

こうした国内情勢を受けて、企業活動は低下し、海外からの投資にも影響を与えた。20世紀後半の国内治安の混乱期に海外からの投資は減少し続けていた[*14]。さらに、アジア経済危機の影響を受け、1998年以降、経済危機に直面した。国内の治安の悪化、国内避難民の増加など、かつてない社会状況となった。

こうした社会状況を大きく変化させたのが2002年に就任したウリベ大統領である。この政権は「民主主義的安全保障」のキャッチフレーズのもとで、治安回復を正常な民主主義と公正な経済成長の前提条件と位置づけた。政権は治安回復、経済成長と社会開発、汚職と腐敗の撲滅を目指した[*15]。ウリベ政権はテロ対策として国内の非合法武装勢力の制圧を行った。この軍事行動が一定の成果を上げ、国内の治安回復が進み、海外からの投資環境が整備された[*16,17]。国内治安の回復とは、主に農村部の人々が暴力によって住居、田畑、財産などを奪われて都市部に流れ着く国内避難民が発生する状態を改善することである。コロンビア政府は20世紀の後半期に、本来なら国内の開発事業に投資すべき資源を国内の治安問題への対処のために使わざるを得ない状況に直面し続けていた。こうした状況は深刻な格差問題を産み出す原因ともなったと考えられている。コロンビアの全人口の4割が貧困層[*18]で、貧富の格差が大きいことがジニ係数の国際比較により示されている[*19]。

貧困問題は国内避難民の問題と無関係ではない。都市と農村は国内避難民の存在を接点として共通の問題に直面してきたといえよう。多くの国内避難者が農村部で生じ、都市部への過剰な人口圧力となった。幡谷則子の研究から、ラ・ビオレンシア時代の内戦から、その後の非合法武装勢力による紛争も、常に土地支配をめぐる対立が根底にあることがわかる[*20]。地主の約5%が農地の80%を所有している[*21]、という現実は、農村部の土地問題は政治とも深く関係していると推察できる。中原篤史はコロンビアの国内避難民に関する研究を行っている。21世紀以降、治安や経済の側面で市民生活の様相が急激に変化し、治安回復とともに海外からの投資が増加して経済が成長しているが、国内避難民問題の完全な解決には至っていないと指摘している[*22]。

このような国内の不安定な状況が報告されているが、過去4-5年間でコロンビアのネガティブな印象が払拭されつつある。その背景には現代のコロンビアの経済発展があり、それを裏付ける経済への信頼性が高く評価されている。一例として2008年の世界的金融危機恐慌に対して、コロンビアの景気は減速したがマイナス成長にならず、2010年には経済は回復し4％の経済成長となった*[23]実績が知られている。

一方コロンビア経済への信頼性は長期的な視点からも評価されてきている。20世紀以降のコロンビアの経済成長は平均して5％程度と、顕著な成長ではないが、安定的に成長を続けてきた実績が評価されている。国内の治安が悪かった時代を含めても、「コロンビアは治安は悪いが、経済はうまくいっている」と研究者達が評価するという。コロンビアの経済状態は安定的に推移してきた。これは「コロンビアの謎」といわれている。さらに、20世紀を通じて、コロンビアでは、他のラテンアメリカ諸国に起こったハイパー・インフレーションを経験せず、民間企業を国有化する事態も起こらなかった。1980年代、90年代に通貨危機に直面したが、対外債務の繰延をしていない*[24]。こうした実績が経済の信頼性の背景にある。さらに政府の財政規律が極めて厳格であることもコロンビアの経済的な信頼性の一角をなすとみられている*[25]。

さらに、政治的にはコロンビア社会を統治する体制の性質が他のラテン諸国とは大きく異なる点が指摘されている。コロンビアでは法治主義を追及し、政治的指導者のカリスマ性に統治を頼らない点に特質がある*[26]。1840年代から2大政党による立憲政治の歴史のなかで、労働者や農民の賃金の引き上げや農地改革など大衆に迎合する政策を掲げる政治家はこれまでに一度も政権を担っていないという特徴がある。

コロンビア国内には、地方ごとに政治的勢力を持つ「政治ボス」と呼ばれている人々が存在し、ボス達が連合して政党を支援するので、大衆迎合の政治が選択されない構造があるといわれている。さらに政権を担ってきた2大政党は政府の財政が健全であるという共通した認識をもっている。政治的要因により安定した経済成長が可能だった*[27]。

コロンビアの近現代建築、特に公共建築に、「地に足のついた」建築的な感性を感じずにはおれない。経済的な手堅さに加え政治的にも大衆迎合しないという社会的風土が、建築表現に反映されているのでは、と感じる。

エル・ドラド伝説

コロンビアは欧州諸国の歴史、特にスペインにおいて、エル・ドラド伝説の一端を担っている。エル・ドラド伝説とは大航海時代の欧州において黄金郷がアンデスの奥深い山中にあるという伝説である。首都ボゴタはこの伝説の舞台となった都市である。ボゴタの国際空港はエル・ドラド国際空港とよばれている。ボゴタの旧市街地と空港を結ぶ幹線道路もエル・ドラドと命名されている。国際空港と幹線道路はル・コルビュジエが提案した都市計画に基づいている。エル・ドラドはコロンビアの歴史の一端を知る重要な手がかりなのである。

ボゴタ市内には黄金博物館がある。30万点を超えるプレ・コロンビア時代(スペインの植民地となる以前のコロンビアの時代)の金の装飾品が展示されている。さらにコロンビアにはムゾーというエメラルドの産地がある、結晶の大きな純度の高いエメラルドが産出し、世界のエメラルドの50%、金額では90%を占めるという*28。

このように記述すれば首都ボゴタはインカ文明やマヤ文明などと同様に南米にみられる黄金文化をもつ古代文明と関係のある都市のように理

8 ツィパキュラの街（筆者撮影）

解できるかもしれない。しかしボゴタやその周辺では、欧州から植民地に来た人々が期待したであろう、金は産出しなかったが、塩は産出した。ここにコロンビアの建築に通じる興味深い一つの水脈を辿る事ができる。

コロンビア国立大学のアリアナ・トリシキー教授は芸術学の研究者であり同時に現代美術の作家でもある。彼女は焼き物の研究等を通じてコロンビアの歴史研究に参加した経験を持つ。

トリシキー教授によれば、ボゴタの北部の岩山の洞窟に、コロンビアの先史時代の住居跡が発見されているという。考古学の研究によれば、ボゴタはコロンビア国内で最も初期に人類が定住をはじめた場所だと考えられている。ここで、興味深い事はボゴタの北部地域は焼き物に適した土が産出する場所であるという事である。先史時代より、この地域に住む人々は焼き物をつくり交易を行っていた。さらに、この地では貴重な塩が産出した。

ボゴタ北部にツィパキュラという小都市がある▶8。この小都市には現在も塩山があり地域の基幹産業となっている。ボゴタの北部地域で塩が産出されていたことはエル・ドラド伝説と密接な関係がある。

岩塩はボゴタの北部地域の主要な産業である。現在ツィパキュラには

9 塩山の地下の教会（筆者撮影）

採掘された塩の鉱山の跡地にキリスト教の地下教会がある。塩山の坑道を利用して採掘に従事した人々が祈りの場所として教会を掘抜いたのである▶9。現在、この塩の鉱山は公園として整備され、採掘跡は教会としてあるいは観光名所として、日々多くの人々が訪問する場所となっている。

海岸から遠く離れたアンデス山脈の奥地では塩は貴重品だった。そこでボゴタ北部に住む人々は塩を採掘し、他地域の人々と交易を行った。交易では塩は金と交換されたという。ボゴタでは金を産出することはできないが、塩を採掘できたので、交易によりボコタの人々は金を蓄えていった。こうしてボゴタに蓄積されいった金や金製品が、欧州人の興味をひいた。そして発見されたのがボゴタであるという。地域の産業と交易に関する歴史的な痕跡をエル・ドラド伝説の背景に見いだせる。

さらに、この地域で特徴のある歴史を重ねる事ができたのは、スペイン人が入植したときにレンガの技術を持ち込んできたことである。もともと岩塩を採掘する技術があった。そこに良質の土があったことが重なった。ボゴタの北部地域の人々は、焼き物の技術と土を採掘する技術を煉瓦の生産と結びつけて、ボゴタの北部地域でレンガ産業が興った。さらに石炭も発見され採掘が行われた。これは鉄の生産に結びついていったという。本書に数多く掲載されているレンガを使った近現代の建築物や都市景観の基調となる素材がプレ・コロンビア時代からの歴史を引き継いできたものであるといえる。

ボゴタ北部の地域には、昔からの方法で煉瓦を焼いている工場▶10や石炭の加工場▶11を見ることができる。これらは、プレ・コロンビア時代から現代につながる産業遺産といえよう(詳細は6章を参照)。

10 レンガの窯（筆者撮影）

11 石炭の加工施設（筆者撮影）

私は調査旅行の際、これらの産業遺産の可能性に関して、ペイナード教授にある提案を示した。それは、ボゴタの都市が抱える課題の一つとして、都市の拡大をどのように抑制できるのかという課題と関係している。ペイナード教授と意見が一致したことは、ボゴタの北部地域の産業施設などを文化景観の構成要素として位置づけることにより、文化景観地域として開発をコントロールするエリアを設定する。このエリアの存在により、ボゴタの都市が北部に拡大してゆくことを抑制するという考え方である。産業遺産の保存と活用は、コロンビアでもこれから研究や実践が進められるであろう。そうした際にボゴタの北部地域の奥深い歴史は、社会的意味を持つ地域づくりをボゴタの周辺領域で促進し、同時にボゴタの歴史的市街地の整備や歴史的建造物の修復などの事業に留まらず、伝統をひきつぐ建築文化の展開に資すると考えられる。

日本とコロンビア

コロンビアはコーヒーの産地として知られている。1970年代にはコロンビアの輸出産品の70%をコーヒーが占めたが、1980年代以降、相対的に割合は減少し、2010年には輸出の5%になった。それは、石油や石炭の鉱物資源の輸出が大幅に伸びたからである*[29]。日本はコロンビアのコーヒーの世界第二の市場となっている。他に、ニッケル、鉄、石炭を日本はコロンビアから輸入している*[30]。

文学においてはガルシア・マルケスはラテン文化を代表する作家であるが、コロンビア出身であることは余り知られていない。

コロンビアは今なお、日本では未知なる国の一つである。サントス大統領は雑誌の記事で、コロンビアが未知な社会であった事は、コロンビア国内の状況の改善が急務であったために、コロンビアの人々は国外に大きく展開する事が困難だったと述べている*[31]。大統領の発言に負の側面について国内問題が取り上げられることからも、コロンビアの国内状況の深刻さを理解することができる。

南米の大国であるアルゼンチンやブラジルに対して、コロンビアに日本からの移民も少なかった理由もあるだろう、日本では十分に社会や文化を知り得る機会が必ずしも多いとは限らない。近年コロンビアに特化した書籍「コロンビアを知るための60章」*[32]や旅行記「コロンビアとパナマを旅する—石畳の街を訪ねて」[33]が日本で刊行された。テレビでも時折、特集番組などで取り上げられるようになった。明らかにコロンビアへの関心が高まっている。2008年は、日本とコロンビアの外交関係の樹立100周年を迎えた。これを機会に、経済関係の緊密化や国民相互の文化理解を活性化する事業が活発になってきている。

コロンビアから1875年に来日した紀行家のニコラス・タンゴは日本について、「町の清潔さ、社会の秩序、国民が互いに尊敬し合いながら仕事に励んでいる姿に感銘を受けた」と記している[34]。

日本とのつながりを移民史の観点からみれば、他のラテンアメリカ諸国と同様にコロンビアに入植した日本人がいた。記録では1929年から1935年までの6年間で163人が移民している。はじめて日本人としてコロンビアに入植者として渡ったのが水野小次郎といわれている。これは1915年のことである。日本政府は集団移民を1929年に始めた。はじめの移民団は農園の開発に大きく貢献したといわれている[35]。コロンビアではサトウキビの生産が知られている。最初の栽培技術は日本から導入されたものだという[36]。

日本政府の移民政策が実施される前に、コロンビアに渡った人々もいる。こうした人々の中に1921年にボゴタの都市環境の整備に貢献した人物がいた。それは星野良治である。星野は日本商品の販売を目的にコロンビアに渡ったが業種を造園業に変更した。これがボゴタで成功し第二次大戦後にはボゴタ美化計画において植樹担当として都市緑化に貢献したことが知られている。

移民者のなかにはロマンティックな青年達もいた。大正ロマンティシズムの一端といえよう。文芸誌「新青年」に「マリア」という小説が翻訳され掲載された。小説はコロンビアの壮大な平原を舞台にした少女と医学生の恋物語である。この小説に感銘した5人の青年達が1923年5月に農業実習生としてコロンビアに渡ったことが記録されている[37]。

入植者の数はブラジルやアルゼンチンと比べれば少数ではあるが、他のラテンアメリカの国々と同様に、農業分野において社会の形成に貢献した人々の人生の足跡を辿ることができる。

近年のコロンビアと日本との間には、文化の側面での交流がすすんでいる。それらの中から幾つかを取り上げると、1993年にコロンビアのカルタヘナで開催された世界遺産委員会がある。この委員会は日本の文化政策において極めて重要な会議であった。この会議で屋久島、白神山地が自然遺産として、そして法隆寺の仏教建造物と姫路城が世界文化遺産として、日本からはじめて、世界遺産リストに登録された。日本の文化遺産を世界遺産に登録する足跡をコロンビアでの会議に辿ることができる。

さらに、彫刻家フェルナンド・ボテロの展覧会「ボテロ屋外彫刻展」が2004年3月に東京で開催された。建築に関しては建築家サルモナへの関心も高く、2008年秋にギャルリー・タイセイで「ロヘリオ・サルモナの建築：開放空間／集合空間」*38が開催された。彫刻、建築などは日本でも親しまれている近現代のコロンビアの豊潤な文化の一端である。

著者は2008年に、コロンビアのICETEXから招聘を受け学術交流事業に参加した。この機会を得て、京都において、コロンビアの近現代建築の展覧会を実施することとなり、本書の出版企画が練り上げられた。

国際協力事業の展開

日本政府は2008年ごろまでに、コロンビアでの平和構築と社会の安定のために、ODAを通じて、約260億円の技術協力、約100億円の無償資金協力、約670億円の円借款を実施してきた*39。こうした事業の中には、建築や都市計画の分野に関する国際協力事業がある。土地区画整理事業を担う技術者を養成するJICAのプログラム(1998-2002年)が実施された。これは北海道大学と帯広市の協力により実施された事業である。コロンビアにおける急速な都市の膨張に対応するために技術者を養成する事を目的とする事業が行われた*40。

一方、地方農村部に対しても協力事業が行われてきた。農村地方部では非合法作物(麻薬の原料)の栽培が行われてきたことを止めさせる必要があるので、代替となる作物が必要となった。さらに農地の大規模化が進む状況において森林面積の減少が問題視されている。森林資源や森林生態系の劣化が問題視されているのである。そこで、これらの問題に対処するために森林・林業の育成と活性化をコロンビア政府は重視した。政府は森林に関わる産業の持続的かつ経済的な育成を目指した国家森林開発計画を策定した。この政策を支援するための技術指導がJICAにより実施された[*41]。

社会基盤の整備に関しても日本の国際支援事業は重要な足跡を残している。それが1995年から96年にかけてJICAが行った「ボゴタ市都市交通計画調査」である。この調査で、基幹バス交通ネットワークの整備が提案された。都市交通の整備過程では、高架道路を建設することも検討されたという。1998年当時、ペニャロサ市長は、治安対策、貧困対策とともに都市交通問題の解決をすすめ、トランス・ミレニオという、バスが専用道路を使う交通システムの整備を始めた[*42]。

こうした都市や建築に関わる支援事業の他に、いわゆる社会的弱者に対する様々な支援事業が「草の根・人間の安全保障無償資金協力」として行われている。この制度はNGOや地方自治体が提案する事業を支援するものとして高く評価されている。

草の根支援事業の例として、非合法武装組織が埋設した対人地雷に対処する事業がある。コロンビアは、2006年に地雷の被害者数が世界一になった。そこで、コロンビア南西部9県の被害者を対象に治療を行う大学病院のリハビリテーションセンターの整備事業が行われた。教育分野においては、児童の教育へのアクセスを改善するために、小学校の建設事業を支援する事業が行われた。また、コロンビアの地方部における国内避難民などの教育の機会に恵まれない子供達や非識字者に対する基礎教育の必要性から、コロンビア政府の文化省と協力して地方部における図書館建設を支援してきた(9章参照)。さらに、国内避難民や武装放棄者に対する支援事業として、職業訓練施設の建設も行われている。医療面では、医療施設のない遠隔地でのNGOに医療機器の供与を行っている[*43]。

こうした一連の事業は、国内の平和構築を目的とする国際協力事業なのである。

ボゴタでの生活と都市

日本からコロンビアへの航空路はカナダまたはアメリカ合衆国を経由する空路が一般的だといえよう。少なくとも日本からは20時間程度は機上で過ごすことになる。私の経験では夜間にボゴタの空港に到着する事が多かった。機内から見えるコロンビアの都市はハロゲン灯が幻想的に灯る街々の風景だった。アンデス山脈という世界有数の高山地帯を航行しているためであろうか、稲妻が遠くに走る風景に出会った。飛行機はボゴタに近づいてゆくと、一面に明るいエリアの上空を通過する。このエリアはボゴタ北部の電灯を使って花の栽培を行なっている花畑地帯である。花の栽培に適した気候とアメリカ合衆国という市場への近さからカーネーションやバラの栽培が行なわれている。航空機を利用すれば新鮮な花を輸出できる。オランダのアムステルダムのスキポール空港周辺と同じで、ボゴタでも花畑は空港に近い地域にある。

アンデス山脈の漆黒の闇の中にオレンジの光を放つ浮遊する巨大都市・ボゴタの国際空港に着陸する。この国の電気は70%-80%を水力発電で賄っているという。乾期に水力発電が不足するときには火力発電(天然ガス)を使うそうだ。その稼働率も50%程度という。ちなみに、原子力発電所はないという。

ボゴタでの生活は朝、昼、夜の気温を考慮しなければならない。赤道直下といえども朝晩はかなり冷え込む。それはボゴタは標高2,600mの標高に位置するからである。世界で一番標高の高い位置にあるメトロポリスはボゴタだといわれる。ボゴタには800万人以上が住んでいる。つまり、大阪府の人口(約880万人)に匹敵する人口が富士山新五合目(標高約2400m)より高いところに住んでいることになる。この標高のためにボゴタに到着すると頭痛に見舞われる。一種の高山病である。酸素の濃度が薄いので急な動きや運動は体の負担となる。

ボゴタは朝夕はかなり冷え込むが、天気のよい日だと気温は上昇し、ジャケット等は不要となる。強い太陽の日差しによりできる木陰の空間以上に快適な環境は簡単にできないだろう。大学の構内では学生はラップトップ・パソコンを持ち歩き、思い思いの場所で研究をしている。

こうした気候下において栽培されてきた食物がある。それはジャガイモである。私がオランダに遊学していたときに、ボリビアから来ていた留学生が興味深い事を言った。ボリビアからの友人は、ヨーロッパ人はジャガイモ料理を自分たちの料理だと思っているだろうが、それは大きな間違いである。ヨーロッパは不毛な土地で食べるものがなかったので、ジャガイモを南米から持ち出して「力」をつけていった。そして植民地を拡大した。つまり、南アメリカの植民地化によるヨーロッパの繁栄は、皮肉にも南米から持ち出したジャガイモの結果であるという。

西洋料理といわれるものの根源が南米にあると気づかされた。ちなみにボゴタには地域に固有のジャガイモが20種類以上あるという。他の土地では決して育たない種類のジャガイモもあるそうだ。コロンビアのジャガイモ料理といえば、私は「アヒヤコ」といいたい。これは鶏肉が入ったジャガイモのスープである▶12。すこし気温が下がった夜の食堂で食するアヒヤコや、訪問先で夕食等でテーブルに出てくるアヒヤコに出会う。

またボゴタでは熱帯地方のマンゴなどの果物も食する事ができる。なかでも、グアナバという果実のジュースを私は好んで飲む。強い味覚をもつ熱帯の飲み物ではない。簡素な味覚は、様々な種類の料理とよく合う。果物は至って豊富で、様々なフレッシュ・ジュースを町中で飲む事ができる▶13。ボゴタの寒冷な気候下にいながら、同時に赤道直下にいることを思い出させてくれる。定宿としているホテル▶14の食堂の朝食▶15には、お皿一杯に果物がデザートとしてでてくる。

ジェトロの資料*44によれば、物価は米1kg＝113円、ビール350ml＝88円、ミネラルウォーター1リットル＝62円とある（1COP; コロンビアペ

12 アヒヤコ（筆者撮影）

13 フレッシュジュース
（ボゴタの歴史地区にて、筆者撮影）

14 ボゴタのホテル（Hotel Las Terrazas）
（典型的なボゴタの近代建築の一例、筆者撮影）

15 ホテルの簡素な朝食
（左手前のフルーツは大きなマンゴー、筆者撮影）

ソ＝0.044円)。私のメモでは、市内のスーパーマーケットでサンドウィッチ(9,900COP)と野菜ジュース(1,400COP)だった。日本食のレストランもあり、多くの客で賑わっていた。お寿司も人気があった。私は味噌ラーメン(800円程度)を楽しんだ。タクシーは2.5kmが145円程度で、市内は混雑するので、料金加算は早い。夜間に移動すれば500円程度の距離でも昼なら予測がつかない。特に夕方の6時頃の時間は通勤時間と重なり、タクシーを利用する事は少し難しい。

市内には多くのバス会社が小型バスを使って縦横無尽にバス路線を展開している▶16。どのバスがどこを結んでいるのかは短期滞在者には難しい。大通りを走っている小型バスを短距離の移動に使った。しかし都市の中心部を貫くトランス・ミレニオは地図にも明確に示されており、短期滞在者にも使いやすい。

ボゴタには市内の渋滞と自動車の音から都市空間が解放されるひと時がある。それは日曜日の午前中に起こる。市内の主要幹線道路からあらゆる自動車が排除され歩行者、車いす、そして自転車を使う人々に開放される。日曜日の朝、町中は幹線道路で運動を楽しむ人々でにぎわう▶17。都市の社会基盤が自動車だけのものではないことが体現されている。都市であるが故に可能な生活空間を公共主体は市民に提供している。都市空間を公平に利用する方法のひとつであるといえる*45。

建築の学生達

ボゴタには建築を学ぶことのできる主要な4つの大学がある。わたしはハベリアーナ大学▶18とコロンビア国立大学(コロンビアには国立大学は1校のみ)で講演会とワークショップを行なった経験がある▶19。ある講義から忘れられない経験を得た。その講義は学生からの質問が止まらない講

16 幹線道路を走る小型バス(ボゴタ、筆者撮影)

17 日曜日の市内幹線道路
(ボゴタの中心部、筆者撮影)

義であった。例えば日本の建築や都市の事情や課題に関する知見を少し述べると、参加した学生から3つくらいの質問が押し寄せてくる。どの質問も質問の勘所がよく、説明が不十分な点を衝いてくる。議論を前進させたいのだが、質問に対する返答に対して質問が寄せられるので、雪だるま式に課題が膨らんでゆく。講義に参加してくれた学生達の知的好奇心が非常に強いことから講義の意味をその場で考え直す必要があった。つまり、講議=講述+議論の意味ではないだろうか？　議論にかける比重の違いが講義のありかたに関係しているのではないだろうかと考え直すことができた。

昨今、大学教育で、アクティブラーニングを取り入れることが重視されている。学生の能動的な授業への参加という意味のようだが、本来は、知的に、論理的に能動的な学習を行うことだと思えてくる。

こうした授業では、学生達の質問に答えたというより、質問に対して私はどう考えるかを述べた。答えが必要なのではなく、どのように考えるのかが重要だったと感じている。つまり講義とは教員と学生の議論の場であり、議論に必要な知識はすでに両者に準備されている必要がある。しかも彼らの質問は常に現実の課題に即したものであった。私はある課題や問題をどのような視点で私は考える事ができるのかを、学生から試されたと感じている。

大学では、面白い経験もした。あるクリティークの日のことである。教員は全員揃っているが学生は一人も来なかった授業に遭遇した。私は授業時間を間違えたのかと思い、担当する教員に状況を尋ねた。すると教員は、今日はボゴタで大事なサッカーの試合があるので、学生はだれもクリティークには来ないでしょう、と説明した。

18 キャンパスの風景
（ハベリアーナ大学、筆者撮影）

19 キャンパスの風景
（コロンビア国立大学、筆者撮影）

別の日には、大学院のセミナーに参加した。その日の授業は、夕方20時から始まった。法律の教授、社会学の教授、都市計画の教授が合同で開催した授業だった。学生と教授達の議論がはてしなく続いた。授業は22時30分頃に終了した。残念ながら、この授業はスペイン語なので、ペイナード教授から何が議論になっているかの説明を受け議論の項目を理解するだけだった。この授業のあとに、セミナーを行った先生方と大学の近くの繁華街を深夜まで飲み歩いた経験は忘れられない。

ハベリアーナ大学の図書館は24時間、利用者に開放されている。学生や教員の創造性は時間とは無縁である事が社会的な理解を得ているので、こうしたことが可能なのかと思う。

実技指導をするワークショップでも印象的な学生達との出会いがあった。私が参加したワークショップの課題はボゴタにおいて「都市の中の都市」を抽出し、その「都市の中の都市」を学生グループで設計することであった。この課題に取り組むためには都市のコンテクストを読み出し課題を発見して、解決方法を空間的に提案する能力が必要となる。理念的には理解できるが技術的見地から問題解決には至らないと判断できるプロジェクトもあった。

しかし、学生の問題意識は地域の雇用問題に対する疑問や問題点の指摘、地域の居住地を含む工場地帯のコミュニティの再編成、文化財の保護と都市計画の調整の課題、国土開発軸を反映する都市施設の開発計画、居住区域の再活性化などであった。これら学生が提示するプロジェクトには社会-経済-文化を包括する文脈が背景にある。私はむしろ学生達の提案を通じてボゴタやコロンビアの諸都市が抱える都市問題の核心を学ぶ事ができた▶20▶21。

建築を学ぶ学生達の社会に対する関心と問題解決に向けた意志を大学

20 学生のプレゼン
（ハベリアーナ大学、筆者撮影）

21 大学院セミナーの様子
（ハベリアーナ大学、筆者撮影）

教育で育んでいることに強い感銘を受けた。この姿勢が、コロンビアの建築の原点ともいえるのではないだろうか。

近現代の建築と社会

本章ではメモランダム的にコロンビアの建築の理解に資する幾つかの項目について概説的に取り上げた。この内容はコロンビアの文化を理解するための最小限の知見でしかない。本章を閉じるために、本書に掲載している建築事例や論考を位置づけてゆく。

まず、本書の題名にあげている、「近現代」という時代区分を確認する必要がある。本書では1950年代に起点を見いだせると考えた。それはル・コルビュジエとコロンビアの建築との接点に近現代の始まりを位置づけた。コロンビアの近現代は、コロンビアの人々にとって最大の悲劇ともいえるボゴタソ以降の国内紛争の時代に重なる。このような時代に欧州から得た近代建築運動はコロンビアの建築家達にとって人道主義的な立場や社会福祉の観点、そして民主主義の成熟という歴史的な必然性からも一つの光明であったと理解できよう。

本書の作品編で取り上げている建築作品は、“Architecture in Colombia and the sense of place The past 25 years; Arquitectura en Colombia y el sentido de lugar Los últimos 25 años”［コロンビアの建築と場所の感覚：過去25年の建築］に掲載された作品である。これらの作品は、上述のように、1980年代から21世紀初頭にかけて、コロンビア社会の国内治安が非常に緊迫していた時期に建築された作品群であることを強調しておきたい。

論考編において、ムルシア教授とハラミージョ教授の論考は国内治安の回復期であり、国際的な交流を展開してゆく時代に執筆されたものであることも明記しておきたい。コロンビア建築の特色を国際的に示す極めて重要な論考である。特にハラミージョ教授の論考からは、20世紀末からの極めて困難な時代における建築作品の代表例を選定するための基礎的な考え方や価値観を理解することができる。これら「過去25年の建築」の編纂に用いられた作品と論考を、コロンビアの近現代の建築文化を伝える国際的なメッセージとして受け止めてゆきたい。

さらに論考編ではペイナード教授、フォンセカ教授、根津氏、オルドネス氏、カロ教授および北尾の論考がある。これらの論考は都市開発、都市景観と文化遺産、建築材料、住まいとコミュニティ、ランドスケープ、地域施設に関する近現代のコロンビアの建築に関わる課題を局所的に深く掘り下げている。これらの論考から、コロンビアの建築文化が困難な社会状況を背景としながらも、着実に展開していることが理解できると確信している。最後に、本書ではディエゴ・サンペル氏が撮影したコロンビア国内の写真を章の扉などに使っている。これらの写真はコロンビアの多様で奥深い文化環境の広がりを視覚的に把握できる。

註

*1 コロンビア大使館資料(2010年)による。
*2 「人類の最も普遍的な要求を基盤に(REPORT OF ICAS)」国際建築 第21巻9号、p.56、1954年9月
*3 ( )は著者が示した。
*4 ジェトロセンサー、p.79、2011年4月
*5 前掲書*1
*6 前掲書*1
*7 柴田大輔、「母なる大地を求めて:コロンビア先住民族」、リプレーサNo.02(通巻第10号)、p.6、2010年5月
*8 パトリシア・カルデナス、「すべてのことが可能になる国」、あごら/あごら新宿(編)、「中近東、南米の女男平等は？」、BOC出版部、325号、pp.14-15、2010年10月
*9 前掲書*8、p.14
*10 前掲書*8、p.14
*11 「コロンビア 南米の輝く星」、Newsweek 2010年7月28日号、p.35、2010年7月
*12 堀江正人、「南米の有望振興経済国として浮上するコロンビア」、国際金融1235号、p.52、2012年4月
*13 久保田友子、「日・コロンビア外交樹立100周年:二国関係の新しい100年にむけた展望について」、ラテンアメリカ時報、No.1384、2008年秋
*14 寺澤辰麿、「コロンビアに関する Q&A」、ファイナンス531号、大蔵財務協会、pp.69-70、2010年2月
*15 幡谷則子、「コロンビア——第2期ウリベ政権の課題」、ラテンアメリカレポートvol.23、No.2、アジア経済研究所、p.12、2006年11月
*16 前掲書*12、p.53
*17 前掲書*1
*18 前掲書*4、p.31

*19 前掲書*12、p.58
*20 幡谷則子、「コロンビア紛争地域における農民の抵抗運動：農民留保地（ZAC）の一事例」、イベロアメリカ研究XXXIV巻第一号、上智大学イベロアメリカ研究所、pp.33-52、2012年前期
*21 前掲書*14、p.65
*22 中原篤史、「コロンビア国内避難民支援に関する公共政策の課題：マグダレナ県を事例にして」、大阪経大論集第61巻第6号、pp.147-161、2011年3月
*23 前掲書*12、p.53
*24 前掲書*14、p.63
*25 前掲書*12、p.53
*26 前掲書*11、p.35
*27 前掲書*14、p.65
*28 「エメラルドの系譜」、ミネラNo.8、新企画出版局、p.40、2010年6月
*29 前掲書*12、p.56
*30 前掲書*8、p.17
*31 前掲書*11、p.35
*32 二村久則（編著）、『コロンビアを知るための60章』明石書店、2011年
*33 今中賢一、『コロンビアとパナマを旅する——石畳の街を訪ねて』文芸社、2006年
*34 前掲書*13、p.27
*35 「コロンビア日本人移住七十年史」編集委員会編著、『コロンビア日本人移住七十年史：1929-1999』、コロンビア日系人協会、武田出版、2001年
*36 前掲書*8、p.20
*37 前掲書*35、pp.52-53
*38 川添善行（監修）、「ロヘリオ・サルモナの建築——場の詩学」（世界巡回展のカタログの日本語版）、大成建設ギャルリー・タイセイ、在日本コロンビア共和国大使館、2008年
*39 前掲書*13、p.29
*40 国際協力機構、「コロンビア共和国都市計画・土地区画整理事業プロジェクト終了時評価報告書」、国際協力機構帯広国際センター、2008年10月
*41 「コロンビア国天然林の監理と持続的利用プロジェクト中間レビュー調査報告書」、国際協力機構地球環境部、2010年2月
*42 岡村敏之、「行政主導による都市内バスシステムの再編」、運輸と経 第72巻8号、運輸調査会、p.67、2012年8月
*43 コロンビアにおける「草の根・人間の安全保障無償資金協力」、在コロンビア日本国大使館、CD-ROM版、2007年
*44 前掲書*4、p.79
*45 物価は2011年の現地のものであり、為替レートも当時の計算による。

第2章 コロンビアの建築における場所と伝統の構築

Construction of Place and Tradition in Colombian Architecture

カルロス・ニーニョ・ムルシア Carlos Nino Murrcia

コロンビアの建築と伝統

腐葉土、水、そして種子が結合して生命体となるように、建築は伝統、素材、技術が社会が求めることに応える人間の行為である。コロンビアは創造性が豊かな国で、建築の質の高さは広く認められる。国民は先住民と白人の混血であるメスティーソ、白人と黒人とのムラート、少数の白人、黒人と先住民の集団と少数の外国人で構成される。大多数はメスティーソで、スペイン人の支配のなかで生まれた。これらの人々の一体化した感情と努力、強さと律動、また支配者達の情熱と信仰によって国家が建設された。

コロンビアは南米の北西部に位置し、またパナマ地峡で中央アメリカと接続する。この国は富と愛情、戦闘と悲劇に自らを閉ざしてきた。地形は特別に険しく、非常に変化に富むアンデス山脈が領土を分断し国の統一を困難とする。多くの人々は高地や山間部に住み、領土の半分以上には小さな集落が点在した。現在も山岳部やアンデス山脈が居住地として好まれている。今や人々は領土全域に住んでいる。

多様な環境と豊富な資源や様々な困難のなかで、場所と気候に適した建築が生まれた。敷地や環境を理解することで適切な「場所」が形成された。伝統を知り、その要素を明らかにすることで、自らの過去を確信する人々は新たな創造が可能となる。

伝統に根ざし、過去を理解することで、記憶の次元で、新たな展望を得る。

我々は、地域固有の材料と輸入材料、伝統的な技術を持つ職人たちの作業とグローバル化した産業の産み出した先端技術、宗主国への屈服と自治、均衡・気骨・鋭敏を伴う厳しさと、一時的な観光客向けの流行、そして、地域における私達の遺産である歴史的建造物を、適切で創造的な姿で再建するための「解体」と「概念上の見直し」を選択しなければならない。

建築の研究

建築は生活に不可欠な芸術品であり、環境、資源と調和し社会の信念や価値観を表現し再生産する。建築の仕事は必要な形態と空間、素材を準備し、技術と美に配慮し細部を整える。さらに建物自体の重量、風、雨そして地震へ備えることである。重要なのは調和の感覚により諸要素を幾何学的に扱い寸法を定め、明快に配置し、場所に関する条件を備えることである。建築は芸術でないとアドルフ・ロースが強調したのは建築が資源や利用者の行為と深く結びつくからである。このことで建築は高尚で厳格に空間を獲得する。建築の新奇さに反対し、明快かつ重要な位置付けを可能にする言葉を支持する傾向を表明して、ボルヘスは本質的な豊かさと見かけ上の豊かさの間の違いを明言した。コロンビアで空間を構築する仕事が容易でないのは、荒々しく混乱したこの領域が、厳格さと謙虚さといった、最良の建築の基盤となる諸要素を必要としたからである。都市は農業と鉱業のネットワークにより結ばれた。

私は伝統として浮き彫りとなる貴重な要素を表す簡潔な歴史を描き出そうとしている。私は世界の動向に直面し私たちの先人が残した堅固さと知恵と、私達が構築する地平を見極め、確かな断層を描き出そうとしている。片方の目でコロンビアを、もう一方の目で世界を見つめる。このような広い視野をもつことは、芸術のための芸術や、形式的なあるいは気まぐれな建築を超える概念を追求することである。

社会の発展を過去の遺産に基づき、海外からの指摘を排除せずに歴史をダイナミックに構築してゆこうとしている。

建築の歴史研究では建築の発展の段階での建築とその時代状況を十分に調査する必要がある。技術、材料、資源、必要性への対応、そして各々の時代に用いられたタイポロジー、空間形式、建築家が研究対象となる。このようにしてコロンビアの建築に流れる質を抽出できよう。

近代建築の観点からは、簡素で質素であまり裕福ではなく、贅沢に浪費する余裕のない社会に適するように構築された形式がある。地形や気候、そして住民の文化に基づく固有な場所感覚、さらに簡素さと関連する構成的な透明さの感覚がある。

アルベルティは建築構成の均整調和という美の質に関して表明した。この質は、古典主義での部分の秩序や部分と全体間の相互調和に必ずしも一致するとは限らない。むしろ宇宙的な調和および生命力を呼び起こす感情と理性の統合において形成され、永続性のある明瞭で釣り合いのとれた形への要求として知られている構成法に対応している。

先住民の文化

プレ・コロンビア時代の建築は人類学者等の研究課題である。シャーマン、ペトログリフ、金、銀細工、焼き物の研究や、自然の統合を示す暦は注目に値する。人々は社会的信念と慣行を重んじ、食料生産や社会の再生を月齢と四季に従い、神話をよりどころとしていた。ムイスカ族の石造構造物は天体との交信のために空に向かっている。テイラデントロにある地下墳墓のイポヘオスは、祖先達を守るために地下にあり、天体を示す装飾がある。石に彫刻されたサン・アグスティンの謎の図形の意味は未だ謎である。これらは地域を確認するために簡潔で美しい。

先祖達の神話は、川、沼地、湿地、丘、山岳地帯の特別な石に宿りメンタル・マップとして、さらに集落をも体系づける。ムイスカ族の領土は生産のための土地である。特に神との交信では、神聖な経路の境界を特徴付け、生活の場所を明確に示す湖、岩、荒涼とした高地または森によって定義され、体系化されている。同じことがマロカやアマゾンの共同住居の意味や建築上の力、宇宙の表象および空、大地ならびに地下との間の関係を表すシンボルにもみられる。宇宙的に人々とその仲間たちの、あるいは訪問者と交流のある人々の領域で歌い踊り、あるいは休息

1

2

3

1-3 アマゾン地方のマロカ

のための場を画するのと同じ方法で画定する▶1-3。集落の中心にあるマムベアデロは言葉と知識を称賛する場所である。一方、屋根の最も高い部分にある開口部は、日時計となる。

このように、社会規範、精霊、祖先との関係、死後の生、宇宙およびすべての存在との交流は祖先達の創造物に示されている。

また環境、多湿で高温の気候、または季節に対しても同様である。さらに祖先達の工夫や神話的意味は、かご細工、狩りや釣り道具、金物細工、ボディーペインティング、衣服、そして建築装飾にもみられる。神話と地理が統合されている建築は、慎ましく簡素な家にもみられ、地形や環境文化を尊重する真の建築なのである。たとえばシェラネバダのタイロナの町▶4-7は、完璧な石の技術を用いた山道が縫っている集落間のネットワーク上にある。その道は山腹を有機的に結び、周囲の生産の領域および人々と神、山々、先祖とをつなぐ聖域を明確に区切る。

スペインの植民地

16世紀にスペイン人は先住民を支配し、都市が現われた。そこでは剣と十字架による新しい文化が導入された。支配のための基盤は先住民

4

5

6

7

4-7 シエラ・ネバダ・デ・サンタ・マルタの山岳地帯

達が最も多く住む地域、鉱山に近く生産性の高い地域、またはマグダレーナ川沿いの港に建設された。カルタヘナ港と大西洋やカリブ海のスペイン領の島々とを結び、都市間で船が運航された。植民地の都市はチェス盤型で、景観的にも幾何学的透明性と存在感を示した。

都市は主要広場を中核とし、その中心に国王の権威の象徴として巻物が埋められた。その周囲には教会や征服者たちの敷地が割り振られ、同心円状の階層化された空間が形成された。中心には指導者たちがいて、それに続いて厩舎を与えられる騎士達、さらに歩兵の称号を与えられた歩兵が続いた。それは階層をもつ組織であった。そこには形式上の透明性とリズムがあった。この形式はエルサレムの天上の都をモデルとする聖書の考えに基づいていた。単純な形態をもつ植民地の都市は、様々な場所および気候にもみごとに適合していた。または川の流れやヒスパニック・アメリカの特別な地形に適合させる必要があった。

これら植民地の都市▶8は簡潔な美学を表現し、交易圏を形成していた。ヴィラ・デ・レイバ、やボゴタのボリバール広場のように、広大な中央広場と周辺に教会や統治機関があった。トンハの雄大なバルコニー▶9、やカルタヘナのアドウアナ邸の門もある。時に街路は礼拝堂のある小さな広場で止まり、そこからは景観を望むことができ、また時には、オンダの美しいトウランパス街▶10のように、街路は階段や曲線のある地形となじんでいる。

街路は白く、住居と公共施設は抑制のきいた表現をもつ。特に住居は閉鎖的な植民地様式の建築の模範を示している。ボルヘスは「空が住人の上に注がれている」と述べる。空と接する回廊状の空間はスペインのアラビア建築を継承するもので、回廊に取り囲まれた植物や花々や泉により飾られる。こうした建築は植民地建築の典型である。1-2階建てで、

8 ヴィラ・デ・レイバの中央広場

9 トンハ

中庭は所有者により装飾される。カルタヘナの街▶11ではバルコニーは外側に延び、室内の延長する空間として水平的な要素を街路に与え、光と影が幾何学的な風景をつくり出す。

植民地の建築物

簡素で崇高な美しさをもつ宗教建築の厳粛さも感動的である。教会、修道院、大聖堂は宗教的な理論による。さらにプレ・コロンビア時代の伝統が形式や装飾表現と一体化している。ここにスペインとヒスパニック・アメリカの感情が融合している。布教の拠点として、先住民達の村落には礼拝堂がある。内部は簡素な神殿である。アーチの重々しさが祭壇の位置を示し、外部では、礼拝堂の前室、鐘楼、および小さな広場にみえる十字架がさり気なくキリスト教の伝道と被支配者となったプレ・コロンビア時代から住む人々の存在を暗示する。金色の祭壇は、古典的な列柱頭やバロック様式の彫刻で装飾され、地域の職人の感情表現を見いだせる。トパガ、クカイタ、サチカまたはスタタウサにはこうした実例がある。シエチャにある教会(礼拝堂)▶12の白い立体は外部から内部空間を読み取ることができ、そして周囲を圧する壮大さがある。

宗教的建物は地域や都市の境界を示し、社会の精神を反映する。高くて細い塔のある教会や鐘楼、中庭を持つ修道院がある▶13。これらの宗教建築には回廊があり、回廊のアーチのリズムは、控え目なコーニスに

10 オンダの入り組んだ道

11 カルタヘナの町並み

より構成される。庭とアーチの建築により律動的で音楽的な厳粛さが生じる。その伴奏はささやき、祈り、そして沈黙である▶14。

同様に大農場の邸宅も美しい。パラディオ式邸宅の景観とともに、古典的なリズムをもつ邸宅には、中庭と各部屋が地平線につながる眺望がある。コロンビアにおける最良の建築の伝統である厳しさと抑制を表している。中でも、カウカ渓谷にあるパライソの農場の邸宅▶15は特別である。他に農場の大邸宅はクンデイナマルカ県やボヤカ高原に多数存在する。

古典的建築はスペインの植民地時代の建築に見られる。共和制フランスの様相をもつローマ様式の柱頭に飾られ、それまで用いられた簡素なトスカナ様式と全く異なる。

同時代の欧州の建築の力強さと幾何学的な正確さをもつ、ボコタから、

12 シエチャの教会(礼拝堂)

13 サン・イグナシオ教会の回廊(ボゴタ)

14 教会の内部

15 エル・パライソの農場、カウカ渓谷

塩山のあるツィパキュラに通じる道の途中にある橋は半円形の石造アーチである。抑制のある表現の壁柱をもつ。これは「王の道」と同様な地域的な事業である。「王の道」とはプレ・コロンビアの時代に大地を横断し地域をつないでいた舗装された道のことである。

城塞として、特にカルタヘナ・デ・インディアスの城壁は植民地への重要な入口に位置する。そこには攻撃と防御の配慮しかない。地形、材料および住民の能力が活用されて実現した。この建物は領土、港湾および都市を防御する建築である。サン・フェルナンドの砦やサン・ホセの砲台▶16のような、カルタヘナの城や砲台は、海と陸からの侵入を防ぎ、サン・フェリッペ城▶17を守る。ここは戦いのために整備された戦略的な丘陵地である。巨大な複合体である砦はトンネルが交差し、跳ね橋、閲兵場、倉庫や壕が備わり、戦闘効果のみを求めた結果である。

18世紀建造のサンタフェ・デ・アンティオキアのサンタ・バルバラの教会はバロック様式である。レンガの柱が各層で重ね合わされ、渦巻き飾の小尖塔で完結する。メデジンのラ・バラクルス教会のファサードは鐘を収納し小尖塔で構成されている。カルタヘナにあるパラシオ・デ・インクシフィオンの扉▶18も注目に値する。岩の彫刻で、低い部分には直線のピラスターと上部には腕木の表面を縁取る渦巻き模様があり、ロ

16 カルタヘナのサン・ホセの砲台

17 カルタヘナのサン・フェリッペ城

18 カルタヘナの異端審問宮殿
（インクシフィオンの宮殿）

ープでその全体を統合する。太陽は陰影を描き明暗と一体化している。

植民地の住宅

次にアンティオキアの植民地時代の建築について述べる。19世紀にアンデス山脈中央部から西部にかけて温暖な傾斜地へ人々が移り住んでいった。居住地を求めて、アベフォラルやソンソンから探索が開始され、南のカウカ渓谷とトリイマにまで至った。山脈の頂部に都市を築き、都市はチェス盤のようであり、今もその形式が残っている。それぞれの都市は、山の尾根に据えられた軸によって画定され、横方向に街路が通じ、斜面を下ってゆく。都市の辻々では山、竹、ヤルノの木、コーヒー園そして近くの都市を望める。眺望はコミュニティを相互に結びつける役割を担う。住宅は簡単な都市建築の様式に従い、1つの住宅が目立つことは重要ではない。むしろ、困難な環境に立ち向かう唯一の力として、それらすべてが全体の一部となっている。

住宅は中庭のある植民地式の家屋の特徴をもち、地域の生産施設の特徴を融合させている▶19 ▶20。家屋は巨大な竹の支柱によって持ち上げられ、斜面に固定される。柱は材木やマカナ椰子の木を利用し「バアレケ・デ・グアデュア」として知られる家屋の壁に一列に並べられる。土の裏張りをする場合もあれば、セメント、金属シートまたは板を使う場合もある。食堂および木の廊下、中央エントランスの透かし彫りの巧妙

19 サルマニアの邸宅

20 アンティオキアの邸宅

21 アンティオキアの邸宅の扉

22 グアデュア(6章を参照)と木を使った教会

な透明感は、型板に従って切られた木を使い、それぞれの地域の人々の溢れる想像力と生命力によって実現されている。これらは折衷様式とアール・ヌーボーを上手に配合したともいえるデザインである▶21。スコットランドの建築家のマッキントッシュならば、農民のジュート製の履物やカリエル(革製のショルダーバッグ)、麦わら帽子やひも付きのマチェーテを身につけて、雨戸、ひさしの受け材、手すりのレールをデザインしただろう。天井は非常に高く、石の中庭があり、植木鉢や地面には豊富な植物がある。その向こうには、色彩豊かな風景があり、世界中で喜ばれるマイルドなコーヒーを産出する湿気と肥沃な火山性土壌がある。コーヒーの生産による安定した収入により、この国と地域社会は資本の蓄積と近代化が可能となった。

一方、教会は、時代と地域に適った創意工夫の痕跡を認めることができる▶22。教会の構造は木、グアデュア、モルタル、錫を使い、そして、内陣を暖かくするために内装材に木材を用いることも多く見られる。このように、大げさに気取ることはなく、貴重な資源の熟練した扱いから、コロンビアの建築家の表現の簡素さを再確認できる。

共和国時代の古典主義建築

独立後の1792年にカプチノ会修道士のドミンゴ・ペトレスらがバレンシアからニュー・グラナダに到着した。このとき新古典派が現われた。彼はボゴタのサン・ヴィクトリーノ広場の美しい噴水ならびに天文台を建造した。これは明白な古典的建築物である。

一方、新しい建築様式は科学の近代的な研究を通じて示した。幾多の変遷の中で、彼はボゴタ大聖堂や教会を建設した。それらのファサードは古典的な要素を備えている。内部はより重要でアーチやドームと共に偉大な光の空間となっている。古典主義は急速に古典主義を強めていった。それは、古く、控えめな植民地様式とは対照的だったからである。スペインの古典主義ではなく、新しい時代を示す欧州に拡まった共和制の政治的感覚が持ち込まれた。

古典主義の好例は国家議事堂▶23である。厳粛で尊厳をもつ議事堂は、中央部のテラスで人々を受け入れる。議事堂は民主主義の基礎として法律を発効する目的をもつ国の象徴である。この建物の古典主義はベルサイユ宮殿に類似する性質をもつ。こうした種類の建物以外では、より抑制されたり、他の建築言語から得た要素や装飾と結合した。その結果、植民地時代の建築と旧都市の構造は対話し、豊かな町並みを形成している。

別の顕著な例としてバランキージャのパラディオ式の税関を挙げる。この建物はコロンビアの入口で、20世紀まではすべての貿易品が通過した。控えめな美しい建築物の例としてオンダの政府庁舎を挙げられる。敷地が狭く、入口は通りの角にある。この方法は様々な建築物で採用された。それは伝統的な格子状の狭い道の構造により、広がりのある空間は形成できなかったからである。率直さや簡便さにおいては、カルタヘナにあるエレディア劇場▶24は好例である。この建物の内装は木でできており、カリブの本質を装飾表現したものであり、上品なアンサンブルをなしている。また、新しい輸送形態の誕生によって新しく必要となった施設にも古典主義が使われている。優秀な例としてブエナヴェントゥーラの鉄道ホテル▶25がある。古典的な要素は新しい機能を強調し欧州の旅人が国に着くと人々に世界の調和を伝える。

バルコニーからは、エレガントな建築言語により構成された景色を眺められる。この国には数多くの建築が存在するが、国の施設、鉄道の駅、等の新しい建築がある。他に大規模で質素なファカタテイヴァのサン・

23 国会議事堂(ボゴタ)

24 カルタヘナのエレディア劇場

ラファエル病院、または1907年にジョセプ・ヴィネルがブーガのメイン広場に建造したアーケードやバルコニーがある。それらの古典的なリズムで都市空間に活気をもたらせている。ロリカ、オンダ、ボゴタの中央市場などの様々な都市の市場も重要である。

その後、多様な歴史的様式の建物が登場した▶26。建物の類型、機能、時期により、ゴシック様式はボゴタのサンス・ファコン教会▶27のように、特に教会で繰り返し用いられた。ファサードと内陣の両方において、装飾は宗教に適していると考えられた。多くのゴシック教会が全国にあるなか、アンティオキアのハルデイン教会、ウバーテのエル・サント・クリスト、マニサーレスの大聖堂はゴシック建築として注目に値する水準にある。

初期近代建築

19世紀末-20世紀の初頭にかけて、アール・ヌーボーやアール・デコは、パルミラのリエンツィ、カウカ渓谷のラ・コンセプションやリオ

25 ヴエナヴェントゥーラの鉄道ホテル

26 鉄道駅

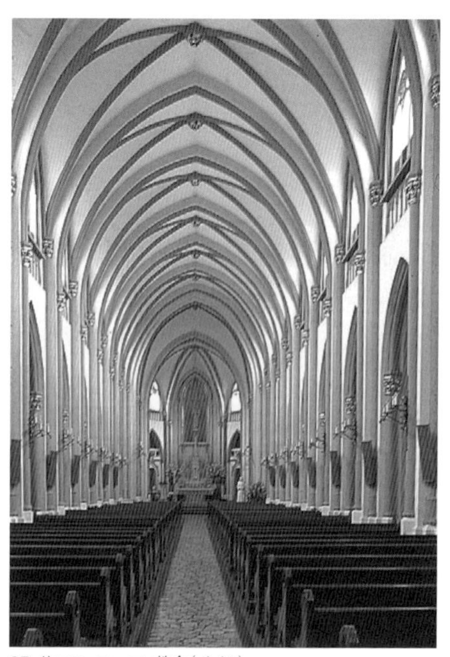

27 サンス・ファコン教会(ボゴタ)

スシオの劇場などの多くの劇場、ならびにメデジンにある建築家のネル・ロドリゲスによる美術宮殿で採用された。これらはすべて簡素さや型にはまらない資質をもつ。建物を装飾する幾何学的形態や色合は想像力によって補われた。ヴエナヴェントゥーラにある政府庁舎はアール・デコの特徴をもつ。

コロンビアにおける建築の多様な表現のなかに英国様式がある。これはカタログを用いて考案された建築である。この建築様式の導入により、建築構成技術と一般的な厳格さを建築家やレンガ工は身につけていった▶28▶29。

一方、「田園都市」が導入され、そこには曲線的で斜めに走る街路があり前庭が並ぶ。住宅には中庭も廊下もないが、寝室に続く階段室を伴う広い玄関がある。壁はむき出しのレンガで、屋根は雪を考慮して傾斜は急で、先端には複雑な形態をした煙突がある。石窓は16世紀の英国の基準に従いレンガを使用した。このことは昔の国内の通交を復活させ、この材料の新しい扱い方が発展した。

このスタイルは近隣生活圏のテウサキージョ、ラ・マグダレーナ、ラ・メルセードゥ、キンタ・カマチョ、エル・レティーロ、ボゴタのエル・ノガルの他、全国の都市における建築水準の向上とともに継承された。フランス風の屋根裏のある郊外の家屋から、新植民地風または新古典主

28 チューダー様式の住宅群(ボゴタ)

29 チューダー様式の住宅(ボゴタ)

義のアールデコ様式に至る多様な折衷様式の建築がつくり出されてきた。

塔や展望ロフトがある折衷様式の邸宅には合成的な想像力が見られ、より寒い気候に対応している。他に泉、モザイク、植物、色彩、アーチ、および地中海風の透かし彫りがあり、暑い地域では爽快な空間となる。

これらは歴史主義、近代主義、植民地建築とは一線を画す。

カルタヘナには、多くのホテル、種々の公的機関、さらに住宅にムーア様式が頻繁に見られる。カリブの住宅の素晴らしい建築の例としてエル・カバレロにあるラファエル・ヌーネス邸▶30を挙げられる。植民地建築を特徴づける柱やバルコニーが見られ、快適性という現代的理想と穏やかで優雅なインテリア空間が存在する。

正統な歴史主義の例としてソンソンの共同墓地を挙げられる。中央の庭は印象的な白い四角形をなし、その周囲には先の尖ったアーケードがある。そこに墓は一切設置されない。その代わりに人々は周囲の山々を望むことができる。それは自然景観と「死」との間に構築物を介してコントラストが生じる葬送の空間である。さらにサンタフェ・デ・アンティオキアのカウカ川にかかる1884年に建設された大橋▶31は、ケーブルと木製トラスを持ち上げる4本の柱によって支えられている。その工事は当時世界で利用された新しい架橋工事の構造的な影響を吸収しつつ、地域の労働力と建築費における限界に挑戦することを明確に示す。

後にプロト・ナショナリズムと呼ばれる概念が生まれた。これは両義的な組合せを意味し、古典的規範と同時に近代的な建築表現が混交して

30 ラファエル・ヌーネス邸（エル・カバレロ）

31 サンタフェ・デ・アンティオキアの大橋（カウカ川）

いることを示す。例えば、国立図書館やボゴタの国立公園にある子ども劇場▶32に見られるように、近代性と力強さを示す実例である。しかもコロンビア建築における簡素さと詩的な美しさの連鎖の一環となっている。バランキージャにある建築家マヌエル・カレラの設計した前衛的なガルシア・アパートメント▶33に見られるピラミッド状の単純な形態をした集合住宅はテラスを備え、光や空気の流れを十分に考慮している。その細部は幾何学的かつ抽象的なウィーン分離派の建築を想起させる。この建築は合理主義建築の一例で、コロンビアでは初期近代建築である。ネル・ロドリゲスが設計したメデジン市の公邸(1939年)も同様である。

コロンビアの近代建築は国立大学の建築と結びついているといわれている。しかし、公共事業省が建設した教育施設は特殊である。それらは、非対称の構成で想像力と自由さがみられ、土地に特有な足跡とともに近代建築の側面も具えている。白い外観、大きな窓、そして立体的に分解された構成となっている。この実例としてポパヤンの中学校▶34を挙げられる。十字形で諸室を構成した興味深い建築である。この構成方法は学校、庁舎、病院など新しい施設に適用された。

コロンビア国立大学の構内にある初期の建築物にはプロト・ナショナリズムの両義性が明確に表れている。古典的な対称性、中央門、同時に近代的特徴の白く落ち着いた立体形である。しかし、地域に固有の赤い瓦葺き屋根と関連する屋根をもつ。これはバウハウスのキュビスムにも倣っている。質は様々であるが芸術学部、法学部、獣医学部の建物がある。大学構内で最も美しい建物の1つは工学部▶35 ▶36である。建築家のレオポルド・ロザールとブルーノ・ヴィオリによる左右対称の建築物

32 国立公園の子ども劇場(ボゴタ)

33 ガルシア・アパートメント(バランキージャ)

である。これらの建築物からはル・コルビュジエの示した原則が適用されていることを見いだせる。両端には透明な階段と同時に循環のための幾つかの翼が置かれ、まるで鳩小屋のようにくり抜いた穴によって光を取り入れ光の変化をつくり出している。

プロト・ナショナリズムとネオ・プラスティク建築の中間的建築物の例として、ボゴタの26街区にあるフリオ・ボニージャ・プラタの設計した寄宿舎を挙げられる。同時に標準建築と後の自由形式の中間あたりに位置する、材料試験研究所を挙げることができる。

しかし、建築家のヴィオリによる建築が特異なのは、近代主義者たちによって彼の提案が十分に理解されなかった点にある。一般的にヴィオリのような近代主義の建築家たちは、たとえ非常に簡素化され抽象的であっても、柱列や窓などの建築の要素において、古典的な建築表現を行うが、近代的な材料を使う▶37。彼の作品に光を当てることはコロンビアの重要な建築家の一人として位置づけることである。それは彼の作品のもつ力強さ、優雅さ、および構成上の明確性ならびに、その構成上の

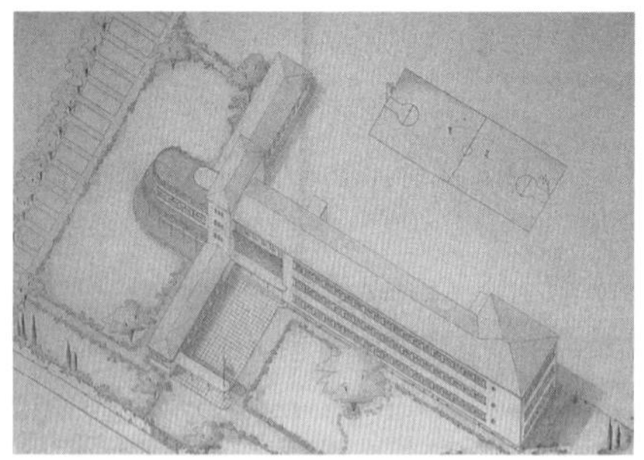
34 ポパヤンの男子高校

35 国立大学工学部棟

36 国立大学工学部棟

厳密さと材料への理解こそコロンビアの伝統といえる価値を示すために重要なマイルストーンとして傑出しているからである。

近代建築の展開

コロンビアにおける近代建築は、国立大学出版局ビル▶38のように、1940年代に成熟していたといえよう。この建築の潮流はドイツから来て、コロンビアにおける重要な建築を担った建築家のレオポールド・ローゼルによって建てられた(1942年)。この建物ではコンクリートシェルで覆われた近代的な軽やかさを喚起する空間を巡ることができる。設計者の古典的な音楽的素養から生まれたリズムが感じられる。しかし、古典的な世界へと迷い込むのではなく、ダイナミックな空間が展開し構造的な緊張感が形態的に表現されている。光と空間のプロムナードは、倉庫や機械という「機能的である」という近代的な価値観にふさわしい建築である。

パルミラにある農業大学の建物(1945年と1948年)▶39 ▶40にも類似する価値観を見い出せる。熱帯気候に適合したブラジル建築や合理性を重視したバウハウスやミースの近代建築を思い起こすこともできる。

この時代にすでに、コロンビアに固有にみられる特徴を見いだせ、感動を与える。それは、簡素さと厳格さ、場所や構成的な透明性という感

37 歴史様式(ディテール)

38 国立大学出版局ビル

性である。「芸術的」に気どることもなく、堅固さと構造的厳格さを伴い現実の場所に存在する。プロムナード、光、自然および住民の活動または夢によって空間の詩を創造する。近現代建築の自由さは固有の伝統により豊穣になる。こうした実例は多いので、2、3の事例を用いて、説明してゆく。

ヒラルドゥトの市場▶41は近代建築の特質を結集している。「V」字型の柱列で持ち上げられた空間に、そよ風が自由に流れ、マグダレーナ河岸の強烈な暑さの中で心地よい気候をもたらす。同様の特質はカルタヘ

39 農学部の施設(パルミラ)

40 近代主義(ディテール)

41 ヒラルドゥトの市場

ナの競技場にも見られる。明快な柔軟性と構造的工夫によりスタンドの屋根を支えている。また、ボゴタのクルブ・デ・ラガルトスも重要な建築である。自由な緑のある区域にはダイナミックで透明性をもつ空間が展開している。そこでは光が溢れ、空間の利用と環境の側面で十分に必要性に応えている。

近代社会と建築

コロンビアにおいて住宅供給は近隣住区の開発と集合住宅の建設の両方で展開してきた。ICTという地域金融機関やBCHという中央抵当銀行のような国の事業は全国に集合住宅の好例を展開した。例えばアントニオ・ナリーノによる都市センターからはル・コルビュジエの建築を想起でき、集合住宅での生活を支える庭や施設がある。1965年にボゴタの中心部においてアルトウロ・ロブレドとリカルド・ヴェラスケスが設計した建物も挙げられる▶42。白い建物は緑のエリアと一体となったジグザグ状のテラスを備え、都市空間から切り離されている。この建物には近代建築の理想が詩われている。質素な材料、モジュールによる厳格さ、千鳥配置の力強さ、光と空気、公平さと生活の質といった社会生活を快適にする環境が実現している。

1963年にボゴタのクリスティアーナ・デ・サン・パブロ基金に対してロヘリオ・サルモナが設計したテラスを備えたピラミッド状の形態をした集合住宅▶43は近くの山に同調している。地域の土で造られた建築群は各階にテラスを設け、立体的で機能的な性質を備え、建設費も適切である。人々の人気を獲得する住宅建築の可能性を実証した。またはオブレゴン・イ・バレンツェラ建築事務所の実績は高い技術水準を示す。ボゴタ市の76街区の9号通りにあるアパートは、我々の言葉で、アル

42 ボゴタの30番街

43 クリスティアーナ基金による集合住宅
(建築家:ロヘリオ・サルモナ、ボゴタ)

バタリアン・コンチニータスと呼ぶ建築の例である。バルコニーのコンクリートと一体になったレンガのファサード、端部の梁、柱は古典的特性、構成的厳格さ、綿密な細部で統合されている。メデジンにあるヴィエルナ＆ヴァスケスが設計したカスティーヤビル▶44は石の化粧張りである。必ずしも素材はレンガである必要性はない。メンデルスゾーンのように端部に曲線のコーナーバルコニーがある。優れた技術を駆使した建築物である。

クエジャル・セラノ・イ・ゴメス建築設計事務所によるオフィス、学校、病院等の建物も同様の特質をもつ。なかでもインターナショナルセンター▶45は抑制された明確さを有し、エコペトロール・ビルは1961年に第1回建築ビエンナーレ賞を受賞した。前記のインターナショナルセンターと同様に近代の到達点を示す複合建築である。既存の郊外工業地を活動的な都心に変換する意図があった。自動車の時代ではあるが、同時に、歩行者の新しい時代の到来に高層建築で対応することが目指された。これらは、様々な人々の参加による成果である。約1,000台の駐車場の上方には歩行者用のバルコニーがあり都市生活と快適な環境を備えている。車両と歩行者の流れを整理し高い質で都心部に必要な要素を

44 カスティーヤビル（メデジン）

45 ボゴタのインターナショナルセンター

明快に示している。

近現代の建築

20世紀中頃のコロンビア建築の好例として、ギジェルモ・ベルムデスによるルエダの集合住宅▶46を挙げられる。ヴォリュームの設定や空間構成からベルムデスの作品に見られる抑制と優雅さがある。築後50年を経たが、申し分のないメンテナンスによって素晴らしい建築として存在する。またブラボ邸は象徴的な住居である。この住居は説明によらず、ありのままを受け入れる建築である。この住居のもつ力強さ、実用性、そして詩的な美しさは、感じ取り、建築とは何かを学ぶ助けとすべきで、語るべきものではない……。そして圧倒的な簡素さを備えたベルムデス邸▶47は、コンクリートの膜で包まれたゆったりとした社交空間があり、光と透明性が優先される。一方、インテリア空間に卓越した質が認められる。質素だが、庭園を見下ろす居間、食堂の間には生活環境が現れている。動物の巣のような保護された感じをもつ。近代性の再創造である、きれいで新鮮な空間には、純粋主義的な階段がひき立っている。コンクリートの階段は白く、非の打ちどころのない金属の手すりが付いている。厳しくかつ細部まで行きとどいたディテールが見られ、空間を活気づける。私はコロンビアで最もすばらしい住宅と考えている。

コロンビア近代建築の黄金時代といわれる時代から、数多くの作品を取り上げることができる。しかしこれらは単に傑出した巨匠が存在しただけではなく、多くの一般的な作品でも高い質を実現したからである。この時代の注目すべき事例としてギジェルモ・ベルムデスおよびロヘリオ・サルモナによって設計されたエル・ポロの共同住宅▶48がある。連

46 ルエダの集合住宅(建築家:G. ベルムデス、ボゴタ)

47 ベルムデス邸(ボゴタ)

続する台形状の建物群で、広い歩道から通りや静かな庭がつながっている。サルモナの作品には立体的かつ形態的な豊かさがあり、空間的に最高に興味深い。純粋さと厳格さが内部と外部に見られる。2人の重要な建築家によって実現された幸運な調和は、コロンビア建築の歴史にとって記念すべき最高の1頁である。もし2時間だけボゴタで時間があるなら、私たちの伝統の質の高さと特性を確実にこの作品から認識できる。

近代合理主義を遅れて導入したコロンビアでは、1940年頃になり、急速に近代性を吸収し、勢いよく生み出した。そして国際様式の課題に向き合い、有機体論の考えをとり入れた。そして、独自の発展をとげた。これらの問題は、例えば、ボゴタやメデジンにあるネル・ロドリゲスの作品、またはボゴタのクエジャル・セラノ・イ・ゴメス建築設計事務所が建設したダヴィド・レストレポ診療所、ガブネル・セラノのブラジル旅行に関するノート、またはフェルナンデス・マルティネス・サナブリアの家でみられる。1950年のエミリオ・シフエンテス学校というマルティネス・サナブリアの作品はこの時代の頂点を示す。ヴォリュームはバラバラにされ、白い長方体、レンガによる曲線の表現、ジグザグ形、勾配屋根、特別な窓がある。ファカタティーバにある近隣の山に向かかう軸が設定されただけの表現である。ロヘリオ・サルモナが認めることであるが、コロンビアにおける有機体建築の結論は、自然の地形、社会的側面、文化的側面からの具体的な場所に対する建築上の提案なのである。

これらの原則はエル・レフヒオの住宅の場合のように、マルティネス・サナブリアの作品で成熟する。カルデロン邸▶49は、世界的にも独創的

48 エル・ポロの共同住宅(ボゴタ)

49 カルデロン邸(ボゴタ)

な空間をもつ建築である。続いてウィルキーの家は山と都市の間の力強いダイナミックスにおいて環境と対比を示す。オチョア、ウンガルおよびサラメアの住宅は、柔軟性のある空間と形状をもつ。これらは、積極的に条件に対応する実用性のある空間として具体化している。彼の成果は、国立大学の経済学部▶50、またはバランキージャのカッハ・アグラリア▶51でも見られる。バロック式の曲線をもつ空間構成は、太陽光を制御し眺望を獲得している。

近現代建築の展開

この新しい建築様式の実例は多くハイメ・カマチョ、アルトゥーロ・ロブレド、エンリケ・トゥリアーナ、ヘルマン・サンペル、ガブリエル・ガルガチャ、エルナン・ヴィエコ、ガブリエル・ソラノ、ディケン・カストロなどの建築家たちによる多くの作品、ならびにカリでのボレロ・サモラノ・イ・ギョーバネジ、またはメデジンのラゴ・イ・サエンス▶52 ▶53、同じくバランキージャ、ブカラマンガおよびこの国の他の幾つかの都市にあるヴィエイラ＆ヴァスケスやエリアス・ザパタの作品▶54である。有機体建築が急速に成熟した結果、コロンビアでは場所の建築的提案として変容し展開した。

同様に評価すべき建築は、国を代表する市民の空間であるボリバール

50 国立大学経済学部（ボゴタ）

51 カッハ・アグラリア（バランキージャ）

52 カリの邸宅

53 カリの邸宅

54 メデジンのオラヤ・エレラ空港(建築家:エリアス・ザパタ)

55 トレス・デル・パルケ(公園の共同住宅、ボゴタ)

広場の再生事業である。ここには広い視野があり、国の施設の壮麗さを再確認できるようにカピトルという建物へ通じる階段があり、街路空間は不均一になっている。硬くて簡素な表面は一方で植民地風広場の地味さを呼び起こし、他方では、そこに集まる大群衆を受け入れる。同様にその時代の別の傑出した建築家はアニーバル・モレノである。彼は構造、エネルギー、そして人間の行動学の研究者である。ボゴタのハベリアーナ大学の看護学部は彼の代表作である。材料と形状が対照的に扱われており、学習や休息のための特徴ある空間がつくり出された。建築のあらゆる要素には多様性と表情があり、実用性に応じた環境が形成されている。

サルモナよるトレス・デル・パルケのプロジェクト(公園の共同住宅)▶55からもコロンビア建築の成熟を理解できる。ボゴタのサンタ・マリア闘牛場の曲線と材料、そして近隣の東方の山脈を基盤とする高層住宅棟はダイナミックな表情をもつ。影とグラデーションが多様な風景と環境を生み出している。そして都市に対してテラスと庭を開放する。円弧状の配置はプレ・コロンビア時代の集落形式であり、土地の材料を使って閉じられた空間を形成する。植民地風の簡素さと場所への配慮を備え、空間の詩が創り出されている。これはコロンビアの建築家達がもつ不変の関心事である。コロンビアには暴力の問題はあるが、建築家達は社会の真の問題の解決を目指した尊厳ある建築を実現することに積極的にとり組んでいる。

まとめ

建築の伝統と、コロンビアの住宅や都市の必要性に、建築家が独創的に対応してきた。建築家は社会がより公正で開かれ、文化的で自由を獲得するように、遺産を守り新しい建築によって社会を豊かにする役割を担う。伝統と想像性の観点から、建築を考え議論することが重要である。建築が国の建設に寄与し、流行に屈することなく、場所の感覚と空間の詩を構築して、現代において適切に建築を実現することが約束されよう。深遠な詩人の明晰性をもって、ペッソアが述べたように、真の新しさ、永続的な新しさとは、すなわち、以前は紡ぎ出すことのなった動機を起こさせるために伝統のあらゆる糸を縒り合わせたものなのである。

コロンビア近代建築の黄金時代の代表的な作品

カンペストゥレ倶楽部（カリ、1955年）

CLUB CAMPESTRE

［設計者］ボレロ・サモラノ・イ・ジョバネリ建築事務所 Borrero, Zamorano y Giovanelli Arquitectos

サンタマリアの共同住宅（ボゴタ、1960年）

EDIFICIO SANTAMARÍA

［設計者］オブレゴン・イ・バレンツェラ建築事務所 Obregón y Valenzuela Arquitectos

［建築家］ホセ・マリア・オブレゴン Arq. Jose María Obregón

アンドレス・ウリベのための共同住宅(ボゴタ、1961年)

EDIFICIO DE APARTAMENTOS, PARA ANDRÉS URIBE

[建築家] エンリケ・トゥリアーナ・ウリベ Arq. Enrique Triana Uribe

テケンダマの学生寮(ボゴタ、1962年)

RESIDENCIAS TEQUENDAMA

[設計者] コエジャル、セラノ、ゴメス Cuellar, Serrano, Gomez

ハベリアーナ大学のパブロⅥ世の建物（ボゴタ、1964年）
EDIFICIO PABLO VI

［建築家］アニーバル・モレノ　Arq. Aníbal Moreno

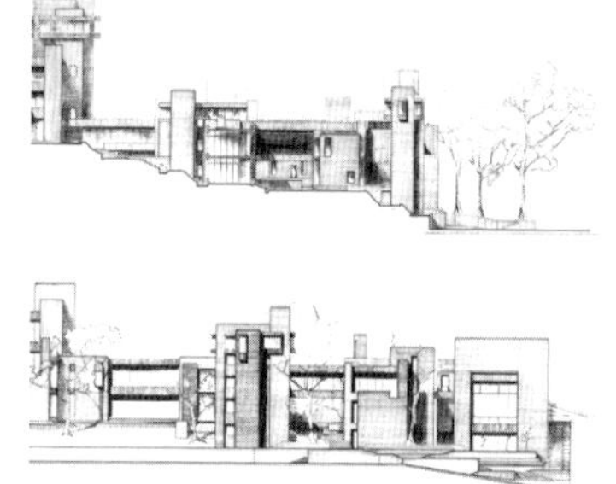

コリンサの共同住宅（ボゴタ、1969年）
EDIFICIO COLINSA

［建築家］フェルナンド・マルティネス・サナブリア　Arq. Fernando Martínez Sanabria

ガビラーナの家（メデジン、1977-1978年）

CASA LA GAVILANA

［建築家］パトリシア・ゴメス Arq. Patricia Gómez、サンチャゴ・カイセド Arq. Santiago Caicedo

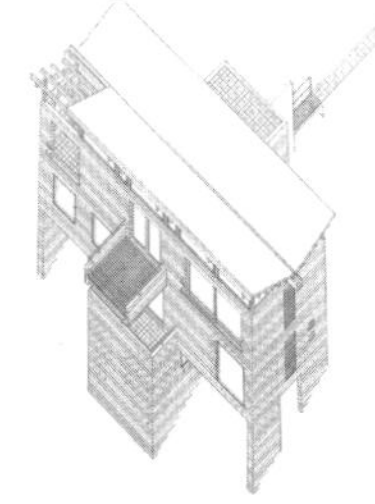

センデロの共同住宅（ボゴタ、1979年）

EDIFICIO EL SENDERO

［建築家］ギジェルモ・ベルムデス・ウマーニャ Arq. Guillermo Bermúdez Umaña

トレス・デル・パルケ（公園の共同住宅）（ボゴタ、1965-1970年）

RESIDENCIAS EL PARQUE

［建築家］ロヘリオ・サルモナ　Arq. Rogelio Salmona

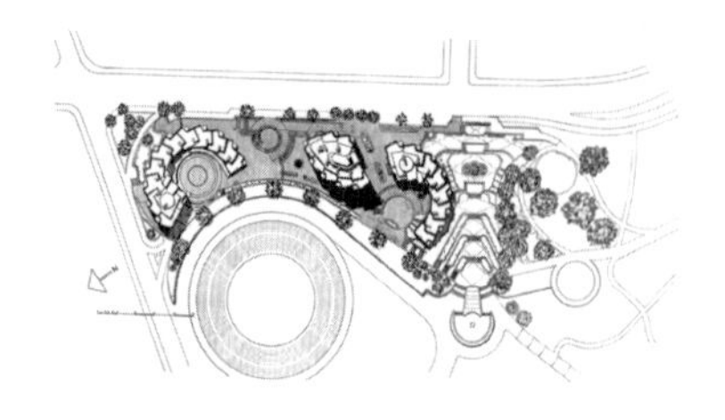

第3章
コロンビアの建築に関する場所の感覚
遭遇と失われた遭遇

Architecture in Colombia and a Sense of Place: Encounters and Missed Encounters

セルヒオ・トルヒオ・ハラミージョ Sergio Trujillo Jaramillo

「スタイルというテーマは、常に顔がなく、根拠のない始まりである……」。本質的な自然を内包する建築は、永遠に、つかの間の光景に現れる刹那的な解釈を受ける心配がない。原理とは、混沌から守り、避けるものなのである。さもなければ、敗北は明らかである。
──フランク・ロイド・ライト

我々は、ファウストの時代の神や悪魔を見つけることを固く決意している。真正な必然という本質は錠前を開ける私たちが持っている唯一の鍵なのである。
──ノーマン・メイラー

正しく、美しく、幸せな建築的解決は、建築と文脈との関係を「幸せに」正当化するように働きかけることである。ここで文脈は建築の形態を示す役割を担う。審美的、倫理的、科学的側面をもつ建築の「幸せ」は、建築物と文脈が相互に浸透し、また逆転することで明確に示される。以前の状態と後の状態の違い、忘却と認識との間の違いを示すことで建築物の全体的な質に介入し、活き活きとした表現を獲得することである。ポール・リクールは正確で必要な省略は良い記憶の基礎という。過去を事例とし、未来を記憶として、これらを入れ替えることによって、私たちは活きた文化を構築できる。
──ジョゼップ・モンタオロア

本当の斬新さとは、我々の夢や必要性から出てきた印象的で情緒的な証言であり、そして将来にわたり印象を残すために、美が染み込んだ布を織るために伝統の糸をとらえる事である。普遍的な時間の重なり、参照の対象、そして類推は、建築における重要な要素である。建築は、歴史を通して毎日の人間活動の変化を最も明らかに見せる証言者である。忘れられ隠されたり、蓄積された時間により修復のできないエピソードが変化に染み込んでいる。終わりのない現在があり、避けられない未来への意味を文化として構築することに対して、現在と未来の両方に立ち向かえるのは伝統以外にはない。伝統への信頼なくして、人類の歴史から重要なものは何も生じない。
「過去25年のコロンビア建築」の展覧会は、我々の歴史に直面することと、将来の複雑さを尊重している。これまで、大勢を占める順応主義と日常生活によって感覚を麻痺させられてきたので、建築に対する努力を見直す機会もほとんどなかった。
この展覧会は文化的状態において、論争を引き起こすために、過去25年間の建築に関する証言と評価を超越することが目指された。事実、コロンビアの建築作品を纏める機会は皆無であった。作品は豊富に存在したが、系統的に建築遺産として認識する試みはなかった。編集と批評は学術的かつ専門的な領域において行われた。過去60年間の歴史に限られているが、学問的な構築を行う期間と一致する。
この時代の研究の中で、1946-62年にコロンビアで建設された建築作品を検討したカルロス・マルチネス・ヒメネス、ホルヘ・アランゴ・サニンとエドガー・ブルバーノーによる文献に関して特筆する価値がある。質の高い作品というだけでなく、建築を巡る状況も含め、高い水準の作品集でもあった。この課題を世界的に扱うことに組織的に着手したことは初めてだった。知的であり、最も実質的で意義深い解説書は「コロンビアにおける建築の歴史」である。これはシルビア・アランゴによって1985年に発表された。
1980年代までコロンビア建築は比較的安定した傾向を示し、建築的に高い質を見いだせる。しかしこの時代は、対照的に二極化した建築的傾向を示した時代だった。ひとつは合理主義に忠実に追従した傾向で、ガブリエル・セラーノやホルヘ・アランゴなどの建築家の作品が該当する。中規模から大規模な建築物である。もう一つの傾向は、初期近代建築とは明確に異なる。それはTeam Xのように北欧にみられる建築的な傾向である。この傾向は主要都市で位置を獲得し、ボゴタでは小型から中型の、特に集合住宅や一戸建て住宅にみられる。ギジェルモ・ベルムデスやフェルナンド・マルティィネス・サナブリアなどの優秀なプロフェッサー・アーキテクトである。後にはサルモナのようにデザイナーと建築家という2つの側面を持つ者達も、こうした建築の担い手となった。
これらの建築家達は理論的な思考、形態、建築規模に関する知覚的な意義を追求し、創造力を追求した。設計において熱帯アンデス、その地域の伝統と限定された場所に対して敏感であるだけでなく、地域の建築素材に対しても示唆に富む建築を追及した。彼らは、流行に対して健全な拒否を示し、同時に平静さを備えていた。また建築的実験に対して不信感を示す役割も担った。コロンビアの建築の特徴を維持するために、建築的概念が異端だったことは問題ではなかった▶1▶2。

これら建築家の追求は、建築の技術的な正当性を表明し、コロンビアで常態化していた、満たされていない状態を緩和する意味を持った。振り返ると、1970年代までの近代建築の質は感動的であった。この時代には「抽象的合理主義者」と「有機的」あるいは「トポロジー思考」の建築の間に存在したイデオロギーの距離は問題ではなく70年代の終わりまで続いた。コロンビアという背景に対して、特色のある概念を適応することに共通の関心があった。本当に国際建築主義は影響を与えたのか？影響はその後に明確になったのだろうか？

彼らは文字を創造の源として参照し、または正統性を獲得するためのパスポートとして活用することすらしなかった。我々の目的として、国際建築様式に対する、初期にみられた地域的な不一致に対して、我々は地域の伝統の構築と、それに伴って、コロンビアにおける建築のために場所に対する建築の段階的な構築を徐々にすすめてゆくという課題に重要な価値と追求が収束していった。ここに一つの筋道が発見されたことを強調しなければならない。

そこで、地域の建築に対して、現場に固有の目に見える状況と目に見えない状況とを結び付けるための不断の活動や努力が必要となることが強く求められた。人々の関心が高まっている空間的な伝統の新しいタイプの建築は地域との繋がりを促進するために創られてきた。決してその反対の方向を向いているものではない。この傾向は、我々の近代性の心

1 ボゴタの家
（建築家：フェルナンド・マルティネス・サナブリア）
1974年（Photo: Sergio Trujillo J.）

2 ボゴタの家
（建築家：フェルナンド・マルティネス・サナブリア）
1976年（Photo: Sergio Trujillo J.）

臓部への距離を示す出発点を意味している。コロンビアの建築において、異なる様式が今日も並存しているのはこのためである。これらの建築的成果が示されることで、経済的、社会的発展および現代の生活様式に伴う価値観として建築は社会に定着してゆき、共通の特徴が近代的な考え方とプロセスの実質的な融合により生じたといえる。ここに建築的な創造過程の豊かなサイクルに終止符が打たれた。しかし、もう一つの近代性の根底には、地域の状況に適した表現の流れを見つけるという決意から生じた絶対的で実質的な、しかし副産物としての価値の発見があった▶3▶4。

本書で取り扱う期間の始まりである80年代の10年間で、専門的な活動の断片化、崩壊、分散という現象がこれまでに遭遇したことのない状況にまで達した。とりわけ住宅の建設を中心とした経済情勢および国の政策において、住宅は投機的価値のある戦略的な対象となり、住宅問題の解決が政府の政策的な成功を獲得するための対象として解釈されたのである。そして建築家の作品に構造的な劣化がもたらされた。

専門的企業や建設業者は、都市の取引業者に置き換えられていった。彼らは意味の深い建築のもつ、ほのかな「きらめき」を社会の片隅へと追いやった。このことは、その時代までにコロンビアにおいて建築が積み上げてきた質に対して完全な敗北をもたらした。これらの現象は、社会空間的な分離や疎外化の動きを助長しただけでなく、都市の無秩序な拡大、都市構造の断片化、コロンビアに現れた都市システムの環境的側面での劣化という負のプロセスに多大な影響をもたした。この状況は、都市化がますます進展する国内状況を形成し、都市は不安定な国策の中で苦悩の中に陥った。国内に一般的に見られた劇的な状況は、間違いなく最近の歴史で最も一貫した都市政策である法律338〈領域計画法〉が成立

3 ボゴタの家
(建築家:ジャミー・カマーチョ)
1978年 (Photo: Sergio Trujillo J.)

4 タビオの田園地帯の住宅
(建築家:ロヘリオ・サルモナ)
1981年 (Photo: Sergio Trujillo J.)

した20世紀末まで続いていた。

1980年代に建築職能者の質は明らかに低下した。これは国際的な影響力がコロンビアの人々にとって重要な環境となってきた時代のでき事であり、この時代の特質を建築が証拠として示している。つまり80年代とは質の低い建設事業が横行し、一部の例外的な建築家にのみ、建築活動が集中していた時代なのである。ポスト・モダニティという、悲しい側面と、喜ばしい側面が現れたことは、矛盾に満ちているが、調和を欠いた状況が蓄積されていった。

その一方にあったのは、良く知られているが、ゆきすぎた建築言語、マスク(表層)、および他人の混乱を自分の建築に取り入れてゆく無意味なポスト・モダンの肥大化であった。その反面として、確かに非常に前向きだったのは理論的論考、歴史的視点、祖型の探求、そして最終的には都市に関わる事項を再び受け入れることが強く意識された事である。ポスト・モダニズムは当所、学者の世界に限定され展開した考え方であったが、後に建築の職能者の世界にも浸透していった。前述の現象として初期には、粗雑なポスト・モダン建築がチリ、ブラジルまたはアルゼンチンのような国の都市に被害を残してきたが、コロンビアでは、このような被害を生じさせることなく、10年後には次第に衰えて消滅した。

その間に興った第二の現象は、コロンビアの建築に関する知識の分野で成熟化してゆく展開があったということである。この過程は専門的領域においてゆっくりと成熟していった。今日では、この現象は特に学術、論説、調査研究だけでなく表現手段を通して見られる。こうした現象は文化的意義と、望むらくはコロンビア建築の将来の質の両方を保証するものであってもらいたい。それでもなお、80年代以降組織的に露骨に我々を襲ってきた、つかのまの、スタイルに対して尊厳をもって抵抗する少数の建築家と設計事務所が存在したことである。

その時代から現在に至るまで、抵抗は無意識のうちに一定の流れの中で続けられた。大規模な典型的な都市施設などを通じて抵抗が続けられていたのである。さらに重要なことは、我々の建築の歴史において既に構築されている功績の上に、建築を構築することが歴史的に重要であるということを理解することを可能にした。つまり、粘り強く批判的な態度をもち、明確なコンセプトを貫く高品質な作品によって、一般化という平凡で特色のないことに対抗できたのである。こうした作品は一部の建築家の手中で行なわれた。

透明性に関する確信を持ち、ますます建築の専門家としての知性が冴えわたった。小規模な建築家の集団だったが、これらの前向きな建築家達は国際様式が巧妙に根を下ろしてくることに対して徹底して抵抗し続けることができたのである。国際様式は20世紀の初期の数十年間にかけての複雑な政治的、芸術的、社会的な段階への適合を経て近代建築が使うようになった形式であり、建築からすべてのコンテクストを切り離してしまった。この建築形式は今や建築言語を腐敗させ、難解なレトリックとともに粗野な論説として洗練されている▶5▶6。

近代合理主義者の建築言語、それはミニマリズムと抽象化への傾倒であり、または「いいセンス」に特権を与え、国や地域の伝統の状況に関する興味やアイデアを根絶する素材を持ち込むことで近代の固定化がみられた。これは、1990年代に建築分野に参入した幅広い建築家達の間に無批判に浸透した議論が散在した断片なのである。

5 スペリオール地方銀行の本店(チア)(建築家:セルヒオ・トルヒオ・J) 1983年 (Photo: Sergio Trujillo J.)

グローバル化の影響による負の側面として無機質なテイストや場所に関係なく置かれた作品、はかない国際様式の醒めた文字通りのコピーによる増加が現れている。1990年代のコロンビアで成功した作品の大部分は建築家よりもデザイナーの作品であるといえ、考えることのない建築、それまでの何か意味があった過去の経験を踏まえた建築として展覧会の作品として取り入れられている。

膨張された建築言語の表現によって守られた建築自体がもつ自閉性は、一般的に重要な空間の経験が求められる状況に関心がないという、誇張された印象による虚偽の豊かな表現力を備えているという、新規性によって示されている。過去においても同様であったが、建物自身の機能的なプログラム自体が、公式な傾向をもつ建築の源となっており、このことは一般的に非常に保守的なのである。こうした経緯により、今日のコロンビアで多様化し、かつ複雑化した専門家の活動は意味を持つようになった。

しかし現在のパラダイムから重要な寄与があることを認識するという

6 ボゴタの家（建築家：ルイス・コペック）1982年（Photo: Sergio Trujillo J.）

必要性があるというわけではない。

技術的な厳密さ、選択肢の多様性、そして仕事に対する個人の情熱は、最新の建築作品の特質である。ここでいう特質とは最近の建物が建築文化として地域の伝統を表現していることである。時には、現代の建築は不健康な兆候を示してきた。それは、典型的な商業主義的傾向への墜落であり、または偏狭な技術的で形態的な反復によって擦り切れてきたことなのである。

現代の文化状況において、現実性、空間性、経験として理解される建築ではなく、イメージを崇拝するスタイルに抵抗する文化を徐々に強化するためには、「画一化」と建築的趣味の低下に対して考えられる限りの対抗手段をとる必要がある。特別な意味のある実質的な議論を通じて、消極的な文化的交雑から建築を救うための正当な努力を認識するという重要な使命もあるが、偽物を捨てることが必要なのである。

コロンビアにおける建築の本質

軽妙さ、透明性そして厳粛さという構築的な本質は、再び見直されている。こうした本質は、時代が求める理由による価値として説明ができる。ただし、そのためには、近代性という伝統によって、既に混乱している抽象的な言語を再利用することにより可能となることを知っておかねばならない。

近代性を備えた建築が依然として重要であり、未完成ではあるが社会的、文化的な提案であるということが合意されていると仮定すれば、以下の点が問題となる。つまり、近代建築の提案に対する解釈は、建築から状況を説明できず、言葉遊びとして好まれていることである。こうした状況は不確実な未来に向かう動きであり、忘れ去られてしまった近代建築の将来に対する展望から、見破られることなのである▶7▶8。

もちろん、中南米では永続性とは反対に変化が過度に評価されるということを考慮すると、このことは今に始まった話ではない。常に新規性を敬うことで、人々の集合的な記憶を構築する力は弱くなる。なぜならば、我々は新しいものを素早く取り入れるからである。最新のものにあこがれると、建築においては常に基礎的な条件であった文化的な経過である伝統をゆっくりと「蓄積」することができなくなる。であるが故に、

7 ハベリアーナ大学の診療所（建築家：アニーバル・モレノ）1976年（Photo: Sergio Trujillo J.）

8 トレス・デル・パルケ（ボゴタ）（建築家：ロヘリオ・サルモナ）1972年（Photo: Sergio Trujillo J.）

ロヘリオ・サルモナの実質的な活動に言及する必要がある。サルモナに関して言及することは単に、我々が認識している近代性にとって代わる近代性を認識するために参照する実態的な建築(記憶に残る証拠を示す作品)の作者としてだけではない。おそらく彼が最も多くの成熟した作品を生みだした過去25年間を対象に、継続的に行われた論争を評価するためにもサルモナの活動を参照するべきなのである。

近代の建築文化に関して類をみない継承者であるサルモナの8年間にわたるル・コルビュジエとの研究に基づき、難解で教養のある思想を徐々に洗練していったサルモナの個人的な意思形成につながる重要な彼自身の経験としての近代性に関して、歴史的にみても稀にしか出会うことができない重要な機会に対応する準備ができたのである。この課題の創造の核は、場所(背景と地理としての場所ではあるが、特に文化的経験の場所であり歴史的な蓄積の空間としての場所)に対する深い説明を可能にする意味のある強固な意思と深く結びついていた。

20世紀末の四半世紀は、間違いなく建築の歴史の中で最も複雑で多様な時期である。建築と建物の関係を超えるのに成功した構築的なプロセスは、今日の私たちに深い影響力を与えている。都市計画、公共空間、そして面的な領域を構築することや再構築するために健全に再生することに身を挺して開発されてきた様々な方法は、今日、私たちに深い影響力を持つ。つまり、初めて無意識に自分自身が再編成されたと信じている都市における長期にわたる組織的な行動として影響を及ぼす。専門的活動の範囲を広げた終わりのない様々な方法に反して、神のようなデザイナー達が、硬直して融通の利かない近代の遺産を基軸として展開したことは幸いなことだった。

コロンビアでは、今日、特に歴史・理論、法律および都市設計、地域の開発計画、博物学または論説活動、専門的教育、歴史的建造物の修復と研究などの分野において目下進行中の作業を確認することが可能である。私たちがただ残念に思えてくることは、真剣で持続的な専門的批評活動の欠如である。おそらく知的で創造的生活の現在の多様な全体像において、最も顕著な空洞となっている。1990年代の建築作品の制作における相互に働く力と質における欠除は、熟考と知的な生産によって補填された。

もし、1980年代までに才能や技術的厳密さが十分に開発されていたと仮定するならば、現代を代表する最高のコロンビアの建築には、前例にない知的な密度が求められる。それは、最も見識ある専門家たちによる考察が高度な実践となっていると考えられるからである。幸運にも、曖昧な言い方ではあるが、今や単なる感性だけでは、希少だが「優れた建築」と常に自称してきたものを創造するには不十分である。

20年間以上にわたって、コロンビアは都市と建築に関連している様々な分野の研究や哲学においてまさに生きたフィールドであった。数々のフォーラム、セミナー、展覧会、出版物などの形態をとった活動が展開してきた。これは大学院課程の増加においても裏付けられることである。そして合理的な分析作業や思索に基づいて、デザイン、都市、建築の歴史と理論だけでなく、国家の文化遺産などの領域において知的な生産活動が展開している。

たしかに政治的に、20世紀後半の四半世紀は、絶えず続く激震、不確実性、そして継続的な経済危機によって途方もなく緊張していた。この状況だからこそ、すでに確立されていた文化は、建築コンペによって維持され、建築家たちの間では高い信用を得て、数え切れないほどの建築事業、特に公共の事業においてよりすばらしく高い水準の構想を実現できたのである。

様々な組織の間で文化を形成し、また多くの重要な仕事への労働力の投入を可能にした伝統は、建築のマーケットに参入する新しい建築家と共に建築事業を遂行するより大きな可能性を創造してきた。自分自身を顧みて、状況を考える事と知識レベルでの実質的な進歩は、建築に向かう適正な経験と感性による提案にとって決定的に重要なのである。感性豊かな経験がなければ記憶は存在しない。記憶がなければ、建築は生気のない単なる構造物となり、文化的属性が全くなくなる。そして建築資材の山と化す。

いずれにしても、最高のものがまだこれから生まれてくるのは確かである。コロンビアにおける都市と建築に関する思索がより専門化してゆくのである。過去25年にわたるラテン・アメリカとの意思疎通の動脈が思想家および建築の実践者の間に豊かな交流を生み出し、双方にとってより大きな寛容さが育ち、相互的な発展に役立っている。こうした行動は実行するに値する長期的な賭けなのである。

展覧会における作品の選考について

過去25年におけるコロンビア建築の展覧会を実施するための作品の選考では、当初から、創造性に欠けた対象や、限定のない見解、単なる建築の一覧とならないようにした。従来のこうした手法は通常は有用というより、むしろ便利という理由で採用されているのである。また、本書の原著書（“Architecture in Colombia and the sense of place The past 25 years; Arquitectura en Colombia y el sentido de lugar Los últimos 25 años”［コロンビアの建築と場所の感覚：過去25年の建築］）に示された、いわば文学的作品とも呼べる建築は、建築の分野の将来にとって重要な事例として構造化されるべきであると考えている。こうした作品はコロンビアの都市や大地の過去と現在に関連する倫理的、美学的、および政治的責任を果たしたものであるといえるからである。そして、建築を通して場所に関する慎重な観念を構築する取組みを特別に顕在化する見解へと変換されていった。作品の選定は問題を抱え複雑な決定を伴う。なぜならば、目に見える次元と目に見えない次元に等しく訴えかける課題に対して取り扱うという込み入った作業であるからだ。また、選定により、建築の本質的な価値を実質的に変える可能性もある。

構想として、場所という言葉は建築に単に地理的な意味で決定要因を与える慣用的な従来の名称の範囲を超えている。この言葉は、それほど明確なものではないが、建築を活き活きとしたものとする文化的事項として建築と一体化するものなのである。

私たちは、まったく同じ現実において、ゆっくりとした時の流れと、速く過ぎる時の流れが共存することを認識するとき、場所は、その空間的な位置における特有の状況や身近な存在としてだけでなく、時のゆっくりとした経過とともに歴史的に蓄積してゆく過程から生まれる。それは精神的にも、地域の普遍的な文化的価値の蓄積として歴史的時間を越えて、重なり合ってゆくことなのである。場所の建築は、物質的にも精神的にもその属性と歴史的な現実性を再創造する。しかし、場所は建築にとって条件として、明確に確立されている過程において一定の質を押し付けるものでもある。

このことが、微妙であり、また表層的な文脈を取り付けることなく、建築に対して様々な起源をもつ重要な伝統を利用し、かつそれらを強化する。

たしかに、さらに表層的に存在する敷地の状況だけでは明らかにはならないが、それでも場所は、深く人間が確かに存在していることを高め、人間の生活の座標を創造し、かつ再創造することによって現実を積極的に変容させるように展開してゆくものなのである。

場所とは、存在と価値に吹き込まれた領域としての「場」であり、矛盾と人間的な属性が沈殿している「場」である。従って、「場」とは意味をもつ構造として存在しているという事である。このようにして構想された建築は単に技術者の美徳や個人の創造的技術にのみよっているものではない。むしろ伝統と現代社会との間の複雑な潮流を強化し、意見を表明できる教育と責任感のある感性によって支えられている建築家が存在し活躍してきた結果なのである。

場所からの服従を受け入れるのではなく、実際に個人的および社会的生活にとって本質的な段階を認識するところの倫理的な原則である大地の価値と連携し、その限界まで地理的様相を強化するのが建築なのである。

建築とは、つまり、コンテクストの内部自体を織り込み現実を創造する。そこでは限界は曖昧になり、その限界を超越してゆける。そのとき、建築は歴史という枠組を織り交ぜてゆくのである。この展覧会（コロンビア建築家協会が対外的に行った展覧会：編者註）は、物的環境の要点に追加された但し書きが一切なく、都市や地方の敷地にただ単に散在する抽象的な作品のために実施するのではない。むしろこの展覧会は、どのように建築が場所により、自閉的な性格を克服し、このことにより独自の詩的な力を露わにする事ができるのか、そして建築に特有の意義を社会に発することができるかを実証する機会なのである。この展覧会はある一つの瞬間なのである。巧妙であろうがなかろうが、自らのものでない世界や、おそらく自らのものであってほしくない世界に属したか、あるいはこうした世界に到達したということを私たちに信じさせようとした、ほとんど意味のない覆面そのものがもつ姿を再び強調する瞬間なのである。

もう一つの方法として、現実を超越する建築によって、いわゆる先進国と私たちを分離する経済的・技術的な溝を展望することが中南米で可能であることを、私たちは認めることができる。教養を伴う思慮深い方法により、地域の状態や場所の意味を認識する建築とは、現代的な状況に対して敬意をもたらす。こうした建築に対して接近してゆくときに、逸脱しているが、避けることができないグローバルな問題から必ずしも距離を置く必要はない。建築作品に対する批判的検討と建築の外観の微妙さに関する検証を通じて、おそらく建築が記憶すべき永続的性質を獲得する道が拓かれるのであり、孤立を実践することではない。

思い出、愛情、直感または喚起は私たちの遺産であり、それは普遍的な知識と混ざり合うが、通常私たち自身の豊かさと、明らかにされていない地理とが混ざり合っている。

これまでは期待されていなかったということには触れずにおくと、私たちのもつ遺産は主要な事実を生み出す可能性がある。私たちの遺産はグローバル化の歪んだ影響に対抗し、同時に自分自身の創造性に賭けてみる瞬間において決定的な要因となる。

たしかに必要ではあるが、当初からすべての選択は気ままで自分勝手なのである。

したがって、選択することは議論を呼び、非常に妥協的な行為なのである。なぜならば、そこでは労働としての権力が行使されており、権力があらゆるタイプの結果をもたらせるからである。建築家の仕事は、主観的な評価や反対の見地から影響を受けやすい。しかし、慣例的に理解されるように、それが単に建築に関わる好みの問題ではない。これはライトが主張したように、好みは知識を危険に陥れる微妙な問題であり、それ自体、実質的に人々の生活を変え、生活を低下させ、あるいは高めるからである。建築の仕事は日常の身体的行動に基づく思索や評価の問題だからなのである。それ以上でもなければ、それ以下でもない。

評価は、信念と客観的な経験から推論された一人一人の構築物であるという傾向があるだけでなく、渇望と個人的な記憶から生み出されるものなのである。これは、評価という作業は歴史学の専門家やアドバイザーが述べた詳細な議論の記録が無意味なものになるという状況からも推論されるからである。いずれにしても、選択された同じ作品にも多くの見方や多様な特徴があり、合理的な判断を強めてゆく過程において、は

9 タピオの田園地帯の住宅、クンドマヌカ県（建築家：ロへリオ・サルモナ）
1981年（Photo: Sergio Trujillo J.）

10 コロンビア建築家協会ビル（建築家：ロへリオ・サルモナ）
1976年（Photo: Sergio Trujillo J.）

るかに多くの価値を含め、微妙で中間的な差異を超越して作品を理解することになる。そこで場の概念から、場の解釈が詩的なレベルに達し、空間の感情的および感性的経験を通して初めて得られるかなりの数の建築作品において、極端な表現が見られるものにまで選定の対象が広がる可能性がある▶9▶10。

伝統

過ぎ去ったものに敬意を表し、また現在および未来の疑問にも対応しながら、この展覧会を具体的に判断すると、約3年間の作業を行っている間、コロンビアの建築家にとって重要な活動領域を網羅するということを繰り返し述べておくことは必要なことであった。ここでいう建築家の活動とは、様々な種類や規模の建設事業を計画し構築することである。我々は、他の専門分野の多様性を重視しないということを意味している。

実際に私たちは正統性を求めている。それは、コロンビアにおける近年の建築の歴史における美や強さを示す一環として理解しているからである。この意味で、少し例を挙げるなら修復、景観、設計および都市計画や地域計画など、建築にとって同様の理論および歴史などの領域は、この展覧会のために考えられたのではない。私たちが願っているのは、ただそれらの選定された作品の多くにおいて明らかに示され、隠された真理が認識されることである。

私たちが用いた枠組みを考慮すると、展覧会のために作品を区分するために、単に現代的な正統性を示すために過去から持ち出してくることのできる分類方法を採用することはできないのである。建築作品の規模、建築言語、建築の地域、または建築の材料に関しても全く言及されない場合、一般的に建築は機能的な目的によって決定されるが、それは極めて相対的で一次的な概念でしかない。控えめに言っても、これはまったく無意味だろう。我々はむしろ作品群の関連性を重視した。私たちの考えでは、判断基準とは選定された作品に備わっている、意義のある質に結びつく評価なのである。

私たちは包括的になろうとした。そして作品が持つ有力な属性に従って作品を分類した*。しかし、ここでの分類はレビューした作品の選択と除外を導く基準から主張される解釈の議論に依っていた。この過程で

*本書作品編において作品の分類は日本の読者に向けてハビエル・ペイナードと北尾がテーマに従い6のテーマに再分類を行った。従って、“Architecture in Colombia and the sense of place The past 25 years; Srquitectura en Colombia y el sentido de lugar Los últimos 25 años”に意図されていた作品の順列とは異なる。

私たちは、曖昧な抽象的な判断に基づかないようにする過程を意識的に進めていった。可能な微妙さ、強調、多様な解釈について基本的に関連している質がある。こうした質に関して、場所の概念は建築の実体に行き渡り、場所の概念は、建築の深い美や建築の究極的な存在理由の妥当な一部分としての役割を担う。

作品の分類は必ず人々のもつ価値に訴えかける。その価値を私たちは非常に充実したものだと考えた。ここでいう価値とは、すなわち建築自体が備えている価値であり、同時にその場所に固有の性質と関係のある価値のことなのである。

まず、はじめに、私たちは限界の解体について言及する。例えば、私たちは建築と建築の位置の可視的および不可視的な座標の間にある対立を壊す可能な様々な方法について触れておく。それは、建物の周辺との関係を快く、そして、おそらく記憶に残る関係を構築しながら対象物の条件を相対化する能力のことである。また反対に、変化する領域の不正確さを提言することでもある。透明さと明るさに関するカテゴリーとして、私たちは、空間の流動性に関する本質的な追求ができ、材料にかかわる課題を地理または都市との関係を強化することを可能とする建築に光を当てようとした。

その上で、近代空間に対する歴史上における最も偉大な勝利の一例を探求し、それを展開してゆこうとする関心に対して、相対的で多様な価値観を確立してゆく事を推し進めてきた。そしてこの展覧会は、微妙な議論への貢献であり、そして必ずしも保護される必要性のない実用的な性質をもつ物理的な境界において相互に融合することに対する貢献に繋がった。建築作品が一般社会と再び出会うこの展覧会で、私たちは、中南米において最も優れた建築家グループを有しながら、また明らかに最も醜く混沌たる都市を有することで知られたこの国において、この四半世紀に起こった激しい変化を強調したいと思う。

我々が対象とした期間に起こった変化は、都市開発事業に関する主導権に関する国家の役割の劇的な変化が起こったという事である。この劇的な変転に際して、様々な規模の活動に対応した事業展開の可視化された道程が現れ、コロンビアにおける都市生活の再生を目指す長い過程をどうにか開始することができた。我々はこの状況を追跡したといえよう。

建築の場所とその前提条件は、潜在的であれ顕在的であれ、どのように建築資材や建築家の精神的な蓄積が建築に向かうのか、そしてどのようにして動機へと転化するのかを示す。このことは創造の核であり、建築により顕在化される課題の構成要素となるのである

展覧会では、様々な建築作品は伝統と現代の生活の間に明確に潜在的な媒介する微妙な系が存在することを探求した。建築にとって普遍なる挑戦のために、簡単な道を避けなければならない。典型的な文脈至上主義と解体の導入を通じた克服は一般に環境を打ち壊すからである。

コロンビアおよび中南米において、日常生活は地勢と非常に親密で直接的な関係によって営まれる。そこで建築がこうした観点に対して無関心でいることはあり得ない。

それは活力に溢れるということであれ、この地域の暴力的な自然災害によって苦しめられたという歴史に由来するということである。または、地理的な文化に辛うじてもたらされた不屈の美しさが依然として存在するためである。地域に固有の要素に対して建築の形態や空間体験は構造的な変容を強めてゆく。

詩的な価値として、多様なあり方で、地勢と関与している数多くの建築物が存在することを確認する作業は楽しいことなのである。私たちにとって、現在の最も重大な課題のひとつは、ヨーロッパに対する画像的な(ヴィジュアルな)遺産を乗り越えることである。このことで、主題と建築作品の間にある距離を特殊化できる伝統に根を下ろすことができる。抽象的な美学と一般的な美学への評価への依存を減少させることを誘導できるようになるのである。

展覧会場を歩いて通り抜けることで、私たちは多様な感覚を伴い、情緒的で記憶に残る体験を提供できよう。知覚的な蓄積として展覧会を読み取ってもらう事を意図した。そこで生活に関わる建築について徹底的に研究した注目すべき探求に光を当てようとした。それは存在している事の喜びとして、また建築芸術の力強さを示す証拠としても価値ある経験となるからなのである。形態的視点と物質的視点からの考察によって、私たちはコロンビアの建築には非常に地域的な伝統によって共有できる何かがあるということを明確に示すことを意図した。建築の形態と構成の基準に関していえば、こうした建築的な再度の精緻化・検証は建築の

可能性と限界に関して鍛錬された議論を形成した。それは特に、地域の建築資材と技術(なかでもレンガを活用した建築に関して)に現れたのである。

この展覧会は、最も純粋な美学や伝統の視覚的性質を、広範囲の教養の高い人々のためだけでなく一般の人々の生活の根源と関連づけるための努力でもある。ここで取り上げられた作品は特徴のある建築類型とスケールの概念を打ちたてている。地理的および都市的環境とが交錯する非常に繊細な関係を備えている。この展覧会で行った分類は、イデオロギー的な賭けを伴うことは自明のことである。領域を事前に区切り、一群としての評価を行ない、選択する作業の方向付けを定めた。こうした作業の究極的な目的はコロンビアの建築に関する国内での密度の高い言説の発展に寄与することなのである。建築家の倫理的、創造的、および政治的責任として、この展覧会は本質的に適切であり、また必然的でもある。そして、望ましい場所の構想に関する問題を提起することが期待できるのである。

多くの上質な異なる質を備えた建築作品が、私たちの選定した作品群から欠けていることはありえることである。それは私たちの判断において、基本的に肯定されている関心事に対して実例とはならないからなのである。

しかし同時に、暗に願うことは、あまりに寡黙とならずに、私たちは、出版物やビエンナーレ、コンペでみられる大きな議論を巻き起こした作品を含めて、近年コロンビアで建設された相当量の建築物から、明らかに見て取ることができる。混乱と軽率さという重大な危険があること、この展覧会での多くの作品が除外されたことや、選定されなかったこと

11 チューダー様式の建物のレンガのディテール、ボゴタ
(Photo: Sergio Trujillo J.)

を通じて指摘したいと思う。過去の作品、出版物または過去の認識によって正当化された、ある意味で安全な回顧的な展望に基づき、この展覧会に関する議論を構築するとしたら、それは極めて容易であり、ほんどリスクを伴わずに済んだといえよう。

知的な密度が十分でないことと、イデオロギーにおける対立が欠如していることは依然として嘆かわしい現実があるということを示している。これは、教授職の専門家達、出版社、あるいは評価を行う人々の間に、どこでも存在する状況なのである。結局のところ、こうした状況は通常的な考え方を形成しモチベーションを直観化するという混乱した状況を生み出す。実際、私たちがコロンビアの建築物や都市を通じて、我々自身をひとつの国とする見立てを得ることが可能であり、かつ人々が、望ましいと確信する場合において、この展覧会の意義は、建築における国際的な状況において容易に特定できる、でき事や状況と関連しており、過去25年間にわたる多様な影響が建築に生じたという証拠として、コロンビアの複雑な歴史に建築の生命を追記したことだといえる。

また、私たちは、若者をはじめとする人々が時代の断絶または継続性を区別できるように、1980年代直前に遡り、近代的な伝統の一部として実施された代表的な建築作品を取り入れている。

私たちは、コロンビアにおける建築史の座標、そして都市および地域の建築物を無視することは容認できない。これは、無知に立てこもることであり、同時に傲慢でもあるからである。時とともに、この無知は価値と経験という豊かな遺産によって強化されてきた。その遺産は、私たちに簡素という厳格さ、またはその隠れた恒久的な価値を貧困という状

12 ボゴタのチューダー様式の典型的な住宅
(Photo: Sergio Trujillo J.)

況により、避けることができなかったという結果としてではなく、遺産は生活を向上させる価値として語りかけてくるのである。この展覧会は、地理が建造物の価値を高めるという示唆に富む可能性を明確に私たちに示した。地勢は我々に支配される必要がある敵なのだろうか、それとも文明の絶対的な条件なのだろうか？

建築は私たちの日常生活に情緒をもたらし、高めてくれる可能性がある。展覧会で選定した建築作品は、我々人類に必要なシェルターとしての単なる建築の語彙集であることをはるかに超えたものであることを教えてくれた。コロンビアで最高の建築は、もう一度繰り返すが、問題は過剰な形態と予算ではないということである。固執と忍耐を備え継続するために慎重に自らを守り助ける人々の集団において、空間および領域にかかわる地域の文化と素晴らしい地理の稀な素質をもつ結合による状況から構築することなのである。

本質的な固有の文化を守ることに固執し、そのために抵抗することに、私たちすべて、それは市民としても、また建築家としても駆り立てられるのである。もし、計り知れない運命を超えて、ラテン・アメリカと中南米およびコロンビアで生きるならば、我々には一定の挑戦が提供されている。ここでの挑戦とは、理解し取り入れることを学ぶことのできる可能性のことなのである。コロンビアで建築文化に貢献することは簡単ではない。情熱という努力が要求される。

建築は真に人々の日々の生活を蓄積している。私達は建築を介して認識され、同時に私達は、建築を通して自己を見つめる。建築は私達の時代の制度が適していないことや、論争から生じる社会的な合意との差異を証言するものである。建築は人々に養分を与える記憶であり、私たち自身を怠慢と依存から浄化する遺産なのである。しかし、建築は未来に対する揺るぎない信頼であり、破壊の無意味な眩暈に対抗しようとする。寡黙ではあるが確実な賭けである。これまでもそうであった。

第 4 章
ボゴタの都市化と都市政策
境界領域を巡る論考

Urbanization and Governance of Bogota:
Discussion on the Urban Periphery of the City

ハビエル・ペイナード Javier Peinado

はじめに

ボゴタはアンデス山脈に位置する人口約800万人の巨大都市である▶1。安定した気候が年中続く、この都市の人口密度は約200人/m^{2}である。ボゴタの都市域は20世紀に大幅に拡大した。20世紀に至るまでの過去300年間に都市はほとんど拡張しなかったが、20世紀以降に、過去300年間の3倍以上に都市が拡大した。近代を通じて都市の境界領域は特別な場所だった。そこでは大きな変化が常に起こり、時間とともに変化してきた不安定な領域である。しかし、同時に新しい生活環境を提供する可能性を見いだすことができる。

境界領域はボゴタの近代における社会情勢や経済状況の厳しい時代を経て、都市の統治に関して創造的な実践方法を伴った都市部として認識された。これはグローバル化に対応してきたことを意味している。都市計画の方法に複雑な変更はあったが、人々が社会に所属するという意識をもつことを促進することや、都市文化に対する意識を啓発する先進的な方針を取り入れてきた。ボゴタの取組みは、良識的な技術研究によって裏付けられ、優れた経済戦略を伴って持続可能な都市政策を実現してきた。

過去50年の成長期の成果には、社会に有益な側面があるが、ボゴタは近隣の市町村と、都市の空間的展開、人々の流れ、資産の流れ、さらに廃棄物の流れに関して軋轢が生じた。ボゴタに隣接する自治体との間に生じた課題への対処が必要となった。本論で扱う課題は、ボゴタの都市圏の境界領域が混乱状態にある事に対する発展的な解決方法を議論する。特に現代都市の変化という視点から、変化の作用を受けて生活環境を実現してゆくための条件をどのように創り出してゆくのかを、都市計画の一環となる行政的な観点から議論を展開する。

論点

都市開発および都市計画の連続的な変化に関する議論を1950年代に遡り検討する。この時代に、都市計画家のカール・ブルーナーはボゴタ市の都市計画局に在籍した。彼は静かで良好な衛生条件を備えている美的な都市像を描いていた。この都市計画の概念は近代的なユートピア思想と関連する都市像に積極的に置き換えられ、法律を用いた高度な規制と基準を備えていた。1970年代には都市計画は新古典主義経済のアプローチを用いた手法へと転換された。この転換期には社会的な目標を達成するために政府が大きく介入し、住宅にかかわるマーケットは制約を受けた。

次の時代は、ミレニアム(千年紀)に至る過程で新自由主義のアプローチが採用された。規制の撤廃により民間セクターの活動を刺激することが行われた。

このように蓄積されてきた議論の上で、市の政策転換に関して、市長の交代による行政的な変化とともに議論を展開してゆく。具体的には、グローバルな新自由主義という国際的な状況と、それに対応して、社会的なコンセンサスに基づき、強制的な手法によらず、政策目標を実現してゆくための方法や法律、さらに文化および倫理の統合に関して、ボゴタでの経験を議論してゆく。ボゴタは都市圏として取り扱うことができる。都市の周辺部は、将来の巨大な都市計画事業の対象となる可能性がある領域を含んでいた。都市の境界領域は都市の統治や産業に関わる新しい課題への挑戦をする場所として扱われるべきなのである▶2。

計画の順序

〈主題その1〉

都市の周辺は空間的には側頭部にあたり、複雑な変換を生成する本質的な能力をもつ。

20世紀初期の数十年間のボゴタの成長には都市の機能や役割に関して明確な一貫性は見られない。都市は限定的な事業や都市全体と関係のない事業により発展してきた。

1933-1949年に、オーストリアから来た都市計画家のカール・ブルーナーはボゴタの都市計画部門で管理・指導する契約を結んだ。彼は大学教授としての役割もあったが、優秀な都市計画者で「都市学のハンドブック」を作成した。彼の都市計画に対する考えでは、都市とは自然と相互作用する芸術品であり、緻密化や公衆衛生を実現し、すべての国民にとって質の高い都市空間に見いだせる楽しみを優先していた。

ところが、過剰に「合理的」なアプローチを追求したCIAMのマニフェストに基づく都市の総合計画に対してブルーナーの都市計画は不十分と見なされて批判の対象となった。さらに1948年に勃発した大衆暴動(ボゴタソ)で都市の大半が破壊された時にボゴタ市は新たな監督者を任用することを決定した。

ル・コルビュジエが1949年にボゴタ市と都市計画を作成するために契約をした。この時代のボゴタは最も近くの海に面する港から1,000kmをこえる山岳地帯に位置する活気のない都市であった。当時、ボゴタが50年後に200万人の人口規模のコロンビアの首都となるという予測をすることは合理的な判断とはいえなかった。ル・コルビュジエは、CIAMの原則に基づき、「バタフライ」が羽をひらいたような構造がボゴタにとって機能的な側面から適切な都市の形態であると考えた。新国際空港と植民地時代の市街地中心部を結ぶ、エルドラド大通りの建設を提案した。コルビュジエはこの大通りに沿って住宅地、官庁街、商業地、工業地、大規模なレクリエーション地域を設定した。この大通りの南側に多く住んでいた労働者と北側に多く住んでいた資産家等が出会うバッファゾーンとして、大通りを設定した。このことは結果として、富裕層や高額所得者が都市の北部に居住し、低所得者はエル・プエブロと呼ば

1 ボゴタの中心部の都市景観(Photo: Javier Peinado)

れる都市の南側の地域に住むという、都市構造を固定することを導いてゆくことになった。今日のボゴタは、所得階層の分離の傾向が今も継続しているが、800万人を超える人口を抱える活気のある都市となった。

都市計画家のウィッセナーとセルトは、都市計画局の局長のリッターと共に、コルビュジエの勧告を取り入れ、ボゴタの都市計画に関して下記の基準を定義した。

・建築規制を厳密に適用しゾーニングを取り入れる。
・道路の階層化をすすめ、車と歩行者を分離する。
・都市のエッジを定義する。
・地域計画と近隣生活圏に関する課題を取り入れる事の必要性を確認する。

20世紀後期にボゴタは輸送、建設、ICTに関する技術を用いた都市の現代化の課題に着手した。都市問題を解決するために、都市の構造的な開発を促進し、統合する必要性が確認されたからだ。統計や国勢調査を考慮し、また根拠として都市計画や都市開発事業を通じて機能的な都市

2 ボゴタの境界領域（北尾靖雅撮影）

を高めてゆく方向をめざした。新しい法律と諸規定は都市開発事業を制御するものだった。物的で機能的に組織化された開発事業を通じてすべての市民に一定の環境水準をもつ公平な都市建設を推進することが公的に定められた。公共と民間の領域を対象に、詳細な法体系を用いて良好な生活環境の質の獲得がめざされた。周辺市街地に関する公式見解、すなわち人間の生存に関する取組みのプロセスは常に試みられていた。しかし、この事は実質的に無視された。例えば、都市の南部の丘陵地帯のアルメニアのような違法入植地、あるいは西部のヌエバ・ティバブエスのような湿地帯での開発事例を挙げられる。これらの地域では住民組織の形成や技術的な創造性により都市的環境の整備が可能となった。しかしこれらの地域は単に生存可能な居住地に過ぎなかった。

ボゴタは歴史的中心部と周辺の小規模な集落群を都市的な構成の起源としている。この状態から都市の変化が始まった。そして、周辺地域の展開と競合が起こる複雑な領域へと変化した。大都市として生活環境の改善が必要となったので、ICTやBCHのような住宅供給機関が設置された。そして公共サービスの提供に関する研究が行われ、電話と電気事業を担う国営企業が創設された。しかし、これらの企業はごみ処理事業と水道事業と同様、新自由主義の時代に民営化された。公共交通機関に関しては、1940年代の末に、個人起業家が公共交通機関の運営を始めた。これらの起業家は公的機関が保有し管理するサービスを確立しようとする政府の動きに対して積極的に戦った。ところが、こうした状況は大規模な環境汚染や社会基盤を悪化させる方向に作用した。

こうした状況下で、輸送のための新しい社会基盤の整備が優先され、新しい道路や再開発事業により、貴重な建造物や都市空間は失われた。都市空間の記憶を留める建造物が犠牲となった。一般的な関心もなく、開発に係わる調整は無視され、建築業者と民間開発事業者に対抗して行われた行政サイドの都市開発の誘導措置により、断片的に構成された都市空間が形成され、市街地の余白領域を含む都市形成が展開した。この状況は特殊な地域をより特殊化し、人々に人気のある地域をつくり上げてゆきながら、都市は膨張していった。

1930年代から1960年代にかけてボゴタの都市計画や都市開発事業は、欧州をはじめとする経験を読み込むことに力点をおいたアプローチが採用された。具体的にはカール・ブルーナーの都市計画とコルビュジエの1950年代初期の計画、さらにウィセナーとセルトが関与した都市計画である。

コルビュジエの都市計画を導入することは、全く形式主義的かつ機能主義的で「バタフライ」の形式をもつ都市構造がこの性格を示している。ブラジリアでルシオ・コスタが用いた「鳥」のメタファーと同様に「バタフライ」のメタファーは、近代主義の理想主義的な前提に盲目的に追従している。美とはそれ自体がある種の固有な一貫性のある最高の状況を備えることであるという近代の前提が根拠だった▶3▶4。

CEPALが展開した方針の矛盾は1970年代に明確になった。CEPALは非都市地域の経済を強化することを、生活条件を獲得するための最も適切な方法と考えていた。当時、都市計画家達は農村に暮らす人々の繁栄を求め、同時に不規則で「自然発生的」な居住地の拡大を無視した。健全で持続可能な経済体制を確立するために世界銀行のミッション・コロンビアの一員であったカリー(後にコロンビア国籍を取得した)は、都市の政治経済的な合理性に従うべきであるという主張を行った。そして変化を誘発した。彼はボゴタに対して積極的な提言を行った。ボゴタの都市化は都市の発展に重要な要素と見なされた。カリーの提言は下記のようにまとめられる。

・公共交通および歩行者の優先
・無秩序な都市の拡張の規制
・フレキシブルゾーンを用いた土地の多目的利用
・雇用と社会基盤整備を発展させる住宅建設の促進
・「都市の中の都市」のネットワーク化
・職住近接をめざした働く場所の分散配置

カリーの提言は部分的に採用された。1979年のAcuerdo7(Acuerdoは合意を意味する)の「総合開発のための総合計画」により、20世紀末までに導入する都市開発事業が策定された。具体的な事案の確立をせずに、市街地の高密度化と都市周辺領域と都市境界領域の定義により、都市計画の目標を確立した。事業開発の制御により都市計画は都市の端部との関係を確立し、都市と地域の相互に作用する広範囲な地域を制御する対象に含めることができた。カリーの提言のなかで最大限に採用された提案は一般市民の貯蓄から金融資本を築く目的を持った住宅供給を担う組織を構築することだった。住宅建設に対する投資を魅力的な対象とするために、住宅供給を担う企業はインフレに対抗するために、スペイン語の名前でUPACという貨幣単位を扱うこととした。この方法は「定額獲得力を担保した金融システム」とよばれ、貨幣単位を指数化して運用する。この制度により、個人の住宅投資に対する規制が緩和され、住宅の品質の管理をマーケットの力に委ね、一方、資本の集積に流動性を与えて、住宅供給における投資が社会的に促進された。

この時代に農村部からボゴタに来た労働者にとって、彼らの子どもたちが近代都市社会に適合することで、よりよき生活環境を期待できるという魅力があった。ボゴタの都市周辺部は、法的に担保された入植地と違法入植地の両方が拡大した。1990年代に向かう1980年代はボゴタにとって最も厳しい時代であった。統治と規制の間にあるべき結合が壊れ、問題に取り組む市当局の能力が失われたような状況となったからである。

そこで、3つの活動方針からなる住宅政策が採用された。1)住宅の新築や住宅の改良、2)都市周辺部の居住環境の向上、3)新たな地域を開発するための整備用地の提供、であった。

住宅設計と住宅建設事業に民間資本を導入し関連させる興味深い実験が含有されていた。背景を考慮すれば、この方法は適切だったが、政府ははるかに実社会の必要性から離れて政治的腐敗が起こり、好ましくない結果を導いた。貧困と社会不安は、失業と経済不況と共に最高に高ま

3 ボゴタの南部地区(北尾靖雅撮影)

4 ボゴタの境界領域の集合住宅(北尾靖雅撮影)

った。腐敗は悪化し、教育制度は劣化し、レクリエーションは不足した。さらに都市交通システムはより一層悪化した。ボゴタの成長による環境条件の悪化が近隣の自治体に一定の影響を与える事が明確になった。

〈主題その2〉
移行期とは、公および民間の問題に影響する開放する力が放出される時である

一方、国際的には都市の役割を再定義する必要性が生じた。競争的な経済原理は巨大都市開発事業にとって都市の発展を促す役割を担う戦略的な方法として都市計画で中心的な役割を担った。

コロンビアには長い期間ゲリラ戦を原因とする暴力、麻薬取引および軍事行動、さらに軍事的な活動がみられる地域がある。こうした状況で農村部の人口は移動を余儀なくされた。その結果、雇用や教育、そして、より良い生活環境を求めて、都市部への人口流入が促進された。都市開発を過去50年に遡り検証すれば、特に低所得者が集中して居住するという問題がある。こうした人々は都市の周辺部すなわち境界領域に住んでいる。ボゴタの周辺部に住んでいる低い所得の人々は、都市に住むことに関する十分な教育を受ける機会がなかった。都市に住むために必要な知識や技術を持っていないので、都市生活に対応する知識を普及させる課題が生じた。都市生活に必要な用件が備わっていない人々は、都市では職業を得られない事が起こる。農村部から移住してきた数多くの人々は農業を知っているが、都市では農業ができない。土地を収奪され土地を追われて都市部に来ざるを得なかった人々も多くいる。農村部の暴力や紛争から逃れて、生き延びるためにボゴタに来た人々も少なくはない。こうした人々はボゴタに住む理由として、自分たちの子供たちには十分な教育を受けさせてあげたい、という気持ちを強く持っていた。こうした人々が農村部からボゴタへと強烈なスピードで移住してきた。都市生活に適したスキルを持たない人々が都市に住むことが、都市の不安定な要因となった。しかし、こうした人々は生活環境を自助努力により改善してゆきたいと願う人々であることを忘れてはならない。ここに希望がある。こうした場所に住んでいる人々は単なる低所得者ではない。

政府は社会開発をすすめ都市の構造を変革し、都市基盤の整備を行い、低所得者が都市生活を営むことが可能となるように取り組んできた。

ボゴタの都市開発の基本形態は他の開発途上国の大都市と大きく違わない。しかし二重経済(公式と非公式の経済)、経済的状況そして人種の違いが居住地の姿に現れる。都市施設や都市サービス、都市センターの劣化がみられる。一方、環境の質と資産を破壊している都市の無制限な拡大という問題がある。汚職と社会性の欠如に対処する絶望的な雰囲気の中で、低所得の人々の都市生活環境が形成された。少なくとも憲法が改正された1990年代初期まで、社会を覆う支配的な状況はこのような状況だった。

そこに、社会の重大な変革につながった2つの動きがある。第一は経済の自由化の過程が深化し加速したことである。政府は全く準備せずに生産、財務、商業に関する規制緩和を断行しグローバル化へ経済を開放した。第二は、統治に関する制度の変更である。1991年に憲法で国の首都の管理に対して新しい状況が生じた。つまり直接選挙による市長の選出が可能になった。これは市町村の自治の拡大という制度的な変更を伴い、多元的な国家形成への道筋をつけた。

1991年の憲法改正はボゴタの都市計画と都市政策に大きな影響を与えた。その顕著なものが、民選市長の誕生である。

市長の権限が高まり、都市開発における市長の権限が政治家よりも高まった。このことは大規模な開発事業に対して影響を与え、都市開発や都市政策の展開に大きな役割を担った。近年のボゴタの都市計画の歴史をみれば明らかである。重要な事業は憲法改正後に多くの市長のもとで登場したが、都市開発は一定の方向を向いていた。

都市計画規制の根拠

人類の共存は合意に基づく。合意は政府、宗教、なんらかの社会的な勢力により確立され、認証される必要がある。それ故に、法的で文化的、倫理的な観点が重要になる。相互に併存する尺度のネットワークの発展により、社会での人々の行動と規範が全体的に調整される。規制はより複雑化しており、費用がかさむ傾向がある。

例えば、それは何かを得てゆく過程を抑制することを考える。実際に効果を得てゆくためには資源が必要となる。しかし、そこには対立の可能性が生じる。ある時点では、規制緩和は有効な手段となる。規制緩和により調整は失われない。むしろ人の手に移行する。調整は政府が担うのではなく、自律的な規制を担う個人の役割が重要となる。明確なビジョンを持つリーダーが必要とされるが、国または都市の発展は一人の個人の決定だけでは済まされない。発展は個人の組織化が重要である。それは、多くの利害関係が相互作用するからである。例えば経済政策や都市計画またはICTのネットワークがある。これらは継続的に都市居住者の関係を調整する空間を構築してきた。

新自由主義とグローバリゼーションの過程は繁栄を生み、世界の諸地域で開発を促してきた。しかし、様々な形での排除が強化され、さらに開発途上国では深刻な社会問題をもたらした。そこで、これらに代わる経済的アプローチや社会的な一体性、生産性、持続可能性を生み出す方法の調査が緊急に必要となった。アンタナ・モックスは1999年に次のように述べた。

「現代、世界において人間の行動を調整するのに3つのシステムがある。それらは、法律、倫理、および文化であり、それらの調和を追求する必要がある。このような調和は、コミュニケーションの相互作用を増加させる手段によって実現でき、政権や市民による明白な価値や行動を意識的かつ自発的に発揮させる方向に活性化させてゆく」。

さらに「習慣やコミュニティの信念の意識的で社会的に可視化され受け入れられた変更は、公的管理の重要な構成要素になり、政府と市民に対する共通の課題になる可能性がある」と述べた。

グローバリゼーションの時代の市長

ジャミー・カストロ市長(1992〜1995年に在任)は、地域議会での地元政治家の駆け引きの規則、財政管理に関する政治家達の制約を定めた。同時に政府は将来の意思決定に対する自立性と持続的な議論の可能性を獲得した。これは一連のボゴタにおける変革の始まりだった。一般的には、新しい政府が始まるときに、政府はある種の新しい計画と事業を始める。ところが、近年は計画および事業の継続が好まれている。このような状況がみられる事は、定期的な評価や新しい考え方や調整を行うことを排除せずに、長期的に自治体の意思の存続が可能になった事を示す。

カストロ市長は弁護士であり、初めての民選市長となった。都市政策の決定は政治家が握っていたが市長の権限が増した。弁護士が法律を活用して都市政策を進めた事は意味があった。カストロ市長は自然環境への関心が高く、持続可能な都市という考え方を都市計画に持ち込むという重要な役割を担った。

次の市長となったのはアンタナ・モックス教授である(1995〜1996年に在任)。モックス氏は大学教授だったので、政治家的発想ではなく学問的な発想を都市政策に取り入れた。一般的に政治家達は任期中に、素早く成果を出す事を考えた。短期間での成果しか期待できなかったが、モックスが市長となったことで中長期的な成果をめざすことが可能となった。モックス市長の関心は、人々の必要性は何で、どこにあるのかだった。モックス市長は必要性をどのように抽出するのかを考えた。モックス市長は学者だったのでボゴタの都市を現実的に把握する事を課題とした。ボゴタの抱える問題に直面し、理解する事にエネルギーを傾注した。モックス市長のもと調査が行われた。結果、市長は2つの重要な発見を公

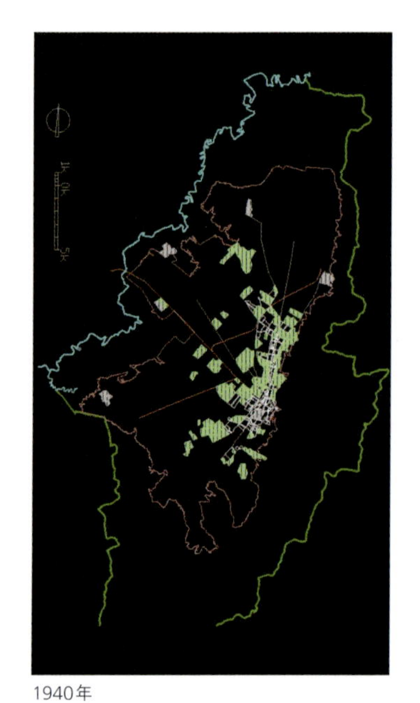

1940年

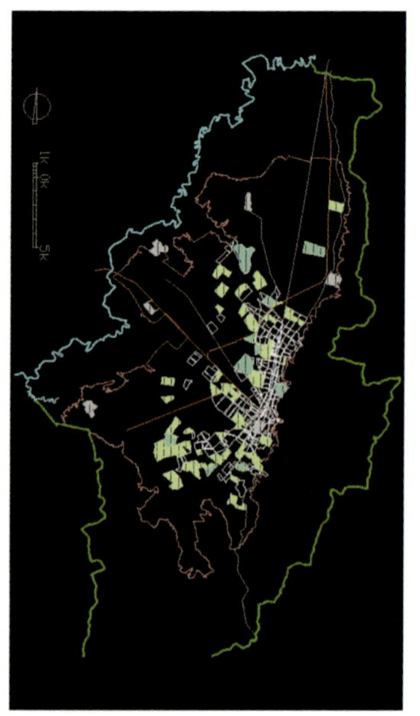

1950年

図1 ボゴタの都市成長の4段階

のものとした。一つは都市交通問題であり、もう一つが低所得者への支援の必要性だった。この2点を明らかにしたことは大きな成果である。さらにボゴタが安全な街でないという研究も行なった。

さらにモックス市長はあらゆる人々があらゆる情報にアクセスできる状況を造り上げてゆく。つまりオープンなシステムを構築する事に大きな役割を担った。空間的な課題として、都市の中で人々が出会うことができる公共空間を創り出す事もめざした。特にボゴタに移住してくる低所得者に対する住宅供給が重要であることを明らかにし、実際に政策を展開した。

彼は、都市のマネージメントに影響するあらゆる課題について、信頼でき体系づけられた情報が欠如していることを発見した。さらに暴力と犯罪という社会における人々の活動に消極的な影響を与える問題の解決は、技術的な検討を背景としている。そして下記のような成果へと繋がっていった。

ひとつは、都市開発の再構築に関する都市計画的な取組みとして、現行のPOT(都市計画)を確定した。次にトランスミレニオによる公共交通機

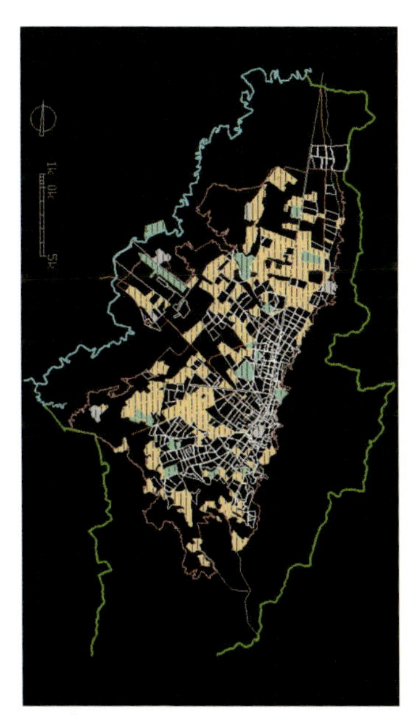

1970年

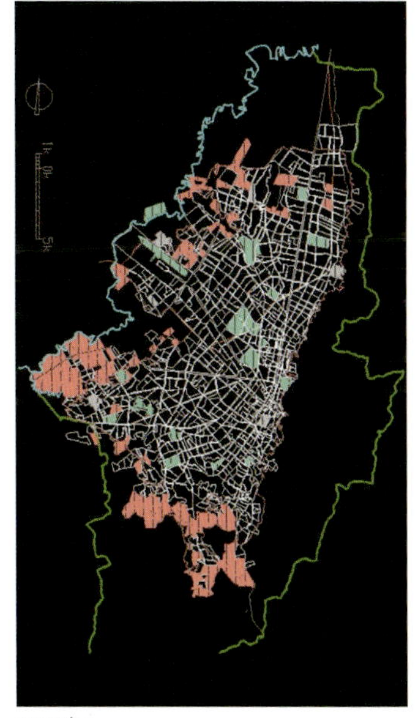

2000年

関の改善、さらに高い水準をもつ環境の入手可能な住宅を提供するメトロヴィヴィエンダという施策である。これらの施策は次の市長の時代に実現した。そして、何よりも人々の間の社会的交流を高め、「都市に属している」という人々の意識を高めることをめざす、多様性戦略という総合的な行動と事業を推し進めた。モックス市長は財政を強化する必要性にも気づき、巨大な都市開発事業等に対する支出を避ける方針をとった。

市長として務めた1年後に、モックスは、国の大統領に就任する選挙に打って出たが失敗し、辞任した。

彼の教員仲間のポール・ブロムベルグはモックス市長(1996-1997年に在任)に続く市長となり、1996年から97年に彼らが構想した計画と事業の実行を開始した。特に彼は、「都市文化」の観察、市民の行動、コミュニケーションの強化、環境問題に対する取組みに対して積極的に行動した。

次代の市長の、エンリケ・ペニャロサ(1997-2000年に在任)は、経営能力と彼自身の信念を健全な思考と統合する能力をもっていた。経済の健全さに加え彼の前任者が提供した情報により良好な自治体を創り出した。彼のアプローチは、望ましい都市に関する概念に基づいている。特に、対象とする人々と都市設計や都市計画事業に関して、子どもを取り込んでいた事を挙げられる。

ペニャロサ市長の主な関心事は、公平さと公共空間、自家用車に対する統制力のある公共交通、環境条件、および公共の快適さを伴う社会基盤を形成することである。彼はもともと技術者だったので、現実化してゆく実務者としての能力をもっていた。彼は特に子どもの問題に関心を持っていた。子どもの視点にたって都市開発事業を実現してゆく能力を持っていた。

ペニャロサ市長が実践した重要なことは、公共交通機関の整備である。市長は、個人が所有する自動車は不公平ではないか?という疑問をもった。公共交通機関を発達させる事により都市における格差を是正してゆく政策を採用した。都市の交通機関の整備には大きな投資が必要となる。そこで、フェネソーラ市長の任期中にトランスミレニオが発案された。これはバスメトロとも呼ばれている。2両のバスが連結されているバスである。このバスはバス専用道を走行する。都市の交通整備にお金がかからない方法で、なおかつ効果的に人々の都市内での移動を改善していった。トランスミレニオとよく似た都市交通システムは南アメリカによく見られ、なかでもブラジルのクリチバが有名であるが、ボゴタの経験はクリチバに一定の影響を与えた。ライト・トランスポーテーション(簡易な社会交通基盤)の整備は開発途上国だけでなく、現在では先進工業国でも用いられている。トランスミレニオは先進的なシステムで、一日に概ね200万人を運ぶ。

公共空間は人々の意思の伝達行為に対応する場所とみなされ、人々の公平さを導く役割を担う。公共交通機関、自家用車、歩行者、自転車、緑と環境保護エリア、公共施設、そして社会的交流を促進するためのレクリエーション活動といった諸空間が相互に絡み合わさる「蜘蛛の巣状のネットワーク」として構想された。

この期間で最も意義深い社会的な達成は、公衆の行動と私的な行動という相互に補完的な領域に関して一定の方針が定められた事と現行のPOTが普及したことである。現行のPOTを策定する過程で、より公正な都市に関する市民合意の形成を追求した協議が行われた。都市計画的には、都市とその周辺部における実現可能な都市像として、2000年から2010年にかけて達成すべき市の事業が、プログラムと基準を伴い定義された。その全体像は、市の構造的モデルの中で具体化される必要のある事として、都市開発の持続可能性、社会的な公平さ、都市の生産性レベルの向上などの長期目標を満たすために、政府が行う必要のある行動が取り上げられた。さらに公共投資、民間部門の行動に関する内容が取り上げられた。一般市民の都市文化の統合を促進し、都市の将来に対して共有可能な都市像により充足されていた。多様な境界領域を持つ市街地の拡張という課題に対して、生態環境の保護や公共交通システムの構築、社会基盤のネットワークによって支えられる社会住宅を優先した土地利用の他、将来の拡張が定義された。以下の3件の都市問題に対する対応が設定された。

1　首都圏の中心地の統合。これは依然として、前世紀の都市計画における「バタフライの胴体」に対応している。

2　首都圏の中心地の北側と南側の地域における住宅地としての基礎的な構造が適正であるかどうかと人口の緻密化を確認する事。これらの地域は「バタフライ」の喩えにおいて、近代に意図された「バタフライ」の翅（はね）に相当している。

3　新しい地域として高い水準をもつ都市計画と都市施設計画により、住宅地を含めて北へ、南へ、西へと拡大する開発計画。

これらの新しい開発地域は、すでに市街地化している領域とボゴタ市の行政の境界領域の間にある未開発の地域の大部分に対する計画である。ここでモックスが再選され（2001-2003年の在任）、再び市長として活躍した。彼の学術的な経験が背景にあるが、様々な諸政策の実現による実績が評価された。モックス市長が第2期目に最も注目したのは都市の安全性を確保することだった。この政策は効果的で都市は安全な場所へと変化した。

多くの市長が都市を統治してきたが、都市の大半を占める低所得者は常に変化を必要としていた。その変化は資本主義的変化より社会主義的な変化を志向していた。具体的には多くの人々、特に子供や子供を持つ母親たちが社会基盤を適切に利用できる状況が必要だった。子どもの視点に立って社会的な発想をもって都市空間へのアクセスを改善してゆく社会基盤の整備が進められた。残念ながら、官僚制度に腐敗も起こり、汚職により市長は収監された。2011年のことである。

ここで明らかなことは、都市開発と都市政策には、前任の市長がどのような考え方を持っていたとしても、都市開発事業は継続することであり、都市政策の継続も必要であるということである。同時に我々は過渡期という時期を意識的に設定する必要がある。過渡期とは公共的なものから個人的なものを開放してゆく過程である。過渡期には社会的な進歩が生じる。これが都市の変化である。変化は様々な場所で起こるが、変化は特殊な点、すなわち限定された地域のみに起こるのではなく、様々に起こる変化は相互に関連しながら起こる。それらの変化が積み重なって大きな変化になってゆく。

モックス市長の統治に関する考え方には以下の3点の重要なポイントがある。それは権力で人々に何かを強要しないとする考え方である。法律、個人、社会との協働が都市の統治には重要である。彼は、こうした考え方が都市開発と都市政策に対して重要であると指摘する。モックス市長の考え方を実現する空間として、街角で人々が様々な活動をしている姿を見ることができる。こうした活動に参加することにより、人々は都市生活を理解してゆく。こうした活動への参加を通じて都市に住むとはどういうことであるのかを積極的に理解してゆける機会を提供してきた。モックス市長やその後の市長は、様々な都市文化の活動を通じて、人々を都市住民として自覚することを啓発してゆく。ここにシビリスト・カルチャーとよべる文化がある。たとえば、ひとつのゲームや遊びを通じて人々に対して都市に住むことや都市生活のあり方を伝えてゆく。こうした啓発活動をモックスは積極的に展開した。その結果、都市環境は改善され都市活動の水準が高まり、ボゴタは安定した都市になった。

モックスは在任中に、環境保護や居住地として不適切な地域への違法な入植の抑制に特に注意を払った。そして、ボゴタという都市に属しているという意識を高め、寛容の思想により、市民文化と生命に対する尊重を高める手段を取り入れた。これは暴力に対処する新しい戦略だった。

こうした行政手法は、都市全域の変化を誘発した。都市人口の大部分が移入者または移入者1世の子孫で、1990年から2000年にかけて、これら大多数の人々は社会に所属しているという意識を高めていった。主要な新聞と雑誌(El Tiempo, Cambio, Semana)の調査によれば、ボゴタで生活することを誇りと感じると述べた人々の割合は、過去5年間で2倍以上になった。

市役所と国の統計局の調査によれば、基礎教育の充足率は98%に達し生命の尊重を啓発する運動も効果を挙げた。1993年には4,400件の殺人があったが、2002年には3,000件減少して、1,500件以下になった。都市交通の側面では、都市内移動にかかる目的地への平均到達時間は35分減少した。生活の質を示すクオリティ・オブ・ライフの相対的な指数は、政策の実施により増加した。2002年には国連開発計画は、当時の都市政策の実施による都市の統治に対して継続している良好で開放的な実践例として認定した。

都市全体に対して有効な都市計画は、特に公共空間のネットワーク構築に焦点を当てて続行された。これらの都市開発事業の資金はすべて税

5 ボゴタの業務地区（北尾靖雅撮影）

6 ボゴタの中心市街地（北尾靖雅撮影）

金と寄付、国家予算からの直接的な交付、対外債権の組み合わせにより調達された。その一方で、モックス市長の在任期間の終わりまでに、人々の経済的能力が過剰になる状況が現れた。増税の必要性が唱えられたが、これに対して国民の不満は高まった。

2004年-2006年にかけて、労働組合のリーダーだったルイス・ガルツォンが市長になった。ガルツォン市長は、物理的な構造物に投資するという政策に対して、低所得者の基本的な必要性に対して十分な対策を講じる事へと政策的な変化を公約とした。しかし懸念されたのはボゴタの地域的な環境と都市自体への影響である。つまり、現行のPOTにおいて十分に考慮されない地域が存在する事である▶5▶6。

都市の躍進

ボゴタ首都区(ボゴタ市)の境界は1958年の設定からしばらくの間変化しなかった。その後市街地は1979年に拡張され、2000年にふたたび拡張された経緯がある。今や、ボゴタの都市領域は44,650haまで増加することが予想されている。市は36,250haの平野部を保有しているが、近隣の市町村が保有する地域の開発に依存した都市の郊外化により都市域を拡張してきた。

一方、周辺の自治体の領域はボゴタの社会的、経済的、環境的な開発により混乱状態にある。その一方、これらの自治体は境界領域の開発に関与することで、地域の利益に関する権利とその可能性に気づいた。国家の介在する開発方式から市場原理と民間主導により実施される新自由主義的な状況へと変化する過程において、資本の集中という側面に呼応して、市当局は巨大都市開発事業により都市域を統合する方針をとった。

この変化は同時に、政府と地域行政主体の役割に関する政策、すなわち行政的手続や政策自体においても変化をもたらせた。具体的には都市域における土地の産業的利用と居住地および社会基盤の整備に関する変化のことである。ここで、形式的で規制の厳しい都市と、こうした規制の周辺に位置する都市境界領域という動的なエリアにおいて、現在の都市文化に関して境界領域で何をすることができるか？　ということに注目する必要がある。

ボゴタ市は20のローカリダーデスと呼ばれる地区に分割され、地区ごとに区長がいる。区長は地区の予算として市から10%(公共サービスの予算を除く)を受け取る。地域行政会議(JALs)は、各地区の予算を配分する。区長とJALsのメンバーは、投票により選出される。区長は、地区が活性し、空間的に全体的な統合性を備えていることを保証する必要がある。ボゴタ市は地域と統合されたシステムをもつが、共時的に動いているとはいえないからである。

ボゴタの境界は明確な領域として定義された「人間開発」の課題であり、その可能性を見いだせる。同時に都市本体の内部に対して同様の質問を投げかけている。都市の境界とは何であるのか？　そして、高い浸透性をもつ境界領域がどのようにして新しい都市開発事業の対象となる場所になるのだろうか？　という重要な課題がある。

結論

一連のボゴタの都市計画は都市開発の管理をめざしてきた。それぞれの計画で都市の改善に取り組んだ。その結果、全体として予期せぬ事態が生じた。ボゴタの市街地の境界領域はそれ自身によって開発され、複雑な変化を生成する可能性があることが明らかになった。非常に厳密に設定されて柔軟性を欠いた市街地の中心部と接続する領域の開発に特徴がある。なぜこれまで都市の周辺領域は考慮されず、常に無視されたのか？

都市を総合化する政策の諸要素は、それぞれの計画に取り入れられていた(特にカリーの提案に含まれていた)。しかし開発が進められると、開発は常に分裂した「場あたり的な対策」に終始した。現代の都市の形態に関する規制は法律を制定して懲戒的(罰則を伴うような)な運用をするという方法から、文化的な基礎を持つ自律的な制御へと遷移する過程を経験している。歴史的な視点から見れば、倫理は、社会の人々の結束力と人々の参加を達成することに役立つということが知られている。

最も重要なことは、過去数十年間にボゴタで獲得された強靭な基盤がある。過去において、法律と規律による規制は居住環境の保証は十分であると思われていた。ところが、これが現代都市には当てはまらないことを、ボゴタの経験が示している。

参考文献

Alexander Christopher, Ishikawa S, Silverstein M., et al., "*A Pattern Language: Towns, Buildings, Construction*", New York, Oxford University Press, 1977

Borja Jordi & Muxi Zaida, "*El espacio público: Ciudad y ciudadanía*", Barcelona, Electa, 2003

Burgess Rod, Carmona Marisa & Kolstee T, "*The Challenge of Sustainable Cities: Neo-liberalism and Urban Strategies in Developing Countries*", London, Zed, 1997

Carmona Marisa & Rosemann Jürgen (ed.), "*Globalization, Urban Form & Governance*", in Alfa-Ibis proceedings Second International Conference, Delft, TU-Delft, 2000

Castells Manuel & Hall Peter, "*Technopoles of the World: The Making of Twenty-First-Century Industrial Complexes*", London, Routledge, 1994

Escobar Arturo, "*Mas alla del tercer mundo. Globalizacion y diferencia*", Bogota, Instituto Colombiano de Antropologia e Historia, Bogota, 2005

Deleuze Gilles, "*Postcript on the Societies of Control*", in "The cybercities reader", Graham Stephen (ed.), London, Routledge, 2004

Fernandez-Guell J. M., "*Strategic Planning of Cities*", Barcelona, Edit. Gustavo Gili, 1997

Fujita Masahisa, Krugman Paul & Venables Anthony J, "*Economía Espacial*", Barcelona, Editorial Ariel, S. A., 2000

Carcia-Vasquez Carlos, "*Teorias e historia de la ciudad contemporanea*", Barcelona, Edit. Gustavo Gili, 2016

Gilbert Alan (Ed.), "*The mega-city in Latin America*", Tokyo, United Nations University Press, 1996

Giraldo Fabio, compilator, "*Ciudad y Complejidad*", Bogotá, FICA Ensayo y Error, 2003

Giraldo F, "*Ciudad y Crisis. Hacia un nuevo paradigma?*", Bogotá, TM Editores, 1999

Graham Stephen (ed.), "*The Cybercities Reader*", London, Routledge, 2004

Hall Peter, "*Ciudades del mañana: Historia del urbanismo en el Siglo XX*", Barcelona, Ediciones del Serbal, 1996

Helmsing A & Herbert J, "*Decentralisation and Enablement: Issues in the Local Governance Debate*", Utrecht, University of Utrecht, 2000

Jarmillo Samuel, "*El Papel del Mercado del Suelo en la Configuración Física de las Ciudades Latinoamericanas*", Paper presented in San Salvador's Seminar of The Lincoln Institute of Land Policy, 1977

Landry Charles, "*The Creative City: A Tool for Urban Innovators*", London, Earthscan Publications, Ltd., 2000

Lungo Mario, compilator, "*Grandes proyectos urbanos*", San Salvador: UCA Editores, 2004

Mockus Antanas, "*Armonizar ley, moral y cultura*", at: http://idbdocs.iadb.org/wsdocs/getdocument.aspxdocnum=362225, 1999

Museo de Desarrollo Urbano de Bogotá MDUB, "*Instante, memoria, espacio*", Bogotá

D. C., 2000

Peñalosa Enrique, "*La ciudad y la igualdad*", in "*El Malpensante*" N° 45, pp.12-33, Bogota, 2003

Salingaros Nikos A., "*Pattern Language and Interactive Design*", in "*Principles of urban structure*", online book: http://zeta.math.utsa.edu/~yxk833/PatternInteractive.html, 2002

Sennet Richard, "*Megacities and the welfare state*", in "Megacities Lecture 7", Amsterdam, Megacities Foundation, 2003

Stiglitz Joseph E., "*El descontento con la globalización*", in Giraldo, F. (compilator) "*Pánico en la Globalización*", Bogotá: FICA, 2002

UN-HABITAT, "Setting up an urban observatory: Nairobi", on-line publication (http://unhabitat.org/a-guide-to-setting-up-an-urban-observatory_2015/)

Wasserman Moises, "*Los ocultos vasos comunicantes entre el conocimiento científico y la ética*", in "*Revista Academia Colombiana de Ciencias Exactas y Naturales*" 100, pp.443-449, Bogotá, 2002

論　考　編

第 5 章
ボゴタの歴史地区の建築遺産
Architectural Heritages in the Historic Area in Bogota

ロレンソ・フォンセカ＆ホルゲ・エンリケ・カバジェロ
Lorenzo Fonseca & Jorge Enrique Caballero

ボゴタの歴史地区

ボゴタはコロンビアの東部山脈にあるボゴタ平野に位置している。この平野の標高は約2,600mである。この平野にはボゴタ川が流れており、ボゴタ平野を流れるこの川はマグダレナ川の支流となっている。本流のマグダレナ川はカリブ海につながっている。ボゴタ川は平野の中央部を流れており、ボゴタの都市部の中心軸を形成している。ボゴタ首都区の面積は1,837k㎡で、歴史地区の面積は都市全体を覆う領域面積の1%の1.84k㎡である。ボゴタの歴史地区は市の中心部に位置し、約5世紀の時間をかけて都市域が構築されてきた。歴史的な地域は20世紀の中頃に、保全地区として指定を受けた。つまり、ボゴタの歴史地区には500年にわたる建築の歴史がある。

歴史地区では約1000年前に存在した村落の痕跡を見つけることができる。欧州人が1492年にコロンビアに来る前に、プレ・コロンビアの人々がこの平野に住んでいたことを示している。

スペインの王室は、1536年にニュー・グラナダの首都としてボゴタを定めた。王家は移民をボゴタに送り出した。そして16世紀の中頃からおよそ250年間、ボゴタは現在のエクアドル、ベネズエラ、コロンビアを政治的に統治する中枢としての役割を担った。

その後、スペインに対する独立戦争が勃発した。この独立戦争後に、これら三カ国はそれぞれに独立した。ボゴタは独立戦争後、コロンビア共和国における地勢的な利点も作用して、コロンビア共和国の中心となり、政治、経済、人々の交流の拠点として、コロンビアの歴史において非常に重要な役割を担ってきた。

コロンビアで、初めてとなる歴史的建造物に関する保護法は1951年に政府が作成した。この法律は国内の34の歴史的地区を含んでいる。ボゴタの歴史地区は、この4年後の1955年の条例に基づいてリストアップされた。ボゴタの歴史地区が条例で確定されたとき、19世紀の建築物が存在したボゴタの中心部の周辺地域に対しても、歴史的建築物の保護対象とした。そして1968年に国家遺産協議会が歴史遺産建造物を保持する目的をもって設置された。この協議会は実行力のある手段を持っていなかったが、この協議会には専門的な課題に対応する専門調査委員会が設置された。この委員会は1978年に都市の保全において重要な役割を担うことになった。

実際のところ、ボゴタの歴史地区を定義することは1959年から1963年にかけて行われた経緯がある。歴史的な地区を抽出するために、専門家達は「サンタフェ・デ・ボゴタ」の古い地図を使った▶1。この地図は、1959年の条例163号における、ボゴタの歴史的街区を規定する時の根拠の一端となった。1810年にヴィセンテ・タレイドとリヴェラによって製作された地図は、ボゴタの歴史的な地区を説明するために有効な資料である▶2。専門家と立法者によって定義されたボゴタの歴史的中心地は、以下の通りに記述された。法律163（項目No.4 S.D.）は、16世紀から18世紀にかけて建設された村落を含む地域を歴史地区として国家遺産に指定することを定めた*1。

そもそも、ボゴタの歴史地区は16世紀から18世紀にかけて形成されてきた経緯をもつ。法律163号では歴史地区に対して、プレ・コロンビアの人々が存在したことを考慮しており、特別保護地区として位置づけられた。こうした事実を背景として、法律163号の項目4における歴史地区の定義を使って、歴史地区は16世紀から19世紀までの間に形成された街路、街区、小さな広場、都市壁と建築物から構成されていることを理解することが可能となる▶3*2。

歴史的な地区を定義するために、植民地時代に建設された建築物は重要な根拠となった。これらの建造物はスペイン建築の様相を持っていた。こうした事情があったので、専門家達が1959年に保存地区の概念を形成してゆく過程において、コロンビアのアイデンティティを発見し、深めてゆくために植民地時代の建造物は重要な役割を担った。

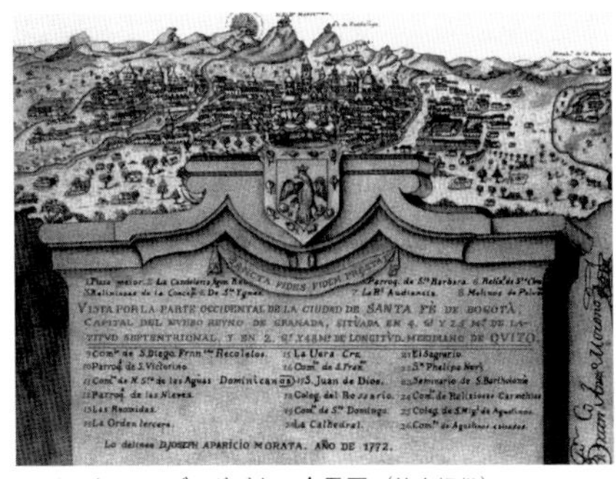

1 サンタフェ・デ・ボゴタの全景図（筆者提供）

2 1810年に作成された市街図（筆者提供）

3 ボゴタの歴史地区

4 歴史地区にある植民地時代の住宅（筆者撮影）

5 歴史地区にある植民地時代の教会（筆者撮影）

19世紀にヨーロッパ諸国はそれぞれの国家が自らの固有性を発見していった歴史がある。ヨーロッパ諸国が国家の固有性を再確認する作業と同様に、20世紀の中頃、ボゴタの専門家達が得た経験は、各々の国で、国家のアイデンティティを発見するためにヨーロッパの人々が建築的な遺産または都市史の側面から、彼らのアイデンティティを探していたことと同じである。例を挙げれば、スペイン政府が文化財を指定し始めたのは1830年代からである。このように、国家はアイデンティティを探していた。

当初、人々は民家、教会、修道院を建設することから都市の建設を始めた。これらの建造物が現在の都市の中心部における最初の建築物となった、と言明できる。実際のところ、この時代に建設された建物が集合した状況を『サンタフェ・デ・ボゴタ』とよぶ。都市となった『サンタフェ・デ・ボゴタ』の名前は20世紀の終わりに一時、ボゴタ首都区を指す言葉として使われたことがある。しかし、現在はボゴタ首都区に対してこの名称を使っていない。歴史地区に存在する19世紀前半の典型的な建築物の写真を示しておく▶4▶5。

歴史地区の変遷

植民地だった時代以降の歴史はコロンビアの社会形成にとって重要なので、独立戦争後の共和制の時代にまで遡ると、この時代に行われた建築事業は、国がコロンビアのアイデンティティを確立することに大いに貢献したといえよう。また、歴史地区を定める役割を担った専門家と立法者が、この時代の建造物を理解することは重要であった。これらの時代に建築された建築物は、現在のコロンビアのアイデンティティの要素の一端を担うからである。しかし、歴史地区を保全する事業と維持する事業は、アイデンティティの発見とは完全に別のテーマであった。

ヨーロッパからの文化が導入されることにより、新しい文化の時代が始まったのは19世紀中頃のことである。このときからボゴタの歴史地区に変化が起こった。さらに19世紀から20世紀初頭にかけて、建築家は都市を構成する建築物の設計に対して歴史的な建築様式を用いた。建築家は個人が所持する建築物を設計するために19世紀初頭には新しい建築言語を使用した。

ボゴタの人々は、それまで使い続けてきた建築を修理して維持することに対して消極的な姿勢をとっていた。むしろ新しい建造物を作ることに積極的だった。社会的地位を示す新しい建物を人々は建設したかったのである。そこで建築家は新しい素材、新しい建設手法、そして、新しい建築言語で建築的な表現をした。

その一方で、政府は公共建築物を必要としていた。政府の行政官たちはヨーロッパから建築家を招聘して、彼らにヨーロッパのスタイルの建築物を設計することを求めた。行政官達が建築を建ててゆくことにより、都市景観を変化させてゆく意図があったのかどうかは、現代の我々にはわからない。しかし、都市景観の変化は政府の行政官達によって引き起こされたことは疑いもない事実である。

政府の公共建築に関する部局は都市環境を整備する業務に対して大きな役割を果たした。行政官達はフランスのアーバン・デザインの方法を用いて、建造物だけでなく都市公園、並木道の街路を都市空間に建設していった。

この時代、古くから存在する既存の建築物を破壊することは、社会的な関心事ではなかった。独立戦争の後、人々のヨーロッパ建築に対する期待は高く、ヨーロッパの新しい建築はむしろ歓迎された。ところが、このような状態が背後にあったにも関わらず、都市を拡張するための計画は作成されなかった。都市人口は増加していったが、都市の拡張事業の結果として引き起こされたことではなかった。人口の増加は都市の中心部において、人口密度を高めることにより引き起こされたのである。

この過程で都市街区を分割していた個々の敷地は4つ、6つまたは、8つというように、より小さな敷地の単位に分割されていった。都市街区のもつ広いエリアは、都市居住者のために準備されていった。都市街区の中には、50以上の小さな敷地で構成された都市街区まで現れた。一方、こうした都市街区の構造的な変容は一種の近代化とも考えられていた。敷地の変化は都市全体の構造的な変化をもたらせた。

20世紀初頭のボゴタには、18世紀以前に建設された古い建築物の50%の建造物が存在していた事がわかっている。残りの建築物は修繕されたか破壊された。このように共和国時代の建築物は都市の中心部に存在していた。しかし1940年代になり、近代建築運動がヨーロッパから伝えられた後に、建築家は近代建築の理論を建築に適応させ始めた。ここに新しい状況が始まった。

保全計画策定のための調査研究活動

社会の近代化のなかで、歴史的な建造物とともに都市空間はボゴタの中心部で消滅していった。急速な都市環境の変化が20世紀の中頃に起こったからである。

この時代の急速な近代化に対して、専門家達は植民地時代の建築物に対して理解を示し始めた。その一方で、建築物を保存する運動は1950年代から1960年代の終わりにかけて拡がっていった。ヨーロッパで展開し始めていた建築物の保存方法を参考として、歴史的な建築物の研究が行われ始めた。そして、古い建造物のリストを作成する作業が始まった。特に、大学の教授や研究員達がボゴタの中心部に存在している植民地時代の建築物に興味を持っていた。

コロンビア文化遺産協会が1968年に設立されたことは非常に重要なことであった。この機関は1959年の条例の効力を評価し、さらに、歴史上重要な建築物と古い建築物を保存するための条件を作り出すことを目指した。この組織は歴史地区の概念を構築するために非常に重要な役割を担った。

そこで、国家レベルの古い建造物を建築遺産として検証するために、建築物のリストを作成することが作業の第一段階となった。それは、建造物の保護に関する議論をするために必要な準備が十分にできていなかったからである。実際のところ、建築物リストを作成することと、国の記念物を指定することとの間には大きなギャップがあった。保護に関する議論が、当時は遺産リスト等の情報を有効に活用する事ができるほど十分に成熟していなかった。

その一方で、歴史的地区(カンデラリア地区)における建築プロジェクトに対応できるボゴタの都市計画での建築規制は全く整備されていなかった。都市の中心地において建築デザインをコントロールすることを可能とする十分な条例が存在していなかったのである。こうした状況を背景に、専門家達は建築遺産のリストを作成するための活動を始めた。

専門家達の初期の調査研究の成果はボゴタの歴史的中心地の写真デー

タであった。次の10年間でカンデラリア協会は、遺産に関わる事業で重要な役割を担った。2000年10月から2001年3月まで、専門家達は保存計画を作成することを目的とする研究を展開していった。専門家達は都市計画(POT)に保存計画を導入することを目指していたのである。なかでもサンドラ・ザバラ氏は2005年にボゴタの都心地区の都市計画として運用できる建築遺産の保護に関する研究を実施した。彼は、文化省とカンデラリア協会に対して指針を与えることを目的として調査研究を展開していった。この研究は歴史遺産の核心を示す研究結果として2010年に集大成された。

この成果によれば、ボゴタには歴史様式を用いる建築運動、近代建築運動、ヨーロッパ人建築家の影響のある建築、プレ・コロンビア時代の人々の建築が歴史地区を構成していることが明らかになった。この研究で特に注目すべき点は近代建築を歴史地区に位置づけたことである。統合されたこの研究成果は、ボゴタという都市のオリジナルな状態から現代に至る都市形成の過程を示すものといえる。

歴史地区における建築物の種類

歴史的な地域の変化を理解するためには、植民地から独立する時代に遡り考察する必要がある。ボゴタはコロンビアの新しい首都となった(1810-1819)。この時期の人々はサンタフェ・デ・ボゴタ時代の建築物を破壊し始めた。実際のところ独立戦争(1750-1800)が勃発する以前に、スペインの国王は科学者をボゴタに派遣していた。このことによりボゴタは南アメリカを代表する学問の中心地となった。こうした啓蒙運動を象徴する建築物はボゴタの天文台(1803年)である▶6。この建造物は、新しい技術と学問がボゴタで育まれようとしていたことを示している。現在この建物は国指定の記念建造物となっている。

コロンビアで文化的な遺産を理解するために重要な観点は、遺産が社会の階層構造と関係しているという点である。つまり国、地域、自治体という階層である。その上で、プレ・コロンビアの時代に生活していた人々が生きていた地域の記念物に関する特色を確認することができる*3。ボゴタの歴史地区は多くの種類の歴史的な側面を含んでいる。たとえば、カメレオン大通りは20kmの長い道で、平原にある都市を突き抜けてゆく。この道を建設するために16世紀-18世紀にかけて存在した数多くの建築物は19世紀初頭に破壊された。そしてこの道はボゴタの歴史地区を貫いている。

新しい国のアイデンティティを強化するために、民主主義を意味する国会議事堂(デンマーク出身の建築家トーマス・リードの設計)が1848年にボゴタの歴史地区に建設された*4。刑務所(1850)と市民広場(1868)は、歴史地区に建設された▶7。一方で、サンタフェ・デ・ボゴタの時代からの都市街区により建築上の伝統は維持された。植民地時代の優雅で大きな邸宅は、共和国時代の初期に建設された。このとき、新古典主義の建築言語を使用することは、建築物を装飾するために利用された。フランス・スタイルの建築物は人々に人気があった。人々は都市にこうした建築物を建設することを求めていたからである。

19世紀の終わりに、コロンビアの大地に生まれた支配階級の人々はクリオージョと呼ばれていた。彼らはヨーロッパの建築家を招聘して、彼らにボゴタでヨーロッパスタイルの建築を設計するように依頼した。招聘に応じたヨーロッパの建築家は、歴史地区(当時のボゴタの都市域)において、彼ら自身の出身国のスタイルの建築を設計した。たとえばイタリアから招聘されたビエトロ・カンティーニは、コロン劇場を設計した。フランスの建築家、ガストン・レラージはエチェヴェリ宮殿を設計した。

1940年代以降、ボゴタに到達した近代建築運動をコロンビア国立大学のプロフェッサー・アーキテクト達が率先して取り入れていった。学生達も近代建築運動を取り入れることを支持した。実際のところ、エコール・デ・ボザールはコロンビアでも1930年代以前は主流であった。しかし、建築プロジェクトにおいて、近代建築運動を適用することを進めたのは、大学教員の建築家や行政官達であった。彼らにとって近代建築運動は、民主主義社会に対する期待であり、近代建築を導入する根本的な理由を民主主義社会に求めていた。コロンビアの建築家協会が近代建築運動を受け入れ始めたのは後のことである。

近代建築を都市に建設することは、ボゴタの都市の歴史において、歴史地区に顕著に現れた状況であった。容易に推測できることではあるが、多くの近代建築物が歴史的な地区に現れた。このことにより歴史地区に近代建築が集中し、古い建造物は減少した。その結果、歴史的街区の都市景観、町並み景観、都市街区などのような公共空間が変容した。

歴史地区にはふたつの特性をもつ建築物があることを確認しておくこととする。ひとつの建築物の属性は、専門家が設計した建築で、歴史的建造物とよばれるものである。もうひとつの建築物は、地元の大工達によって建設された伝統的建造物である。

歴史地区のために建造物遺産のリストが作成されたときに、調査の目的はリストの新しい意味と評価の概念を作ることとなっていた。つまり、遺産建造物のリストを作成することは、評価を行う作業に前もって行われた最初の段階であった。こうした作業の究極の目的は、全体として歴史的地区に存在する建造物遺産の価値を理解することであった。これらの作業の究極の目的は全体として歴史的中心部で建築遺産の価値を理解し、地域のアイデンティティを認識することであった。建造物の遺産は選択手法に基づいて選択され、リストアップされた。

公共空間の変容

都市街区のような種類の多くのアーバン・デザインの要素は歴史地区に見ることができる。これらのアーバン・デザインの要素は、構築された実体的な理由と意図された背景を持っていたので、研究者や建築家がこの研究プロジェクトを行うために、貴重な根拠をこれらの要素は与え

6 ボゴタの天文台（筆者撮影）

7 国会議事堂（北尾靖雅撮影）

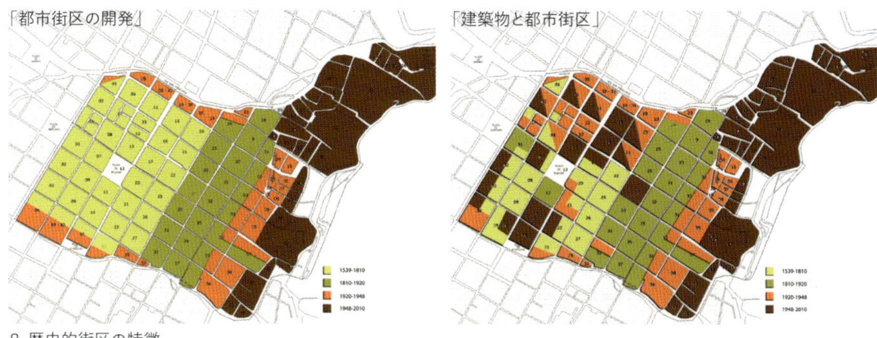

8 歴史的街区の特徴

1 創設当時から植民地時代(1810～1839年)を示す街区……■
2 1810年から1910年に建設された街区……■
3 1920年から1948年の都市改造の時代に建設された街区 ……■
4 1948年から2010年の間に新設された街区……■

(出典：FUENTE; PEPCEB, Fase1, CLC_SKZ, 2005.)

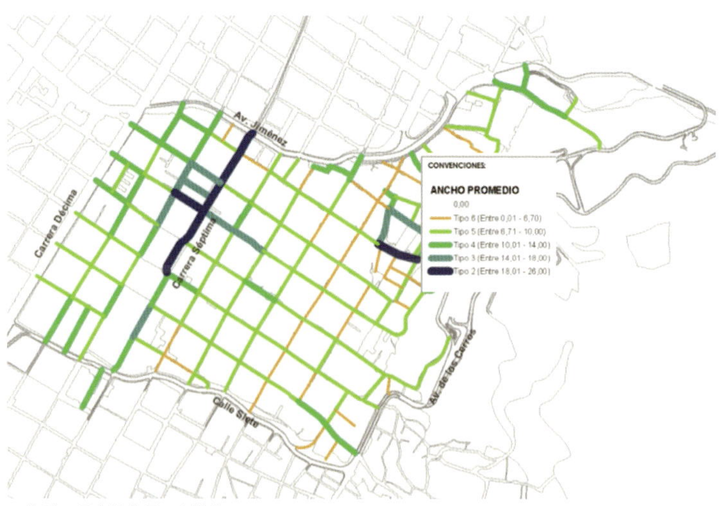

9 街路の歴史的背景の多様性

1 サンタフェ・デ・ボゴタ時代のオリジナルな形態を保持している街路……■
2 都市を工業化に適合するために必要とした運河網とボリバル街路。街路は改造される……■
3 市街地の拡張に対応し、19～20世紀にかけて拡幅が整備された街路……■
4 1948年にホルヘ・エルセル・ガイダンの暗殺の後に再建された街路……■

(出典：FUENTE; PEPCEB, Fase1, CLC_SKZ, 2005.)

た。研究者や建築家は資料と文献を使った研究を行った。その結果として、研究者達は各々の街区に特有の要素を発見した。実際のところ、歴史的な地域の、調和的なパブリックスペース(公共空間)は、都市の発展してきた経歴によって生じてきたことがわかった。

歴史的地区では、類似した種類の建築物が次々と建設されていったので、調和した街路景観が都市街区に現れたのである。このことで、都市街区に高度な都市的な様相が付加価値として歴史地区にもたらされた。

研究をすすめた過程で6つの都市街区が都市の起源と結びつくことがわかった。つまりオリジナルの建築物が街区とともに遺っていたことが発見できたのである。しかし、この6つの街区以外には、こうした歴史の質を見いだすことはできない。それは、前述したとおり、都市街区では敷地が更新されたり、あるいは完全に改造されたからである。

結果として、6つの街区以外の都市街区は、当初の都市街区と比較すれば、完全に更新された事が判明した。多くの都市街区は、もはや十分なオリジナルの状態を保持していない。都市街区の本来の条件を保持していない状態となった原因の一つに、都市街区を構成する敷地の単位がより小さな敷地に分割されていったことが挙げられる。その一方で、都市街区においては、敷地が統合してゆく過程もみられ、都市街区の変容の一因となっている。

こうしたことから、都市計画により建築規制を行う事に対し、都市街区の敷地の状況はあまりにも複雑なのである。こうした状態は都市計画による規制を歴史地区に適用するための障害となっている。さらに、都市街区の空間の質の水準が引き下げられていることを確認することができる。

先述した6つの完全な都市街区を除いて、専門家達は、都市街区における建築的構成と土地利用に関して、都市街区の構造を分析した。

専門家達は、歴史地区にある都市街区のすべての建築物の歴史を調査した。その結果として都市街区の変遷類型が明らかになった▶8。いくつかの都市街区には、建築歴史学的にオリジナルの建築物として残っている建物があることが発見された。そして、いくつかの建物は改造されていた事も分かった。このことから、専門家達はいくつかの都市街区がオリジナルの建築物と修理された建築物から構成されていることを明らかにしたのである。

ここに、当初建設された古い建築物と、その後修復された古い建築物の間には一定の調和を確かめることができる。その一方で、いくつかの都市街区は、都市街区のスケールの改造のためすでに変化していた。ほんの少しの考慮もなく、都市計画と建築基準によって損傷を受けたいくつかの都市街区の例も見られた。新しい建築物や駐車場は重要な都市構造である都市街区を破壊することを促進したのである。

こうした結果を都市街区のスケールで都市がもつ歴史的な痕跡として認識することができる。つまり、都市街区を明確に示す輪郭を形成するために重要な要素となる街路を観察することで、改造された街路はすべての都市街区に影響を及ぼしたことがわかる。歴史地区の街路の変遷が明らかになった▶9。

これまで、都市街区の建築上の構成の評価が試みられてきた。1810年における歴史地区の土地利用状況を分析したところ、個人住宅の数が圧倒的に多いことがわかった。そして都市街区にはいくつかの教会と修道院が存在していた事も明らかになった。この時代には宗教的な建築物は都市街区で大きな面積を占めていたのである。

1800年代初頭に建設された住宅のうち5%が遺り、宗教建築の50%が遺っていると推定できるが、19世紀前半に歴史地区に建設された公共施設は全く存在していないのである。こうした公共空間の状況を写真で見ることができる▶10。多くの種類の建築物のタイプは、空間的に整合性を持たないまま混在している。

都市街区に関して、最も重要な変化は都市街区に駐車場が現れたことである。この種の土地利用方法が現れた事により、歴史地区の古い建築物が破壊されてゆき、こうした敷地は屋外空間となった。

その上、新しい建築物を歴史地区に建設するときに街路の幅を拡げる必要があった。ところが、都市計画はこうした都市空間の変容を是認していたのである。建物の最高の高さを定めたガイドラインは、歴史的地域の公共空間を形成するために、連続的で調和した街路景観を歴史地区にもたらさなかった。良好な都市景観が石畳の街路と建築物のファサードが連続することにより形成されるということは、こうした事情により実現しなかった。建築物の材料や高さが連続的でないことは、調和のとれた街路景観の形成を損なう。屋外空間と建築物の間に生じた空疎な空間が相互に密集することも起こっている。こうした状況を街路で見ることができる。

その他の問題として都市街区の敷地の測定値が狂っていることも挙げられる。これは都市計画を建築物に適用することを妨げている。写真10、11に示す街路景観は、推奨される例ではなく、過去50年間に起ってきている都市街区の問題を示している。これらの変化が過去50年の間に起こってきている▶11。

こうした実例をボゴタの都市中央部にみることができる。ボゴタの歴史的な中心地には実に2100の敷地がある。そのうち600の敷地はこうした種類の問題のある状態にある[*5]。駐車場は都市街区で敷地という区画に関して、調和のとれた関係を崩した。そして、より小さな敷地に分割されていった。また、歴史地区を再構成することが差し迫った課題であることも明らかになった。こうしたことから、過去の都市の街区の姿を参照して活発な建設活動を取り込んで積極的な歴史地区を創出してゆかなければならない。

10 歴史地区の公共空間の写真（北尾靖雅撮影）

11 歴史地区の状況（北尾靖雅撮影）

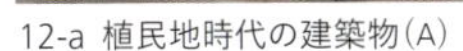

12-a 植民地時代の建築物（A）

12-b フランスの新古典主義建築（B）

12-c 起源をイタリアにもつ建築様式（B）

12-d 起源をシカゴにもつ建築様式（B）

12-e 起源をアール・デコにもつ建築様式（B）

12-f 20世紀前半の建物。初期モダニズムのスタイル（Cp）

12-g

12-h

12-i

12-j

12-k

12-g~k 20世紀前半に建設された近代建築運動にルーツのある建物（掲載している写真はすべてCmの例）

歴史地区の建築のグループ

全体として歴史地区を評価するために建築物の集合形態を定義することは極めて重要な課題である。

この目標を成し遂げるために、我々は地域のすべての建築物の一覧表を作成することが必要であると考えた。これは極めて重要な作業の内容なのである。それは歴史的な建築物は社会の変遷を表現するからである。そして、このことは調査研究に関する核となる概念なのである。そこで、ふたつの特質から建造物を3つに分類することとした。そして建築の属性についての分類上の名称を与えるために、該当する時代の都市(ボゴタ)の名前を使用することとした。

A……サンタフェ・デ・ボゴタの建築(グループA)

ヨーロッパの建築とプレ・コロンビア時代の人々の建築が統合されて完成された特徴を持つ。植民地時代から共和国を建設する時代にかけて建設された建築物が該当する。17世紀から19世紀の建築物で歴史地区に見られる。これらは装飾をもつ建築物である。あるものは、より古い時代の建築物を再現したものであったり、あるものは18世紀の当時の新しいタイプの建築物であるが、より古い時代の建築表現を伴っている▶12-a, -b, -c。

B……ボゴタ建築(グループB)

このグループの建築物は独特の建築言語を使っている。これらの建築言語は他の国の建築に由来するものである。建築家は全く異なるタイプの建築をボゴタという場所の状況に適合させた。こうした分類の建築物は20世紀初頭から1940年代まで建設された。シカゴ派(Bc)、アールデコ(Bd)、折衷様式(Be)、新古典主義建築物(Bn)の建築物はこのグループを構成する▶12-d, -e, -f。

C……ボゴタDCの建築(グループC)

このグループの建築物は、近代建築の理論を用いた建築家によって設計された建築物である。建築家達は都市空間に近代の理論を適用した。それは、近代の建築物は社会に近代性を導入するために必要と考えられていたからである。その一方で、これらの建築は歴史地区では伝統的な建物を破壊することを促進した側面もある。この建築グループは、さらに3つの小さなグループに分けることができる▶12-g～k。

Cp＝近代化の初期の時代の建物

Cm＝近代建築の黄金期といわれる時代の建物

Cr＝近代性が建築物に現れている建物

歴史地区における建造物遺産の分類を行う調査事業において、建造物に対する評価を含めた建造物のリストを作成することは、研究計画全体に通底した課題だった。それは、何度も述べるが、歴史地区の全体の評価を行うことが必要だったからである。こうしたことにより、都心部にある歴史地区の評価が可能となった。

実際には、歴史地区に散在しているすべての建築遺産を評価することに限界があるが、実情を考慮すれば次のことがわかった。

ボゴタ首都区における建築遺産の評価は必要不可欠であるということである。なぜならば、都市の中心部に位置する歴史地区と、その外部にある建造物とを比較する際に、古くからの都市の中心部にある歴史的な建築を評価することは十分な意義を持たないかもしれないからである。

建築遺産保護に関わる真正性

「真正性とは、書物、芸術作品、および過去のあらゆる痕跡に関する信頼のために必要な条件である。したがって証拠なる価値と他の文化的なものの価値はそれらの真正性を基盤とする。良好な固定資産はこの状況を回避できない」*6。

真正性を語るために最も重要な要素の一つは、3種類に分類できる建造物群のそれぞれの本質に関することである。具体的にはサンタフェ・デ・ボゴタの建築群（グループA）は1750年から1800年代にかけて成熟し、2世紀にわたって普及したアメリカ先住民の建築とヨーロッパ建築が混合し、何世紀も経た結果、産み出された建築の形成過程を表現している。ボゴタ建築群は、異国で創造され、ボゴタに流入した建築タイプを採用し市街地に挿入され適応してゆく過程を表現している。コロンビアにヨ

13 歴史地区の建造物に関する調査票の例

ーロッパから招聘された建築家達が導入したヨーロッパの歴史主義建築が出現していった過程といえる。そして、ボゴタDC建築群(グループC)は近代建築運動の原理を解釈して適用し、現実の都市に適応させてゆく過程を表現している。

ところが、近代化は歴史上においては既存の都市空間を破壊する方向を向いており、近代化を推進するための手段として選択された。近代化の過程全般は二つの時代に分けられて理解することができる。はじめは、近代主義を解釈して適用してゆく時代(建築的な伝統と近代主義の概念が混合した時代)があり、その後、近代建築が適合してゆく近代建築の黄金時代(近代建築に固有の建築的表現と技術が成熟した時代)があった。

研究の結果、歴史地区で採用された建築様式の様々な側面には、それぞれの時間軸における真正性があるが故に、歴史地区のもつ全体像を慎重に考慮してゆくべきであるという結論に至った。つまり、各々の建築物は固有の価値を持っており、それらの価値は街区や公共空間と調和していることが価値である。従って、都市計画における規制を適用することに関しては、この点を考慮するべきなのである。

そこで、都市計画上の規制が効果を発揮できるようにするためには、歴史地区の総体的な価値と各々の建築物が固有にもつ価値を認識してゆく事から始めるべきである。各々の建築物は都市計画との連携をもつために特定の役割を担っているからである。

歴史地区をコントロールするために、都市計画局に提案されている政策決定資料として、2つの調査票がボゴタ首都区の都市計画局に提案された。この調査票には、歴史的な建造物として指定するために収集したあらゆる情報が集積されている▶13。以上の結論として、都市の一地区として歴史地区は都市に統合されるべきである。多くの歴史的モニュメントがその敷地とともに存在しているという場所であることを理解して、場所のコンテクストに対して調和的に建物を建設してゆかなければならない事が求められる。

参考文献

＊1 Ley 163 de 1959. Artículo 4º. Parágrafo. S. D.

＊2 1963年の政令No.264、本文第4条。S.D.

＊3 コロンビアにおける文化遺産は国家スケール、地域スケール、自治体スケール、そしてプレコロンビア時代の人々の生活していたエリアのスケールで分類されている。

＊4 この建築物は75年後に完成された。

＊5 都市街区内部の敷地の単位は30,000m^2から50m^2のものまで多様にある。

＊6 Jaime Salcedo Salcedoが1999年に使用した言葉から引用している。なお文献は未発表［Tomado del Tesaurus de Jaime Salcedo Salcedo, 1999, Mincultura. Inédito］

付記

本章はロレンソ・フォンセカとホルゲ・カバレーロが2010年2月の研究で歴史的市街地の建築物をグループ化した研究成果を用いて2010年11月に論述した'El Centro Histórico de Bogotá Distrito Capital de Colombia（コロンビアの首都ボゴタの歴史的中心地区）（未発表論文）に基づき、本書のために、北尾とハビエル・ペイナードがロレンソ・フォンセカと共に2011年11月に再編集したものである。

論　考　編

第 6 章
レンガ・土・竹の建築
Architecture of Brick, Earth & Bamboo

根津幸子 Yukiko Nezu

コロンビアとオランダ

オランダで建築家として働き始めて15年が経つ。1997年にベルラーヘ・インスティチュートの建築大学院で学んだのをきっかけに、さまざまな民族が混ざり合ったヨーロッパに魅せられ、オランダで設計の仕事を始めた。2009年にオランダ政府は建築家を対象とした海外での滞在型調査事業への参加者を募集していて、この事業に応募してコロンビアでの調査の機会を得ることができた。そして2010年3月から国立コロンビア大学での研究生活を始めた。受け入れ窓口であった専門家の滞在型地域支援ネットワーク(Red de Residencias Artísticas Local)のアレンジで、建築学科と建築博物館(Museo de Arquitectura Leopoldo Rother)を含めた3ヵ所に籍を置き、調査活動を進めていった。

出発前に行った準備はかなり偏っていた。収集できる都市計画の情報はかなり多いのにもかかわらず、コロンビアの建築に関する情報は少なかった。建築を構成する素材に絞って調査を行ったのは、建築のみならずその土地を地理的、歴史的そして経済的にも理解することを目指したからである。

コロンビアの素材として本論ではレンガ、土、竹を取り上げる。どれも先住民族の時代から建築素材として山岳地帯に存在していたものである。スペイン統治を経て、時代と共に変化を重ねたレンガ、今ではあま

1 ボゴタ市内の眺め（筆者撮影）

り生産されれることがないが歴史的建造物として保存の対象となる土の建築、今後の建築素材として注目を浴びている竹について調べた。素材の視点で建築を研究することで、新しいデザインの出発点を見つけ出す素晴らしい機会となったと確信している。

ボゴタのレンガ建築の景観

ボゴタの都市全体を眺望することのできる場所をたくさん挙げることができる。例えば、セントロ・インターナショナルと呼ばれるオフィス街の高層ビルの上、ロープーウェイでアクセスする市内との標高差500 m近くもあるモンセラーテの丘、山中を通る南北1番線の車窓からの眺めなどである。これらのどの地点からでも赤茶色のレンガを外壁に持つ建物群が層をなして広大な大地に続いていることを見ることができる。おそらくボゴタを訪れるひと誰もが、こうしたレンガという素材の圧倒的な量感が形成する風景に接して、都市の景観を強く印象にもつであろう。

ボゴタの都市の北部は高所得者層の住宅地となっている。この地域は1980年代以降に起った爆発的な都市部の人口増加に伴い開発が進んだ地域である。車社会に対応した道路幅がとられ、駐車場は住宅棟に組み込まれた設計がされている。また緑化された歩道や道路中央をグリーンベルト化した都市景観が見られる。この地域の住環境を見ると、一見工

2 ボゴタ北部のファヴェーラ（筆者撮影）

業化されたパネル工法で建設されたと思われる高層住宅が密集している。しかし、低資本国であり技術が継承されているコロンビアでは、この高層ビルにおいてもレンガは手作業で積まれている。1990年に耐震規制ができてからは、コンクリート構造が必須となったが、インフィルは未だに手作業のレンガである。

都市の近代化とレンガ

ボゴタの近代化の過程で爆発的な都市人口増加がおこり、新しい種類の建築物を生み出すことに結びついていったと考えられている。それは、低所得者層のファヴェーラ（favela）と呼ばれる不法居住地に現れている。山の中腹や西を流れるボゴタ川の近辺は治安が不安定な地域が数カ所あるとボゴタの建築家は語っている。歴史地区にあたるカンデラリアを境にして、中心部から南方の山に挟まれた細長い地域にも延々とファヴェーラが続いている。東西30番線あたりのセントロ・インターナショナルは以前から中心的なオフィス街の役目を担っている。しかし現在開発が進む商業的な中心地区は、東西80番線あたりでさらに北へ移動している傾向がある。

現代都市に付属する領域として生まれたファヴェーラの存在感はあまりにも大きい。そこで、低所得者層が住む建物の建築費を建築博物館館長に聞いてみると、No.5と呼ばれる最も人気があるレンガの1個の価格は約70円だという。低所得者層の人々の1日の生活費が約100円であることや、トランスミレニオの1回の乗車運賃が約70円であることを考慮すれば、レンガの価格は決して安価であるとは言い切れない。そもそもトランスミレニオは、低所得者層が住む地区を相互につなぐことを目的のひとつとして整備された経緯があるが、運賃は低所得者の人々の生活の助けになっているとは必ずしも言えないといえる。このようにレンガの価格は決して安いとはいえず、低所得者層の住宅の建設過程では、経済的な理由により建物全体を一度に完成することが困難となる。そこで時間を追って少しずつ上階を増築してゆく方法が用いられている。その過程でレンガを順次積み上げてゆくので、レンガがむき出したままの、未完成と判断できる建物をファヴェーラでは多く見ることができるのである。

3 手作業で積まれるレンガ（筆者撮影）

4 市内で見られるファヴェーラ。
上部階が未完成の状態（筆者撮影）

5 最も一般的なレンガ。
右がNo.5と呼ばれるもの
（幅20cm、長さ12cm、高さ30cm）（筆者撮影）

6 メデジンのファヴェーラ。
治安改善のためロープウェイが設置され、都市開発が進められた（筆者撮影）

レンガの製造

レンガはどのように造られているのかを調べるために、コロンビアに唯一存在する建築博物館の館長のリカルド・ダサさんにレンガ工場の調査への協力を依頼した。協力を得て、ボゴタのレンガ工場のひとつであるMOORE S.A.を視察することができた。

工場はボゴタの歴史地区(ラ・カンデラリア)から車で南へ5分、ファヴェーラの地域にある。MOORE S.A.は1927年に創業し、現在100人もの従業員が働くレンガ会社の中でも中堅格といえる。この会社の工場を視察したのは、重要な理由がある。それは、コロンビアを代表する、建築家のロヘリオ・サルモナが建築に使うレンガを開発、生産していたからである。

現在ボゴタ市内にはレンガ製造会社が約30社あるといわれており、ボゴタ近郊を含めて、法的に登録されていない会社を含めると500社を超えるといわれている。しかし、工業化が進む前の工場の数は現在に比べてより多く存在し、それは都市近郊の低所得者層の主要な職業のひとつであった。かつてはさらに多くの工場が存在したが、都市の近代化の中で爆発的な人口増加と住宅不足に伴い、レンガを大量生産することが必要になった。そこでレンガの大量生産を行なう工業化の手法も導入されたが、一方で、家族経営の工場は閉鎖を余儀なくされていったといわれている。

工場の敷地には搬出前のレンガが山積みされており、その間の道をぬけてゆくと最終工程の炉にたどり着く。レンガの製造と加工は7工程ある。初めに水と粘土を60°Cの温度で混ぜて、50cmの長さに圧縮型出しをする。型は簡単な形ものから複雑な形ものまでさまざまな形態のものがある。(1)レンガの新しい型を作るためには約50万円の費用がかかるという。その後、まとめて一定の厚みに切断され(2)、ひとつひとつを手作業で積み上げ、乾燥の工程へと持ち込まれる(3)。長さ50m、幅2mの炉の中で220°Cまで熱蒸気で一気に温度を上げ、36時間かけて40°Cまで落とす(4)。さらに炉を移して2度目の焼工程に入る(5)。そこではレンガを1,150°Cで焼く。

ロヘリオ・サルモナの建物は、強さと静けさが共存しているように思う。レンガという素材がかもし出す温かさや丸みは、その色のせいか、静けさとして内包している。赤色が抜けた黄土色のレンガは、レンガが持つポテッとした印象は無く、引き締まってとても清楚だ。10年近くル・コルビュジエの所で働いているが、インターナショナルスタイルがもたらす限界を認め、1957年にボゴタに帰国してからは、レンガを主に地場産業の素材を重視、開発していった。

ではなぜ黄土色のレンガが誕生したのか、それは1992年に建てられたボゴタにある国立資料館のデザインを始めたときに遡る。資料保存のための室内湿度コントロールが重視され 、コンクリート建築を建てるよう要求されたが、サルモナはレンガで同じ強度を出す方法を試行錯誤したという。レンガを硬くするためには通常以上の高温で焼く必要があるが、そうすると黒味がかったレンガになる。そこで中国陶器の製作手法に注目し、レンガにカロリンを混ぜいくつも試作した結果、通常より低い温度の1,000℃で水分に対する強度が適う結果が得られた。黄土色はそのような理由から生まれたのだ。

サルモナがデザインした集合住宅のパークタワーは、曲線を直線の集合で構成し、基本的なフォームの繰り返しが強さを与え非常に美しい。レンガが重なり合うところのディテールや曲面などは、3角形のパターンが良く使われ、デザインに鋭さを与えている。サルモナが開発したレンガのひとつに、ハンバ・ドブル(Jamba Doble)と言われるものがある。断面形状は、先のヴォリュームを削ることによって軽さを出し、曲面にも使われルーバー効果がある。

土と建築

レンガ以前の先住民族の建物は、土を固めて作ったもので、いくつかの工法に分かれる。最もプリミティブなものは、バレーケ(Bajareque)と呼ばれるもので、土と粘土を木の棒の間に塗って固めて作るもの。もとはマリ共和国、第二の都市モプティのジェンネに由来するという説もある。地理的な条件から泥に混ぜるものは変わってくるが、ボゴタ周囲のボヤカ、クンディナマルカ地方はチュスケ(Chusque)という植物繊維を混ぜる。カリブ海沿いなどの椰子の葉を屋根材に使う地域は、屋根の葺きなおしの時に出る廃材を土に混ぜて使う。日本の土壁と似ているといえる。

ボゴタから東部のアンデス山脈を超え、標高400mまで降りたビジャビセンシオ(Villavicencio)を材料工学の教授とともに訪れた。そこではチョアポ(Choapo)と呼ばれる椰子の木を使い、壁の枠組みを作っていた。60cm毎、丸柱を建て、その上から横軸となる同じ材料のものを15cm間隔で釘打する。そして粘土、砂、硫酸カルシウム、馬糞を混ぜ合わせた土を枠の間に埋め固めていく。仕上げに日本の茶室の中柱のように自然の形状で使われている木はグアヤボ(Guayabo)と呼ばれているもので

(1) 型

(2) 切断工程

(3) 乾燥工程

(4) 乾燥するための炉に運び込まれるレンガ

(5) 2度目の焼き炉

(6) MOORE S.A.(モル社)の構内

7 レンガの製造過程(筆者撮影)

8 サルモナがデザインしたレンガのルーバー（筆者撮影）

9 サルモナオリジナルのフロアータイルレンガ（筆者撮影）

10 右側が強度のある黄土色のレンガ（筆者撮影）

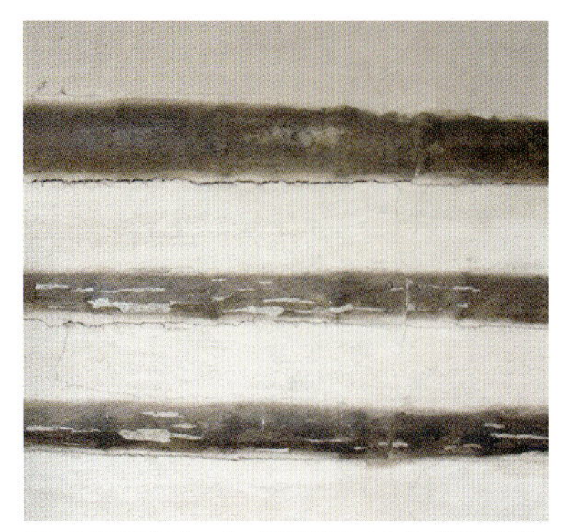

11 土壁のディテール。横材はチョアボ（筆者撮影）

12 グアヤボの木の家具と、ドアの建具（筆者撮影）

ある。ここでは家具にも使われていた。

タピア・ピサダ(Tapial Pisada)と呼ばれる版築工法は、バレーケに対して一歩進んだ技術で、土や繊維にセメントを混ぜたものを型押しし大量生産する。それは積み上げる点ではレンガと同じだが、乾燥して固めた素材なので、積み上げても2.4mの高さが限度だったそうだ。この素材の大きさは、50×50cm程度で、厚さは10cm程度である。今日我々がいうコンクリートの型枠のようなパネルをまず作り、その中に乾燥させたブロック状の土を入れて、平板を使い人力で上から強く押し固めながら積み上げる。中国の万里の長城も同じ工法で、徐々に積み上げた土のラインが水平に伸びているのが特徴だ。例えばスペイン、グラナダのアレハンブラ宮殿もこの工法で建てられている。

さらに進んで、日干しレンガが現れる。アドベ 繊維といわれる藁(わら)を混ぜるので、単にアドベ(Adobe)と言われることもある。焼きレンガがスペイン人によって持ち込まれるまで、この工法が主流となり、カンデラリア地区や歴史に残る古い建造物は、この工法で建てられた。建築博物館の館長がボゴタ北部近郊のグアスカ地方にあるアドベでできたシ

13 土の間にガラス瓶を挿入し、装飾的に室内側に明かりをとっている例(筆者撮影)

エチャのチャペル（Capilla de Siecha）を案内してくれた。シエチャは1553年に建てられたもので、今では建物が風化した部分も手を加えることなく保存されているのが見られる。砂、砂質粘土と藁または他の有機素材で構成された天然素材で、木製の型枠を使って型取りし、日なたで時間をかけて干すことで耐久性を持たせる。その素材と厚みから蓄熱の性質にもすぐれ室内を涼しく保てる。

旧市街地の建物がアドビレンガまたはアドビを混ぜたタピアル・ピサダで建設された町がある。この町はボゴタから北へ自動車で3時間の距離にあるヴィラ・デ・レイバ（Villa de Leyva）である。2層建ての真っ白な壁と赤茶色のスレート屋根が特徴的な街並みがある。この町でアンモナイトが材料に使われた壁を発見した。同行して頂いた建築博物館館長に聞いてみると、この標高2,600mの町には、この土地で発見された恐竜遺跡があるという。この町の近くの恐竜博物館に展示されていた恐竜は全長8mのウミガメにも似た種であった。アンデス山脈を中心とするコロンビアの大地は何万年もの昔、海だった場所が隆起してできたことを示している。

14 シエチャのチャペルの外観（筆者撮影）

15 周囲に保存されたアドビでできたオリジナルの壁（筆者撮影）

16 内観（筆者撮影）

コロンビアの竹

コロンビア産の竹は、一般的にグアデュア(Guadua Angustifolia)といわれるもので、日本の青竹とは種が違う。1822年にドイツの博物学者、探検家、地理学者であるアレクサンダー・フォン・フンボルトのアシスタントとして働いたことのある植物学者カール・シグモント・クンス(Karl Sigmund Kunth)がアジアの竹と識別するために名づけたものである。先住民族が「グアデュア」(狭い葉という意味)と呼んでいたところから名づけられたといわれている。竹は6から8mほどに成長し、枝葉を切り落とした竿(さお)の直径は大きいもので25cmから35cmにもなり、竿の厚

17 乾燥したアドベ

18 アドベレンガの型枠

19 試験的に製作されたタピアル・ピサダ

20 アンモナイトの化石が使われた外壁

21 アドビレンガの塀

22 アンモナイトのフロアータイル

みは約3cmぐらいである。竹が育成できる地域は、水はけの良い有機質に富む火山性の肥沃土で、コーヒー栽培地域と重なっている。つまりアンデス山脈の中腹の海抜500mから1,500mに位置し、80%ぐらいの十分な湿度と、17°Cから26°Cの安定した温暖な気候、年間に1,500mmぐらいの降水量がある地域である。

コロンビアにはおよそ70種類のグアデュアが生育しているといわれている。中でもずっしりとした太い節に、鮮明な緑色と黄色の縦縞模様のグアデュアは際立っている。この竹は著しい早さで成長し、軽量で、柔軟性があり耐久性に富んでいる。この素材は生育する地域での建築素材として使われていた。レンガを作る粘土や、土などの素材に乏しいことも竹材が利用された背景であると推測できる。

コロンビア国立大学の建築学院の院長は、大学が今一番力を入れて研究をすすめているのが、竹に関する調査研究であるという。大学には建築素材に関する技術研究機関があり、国からの研究支援を得て竹の建築技術に関する開発調査を行っている。過去3年間で竹材の調査を大幅に展開し、すべてを竹で構成した建築物を建設することを目標としている。

23 グアデュア

大学構内にある建築の技術研究所の所長は、竹の資材の生産に必要とする機材も開発の重要な要素であるという。生産工程の一部が大学の実験施設で行われており、竹を縦方向に8等分に割る機材や接着剤を塗布した後に圧力をかける機材などが設置されていた。同時に、生産過程で出る廃材の再利用についての研究も展開している。具体的には、竹材チップと膠(ニカワ)を混ぜて作るMDFや、乾燥させた葉と接着材を混ぜ、圧縮熱加工してつくる食品容器などの製品の生産実験が行われている。皮革製品はコロンビアの山岳地帯の地場産業のひとつで、生産過程で出る膠と竹を結び付けていることの意味は非常に大きい。

竹の建築への挑戦

竹を使った建築で著名なシモン・ベレス(Simon Velez、1949年、マニザレス生まれ)は、旧市街地に建築事務所を運営している。ベレスに対して2009年にオランダの王室はプリンス・クラウス・アワードを授与した。受賞した年は自然と文化の相互作用がテーマで、サステイナブルなデザ

24 製材される前の竹

26 竹の集成材

25 圧縮機

27 竹材チップと水でつくられた容器

イン活動と社会的貢献が認められたのである。ベレスの竹の特性を生かしたデザインは、独自のバランスの取れた美的感覚と、経験を積んだ上での技術開発が重なったものである。主な作品として挙げられるのは、世界で最も巨大な竹構造の建築となった、グレゴリー・コルベールの写真・映像作品展“Ashes and Snow”のノマディック美術館メキシコ展や、2000年のハノーバー万博での、2,000m^{2}の竹でできたパヴィリオンZERI(ゼロ・エミッション・リサーチ・アンド・イニシアティブからのコミッション)などである。

コロンビアの学術界では、今でもル・コルビュジエがもたらした近代建築に対する興味が根強く、研究者の層も厚い。ベレスの父と祖父も建築家で、父親は戦時中にアメリカで教育を受け、コロンビアのモダニストの先駆者のひとりであった。建築業界の視線がモダニズムに傾くなか、竹などの素材で空間を作るベレス氏は、あえて独自の建築を目指す道を選んだといえよう。

インスピレーションを与える建築家はパラディオだというベレスは、5mm角のグリッドが入ったスケッチブックを使っている。これは普通のノートブック型で、スケッチ自体は青、赤、緑などのカラーペンで色付けされており、しっかり1枚の図面として完成されている。図面のスケールはプロジェクトごとに異なり、A4サイズか見開きのA3サイズに収めることを基本としているようである。

ディテールに関しては、ベレス自身が現場に行き、現地の作業員を指導して構築するという。このような方法なので、詳細図は必要がないという。このスケッチブックを見れば、スタディーした線の痕跡を見いだせない。スタディー用のノート等もないという。ベレスは図面を引くとき、消しゴムを多用するという。鉛筆で何度もグリッド上に線を引いては消しゴムで消す作業を繰り返し、決定した線にのみ色を載せて仕上げるという。色は平面と断面に共通したものが使われていたが、これは3次元的解釈を助ける役割を持つ。

ベレスの自邸の敷地には自作の建物が3棟ある。山の麓にあるので、部屋からは平地に広がるボゴタの歴史地区を眺望できる。園路があり回遊でき、日本庭園のようであった。所々に日本産の竹、中国産の竹があり、気候との関係がどう影響するのか自分の庭で実験している。竹と漆喰で作られた自邸は、開放感と質感が非常に日本建築に近いと感じた。
ベレスは自分のことを竹の建築家と言われるよりも、屋根を作る建築家と言われたい、とVITRA社から出版されている「GROU YOUR OWN HOUSE」の中で述べていた。つまり熱帯気候に建てる建築が自分のバックグラウンドであり、建物というよりは雨と風を凌ぐ屋根をデザインしているということである。ボゴタの歴史地区に唯一建つ13階建ての高層レンガの集合住宅の屋上に屋根だけのパヴィリオンを建てていると伺ったので、後日遠くからだが確認してみた。アーチを描いた曲線状の棟で、屋根全体は丸みを帯びてフワッと浮かんでいた。母体であるレンガ造の建物と個性ある竹建築とのコントラストが時代を反映しているよう

28 ノマディック美術館

29 ハノーバー万博のパヴィリオン

にも見えた。

まとめ

本章は、建築素材の調査を通して、建築の領域から、さらに大きな枠組でコロンビアという国を捉え、思考することを目的としている。建築はそれ自体が自立する領域ではなく、文化や伝統、経済や社会の諸状況などのさまざまな視点と絡み合い存在する。その周囲に関連する事柄に注目することは、土地柄に対する理解に加え、基準である物差しとなる目を培う助けとなる。グローバル化が加速する今、ネットワーク上のイメージと情報消費がたやすく進められるが、素材そのものに注目し手に

30 シモン・ベレスのスタジオにて

31 歴史地区に建てられた竹のパヴィリオン

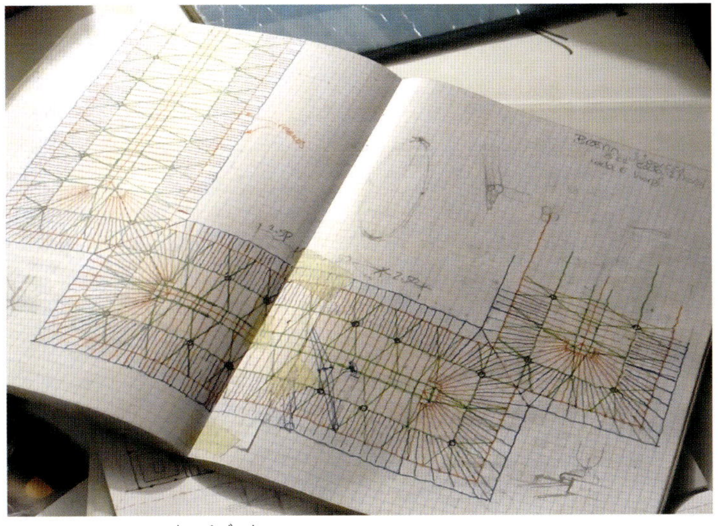

32 シモン・ベレスのスケッチブック

取る生の情報は、物質である建築を理解する根本的な材料である。素材に興味を持ち調査を進めることは、一般的な材料が、いかにオリジナリティのあるデザインに飛躍するか、可能性を図るうえで魅力的な要素であると確信する。

第7章
ボゴタにおける住宅地開発とコミュニティ

Residential Developments and Community in Bogotá

ホアン・オルドネス Juan Ordonez

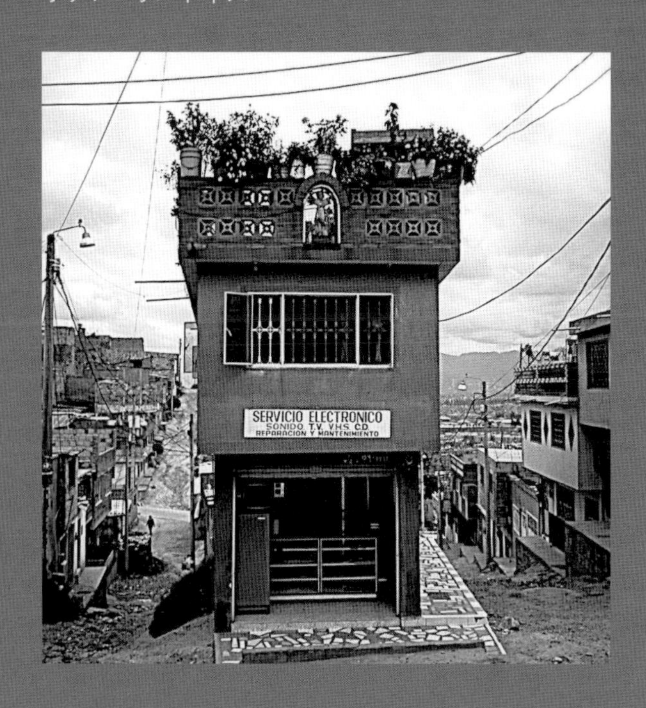

はじめに

住宅は社会の価値観を反映する。住宅建設は都市化に従い社会や経済の発展に対応する▶1。コロンビアでは20世紀前半に都市化は地方都市に広がり、その過程で公共と民間部門の両方において都市住宅の開発が重点的に行われた[*1]。

必要とされる住宅に対応する開発方式が、公共や民間事業の区別なく適宜導入された。その結果、建築と社会の新しい関係が住宅の概念を変化させ続け、発展し続けた。ボゴタでは住宅開発が都市の構成原理となった。なかでも集合住宅の開発が有効だったのは、高密度居住が可能だったからである。住宅開発事業の集約化により経済や土地利用、人口密度の増加への対応、都市社会基盤の形成を最適な状況で実施できた[*2]。住宅地の開発で、住宅地を区分所有する方法[*3]が制定された事はコモンスペースの形成に大きな役割を担った。戸建てや集合住宅のような様々な住宅タイプの組み合わせに用いられた。住宅地開発はその開発規模により都市街区のような、空間の単位として、道路網と接続し拡張で

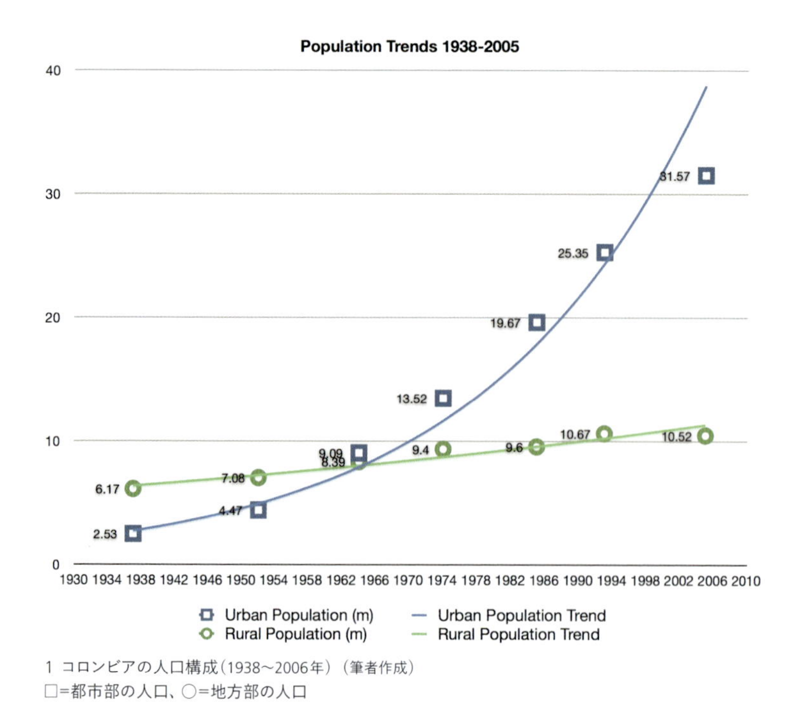

1 コロンビアの人口構成（1938〜2006年）（筆者作成）
□=都市部の人口、○=地方部の人口

きる。ここでボゴタの住宅開発を下記のように分類した▶2[*4]。

1930-70年代の「戸建て住宅地の開発」──この時代は都市の周辺領域を拡大する必要があり、主に田園都市の考え方に触発された開発が行われた。1940-50年代には「近隣生活圏の単位の開発」が行われ、都市の近代的側面に関する概念が導入され、主に戸建住宅地の開発事業に適用された。1940-50年代にはユニテ型団地の開発が行われた。近隣住区理論を適用し、集合住宅や多様なタイプの住宅供給が行われた。1950年代後期から現在に至っては「標準型住宅による住宅地開発がすすんだ。田園都市や近代性の利点を併せ持つ低層高密度住宅の開発が展開した。同時にセルフ・ビルドや地域の状況に適正な根拠を求めた住宅地の開発事業が具体化した。また1960年代以降には「中低層集合住宅の開発」が行われた。多層の建築に多様な住居をもつ小規模な集合住宅地が開発された。さらに1970年代以降には「都市基盤整備を伴う集合集宅団地の開発」も展開した。住宅グループをパターン化し都市の構造を構築する先端的な開発である。1980年から今日に到る「タウンハウス型開発」では小規

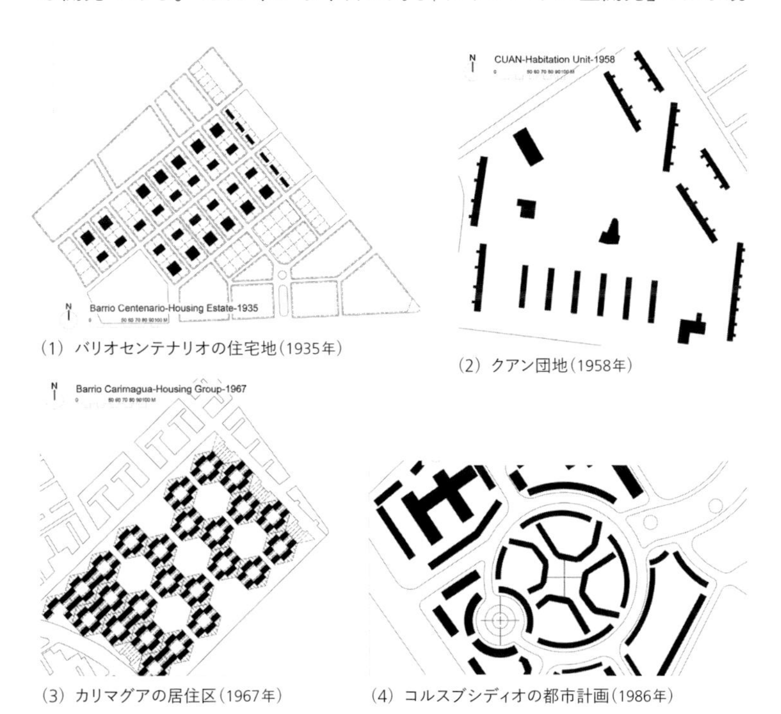

（1）バリオセンテナリオの住宅地（1935年）

（2）クアン団地（1958年）

（3）カリマグアの居住区（1967年）

（4）コルスブシディオの都市計画（1986年）

2 住宅地開発事業のタイポロジー（筆者作図）

模な密集した共同住宅地を開発するという方法で、住民による土地の区分所有に関する方法を活かしてコミュニティの形成が目指された。

本稿はボゴタで運用された住宅地開発方法の観点から建築とコミュニティとの関係を検討する目的がある*[5]。住宅地の開発は1930年代以来ボゴタ市が導入した。当初は海外の事例の模倣だったが、地域の空間として徐々にコミュニティの形成に適応するように発展してきた。本稿では、はじめにA・ラポポールトが提示した概念的なフレームを使用して、建築と社会との関係を理解する議論を展開する。この概念を用いて、建築とコミュニティの関係について、社会文化的な観点と物理的な観点に関する関係を議論し描き出す。次にボゴタで使用された住宅開発の体系を概説し、住宅開発に関する代表的な方法を住宅開発の事例を用いて述べる。これらの事例は公共主体が先導した開発事例で、都市計画や社会住宅の開発を目指したものである。そして、住宅地開発の方法の変化を地域の文脈への適合やコミュニティの必要性に対応する適応のプロセスをまとめ結論とする。

建築とコミュニティ

都市環境の変化に関してコミュニティの関与は開発事業を大幅に改善する効果がある*[6]。コミュニティには多様な意味があり、研究分野によって異なる。まずマクレイバーとページによる解釈からみてみると、コミュニティは「限定された地理的領域に共に暮らし共通の生活を送っている人々の集団……」と定義できる*[7]。建築に関しては、コミュニティは住民が生活様式を共有し環境と一体化し、そして場所に固有の要素により物理的な場と関連する*[8]。したがって、コミュニティは同一性への意識や日常生活および社会的相互作用が自由かつ自然に経験できる居住する場のことを指す。コミュニティを定義するためには、常に相互作用するふたつの要素にわけて考えることができる*[9]。

第1は社会的環境を構成するために人々の交流から生まれる社会集団の起点となる要素である。特定の生活様式、労働文化、知識の蓄積は人々の様々な社会的関係に由来する。この要素では、社会の構成員の特性や社会環境に由来する発展や社会構造が含まれる。

第2のグループには地域の住民が居住する場所を他と区別する物理要

素(自然および人工物)が含まれる。つまり地理、気候、地形および景観は自然要素の部分である。基本的な必要性を満たし、場を形成するあらゆる物および物質的文化*[10]が人工物の一部となる。したがって建築は社会的環境と物理的環境の間の相互作用の結果として市街地を形成する。建築は環境を形成し空間的な構成とそこに住む人々のコミュニティが特性をもつことに役割を担う。

ラポポールトのフレームワーク*[11]に従うと、家の形態は一次的な社会文化的要因と二次的な物理的(自然または人工の)の要因との間の相互作用の結果といえる。したがって、建築とその環境は既存の社会文化的要因とそれが置かれた環境と解決しなければならない固有の利用上の必要性との間に生じる相互作用によって形成される。建築および都市計画は住民の社会的および物理的要求に応えるという意味において人々と環境の間で確立される関係が重要となる。そこで、建築がコミュニティと一体になるとき、地域の文化および歴史の一部となる。それは新たな固有性として地域環境を豊かにし、住民と環境の間の絆を生み出し、場所の保存や場所の肯定的な発展に寄与する。建築や都市空間において人々と場の社会的な現実を無視する空間を構想すると、逆効果となる。つまり生活環境と人々の間に疎外と乖離が生じ、短期的に住民の必要性への対応の可能性を妨げ、長期的にコミュニティの本質を歪める。建築は個々に独自で、単一のアプローチでは捉えられない。そこで、ゴメツ・ペレイラ*[12]の提言による5つの基準はコミュニティの必要性に応え、建築的に実現するための指針として活用できる。

・住人/利用者の真の必要性および慣習に基づいて、事業の概要および設計を確立しなければならない。合理性に関する感覚は単にデザインの技術的側面を意味する事だけでなく、事業の目的が直面する期待も優先されなければならない。
・建築事業は経済的見地から実現可能でなければならない;外的要因により未完成の都市計画は一般的にみられる。
・自国の伝統の尊重とその活用;コミュニティ内に存在する物質的な文化と蓄積された文化の両面を適用することで可能となる。
・生活環境に関する空間的な解決は新しい建築物を既存のコンテクスト

（自然または人工の）に統合するべきなのである。統合的アプローチとは相互に作用するすべての要素である歴史、伝統、植生、地形および住民に関することを評価ができる点にある。
・場所に固有の条件に対する適合性を評価することなく、外から持ち込んだ解決方法を適用することを避けねばならない。その結果、一般的に現場の特徴を無視したことは、こうした解決方法が適用されるので、場所に固有のコンテクストと無関係になる。

20世紀初頭のボゴタ

20世紀の初頭のボゴタの都市構造は19世紀初頭から変化していなかった。都市基盤は従来の都市構造で＊[13]、植民地時代のグリッドに従って建築が配置され、郊外に人々はほとんどいなかった。しかし20世紀初頭の経済発展はボゴタの都市形成に対して難題となった。農村からの移民の流入が問題となった＊[14]。深刻な住宅不足の状況は植民地時代のグリッド状の都市構造の限界をテストするようなもので、都市中心部では人口の高密度化が進んだ＊[15]。この現象による住環境の課題は植民地時代の住宅地の水準を下げることで都市の成長が吸収された。都市の管理手法は20世紀初頭までは適切だった＊[16]。しかし植民地の時代からの都市計画は形式的に適用されたにすぎない。スラム街の人口増加、高い人口密度、住宅難、劣悪な衛生環境、交通問題など緊急的な対応が必要となった。そこで、都市計画や都市開発事業を実行するための実務的な戦略が必要となった。

そこで1900-1930年にかけて植民地都市の地域的な多様性は注目を集めた。初期の提案は1920年に提起され1925年に採択されたボゴタの未来の都市計画がある▶3。この計画は格子状の都市を西方へ拡張する提案が含まれていた。この計画は大きな影響力を持っていたが、実行するための十分な政治的な支持を得ていなかった＊[17]。水準の低い生活環境は住宅の過密により起因し、金銭的な貧困は都市の大半の状況だった。

この状況に対応して様々な団体が素早く対応した。慈善団体や労働組合である。これらの団体は初期の近隣住区の開発における住宅建設を推進する母体となった＊[18]。

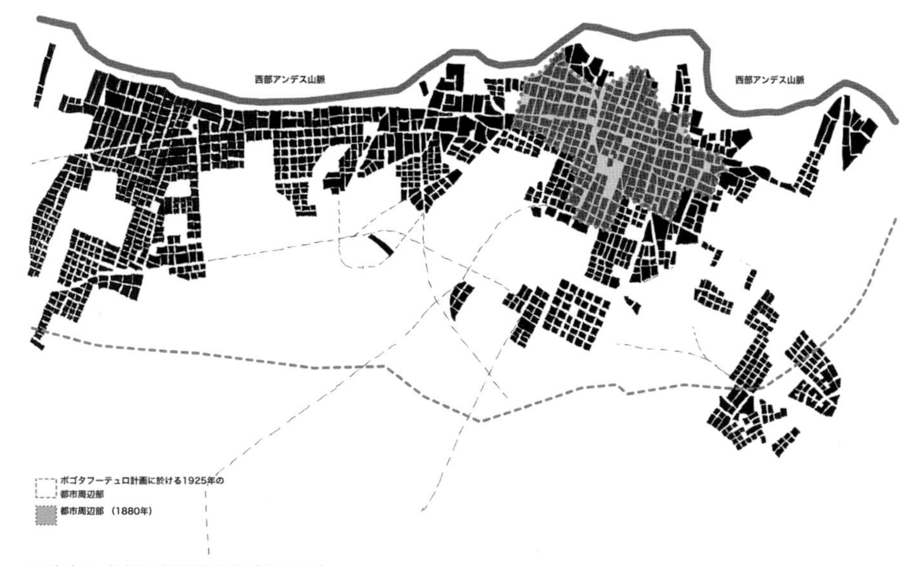

3 未来のボゴタの都市計画案（筆者作図）

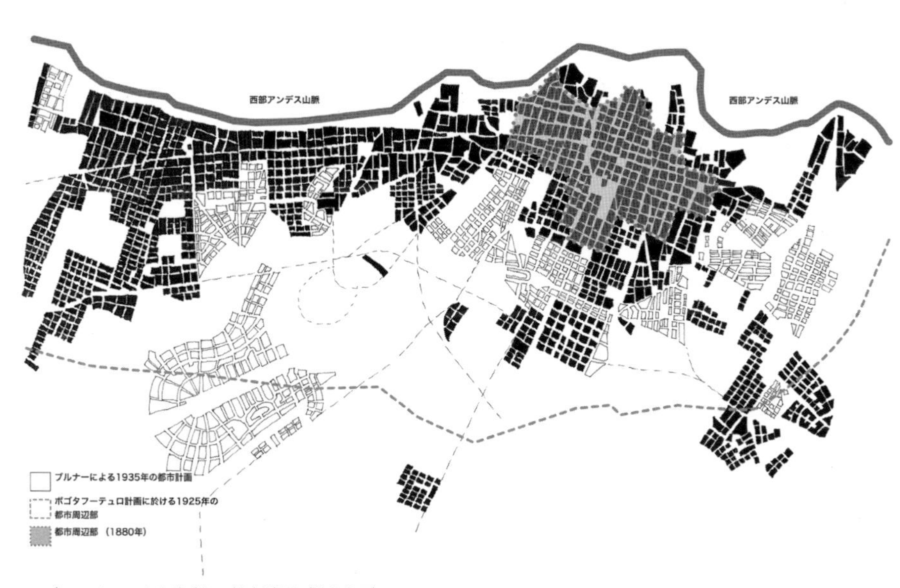

4 ブルーナーによるボゴタの都市計画（筆者作図）

カール・ブルーナーによる住宅地計画

ボゴタ市都市計画局＊19の設立は1928年に遡る。当時は世界恐慌のただ中で、同時に1930年に欧州の近代化を促進する政治体制を形成した時代である。この時代は経済的開発の概念が広がり、私的な投資と大規模な公共事業が企図されていた＊20。カール・ブルーナーの指揮（1933-1936）のもと都市計画局は住宅地の開発計画を作成した▶4。開発事業はゾーニングと人口密度の観点から都市化する領域の定義を目的としていた。開発計画では学際的な方法が採用され、ブルーナーは経済社会的に断片化していた都市問題の解決を追求した。労働者階級に社会住宅を供給する事業に力点が置かれ、モデル住宅地の計画、住宅供給のための財務プログラムを備え、協同組合もこの目的を実現するために関与した＊21。

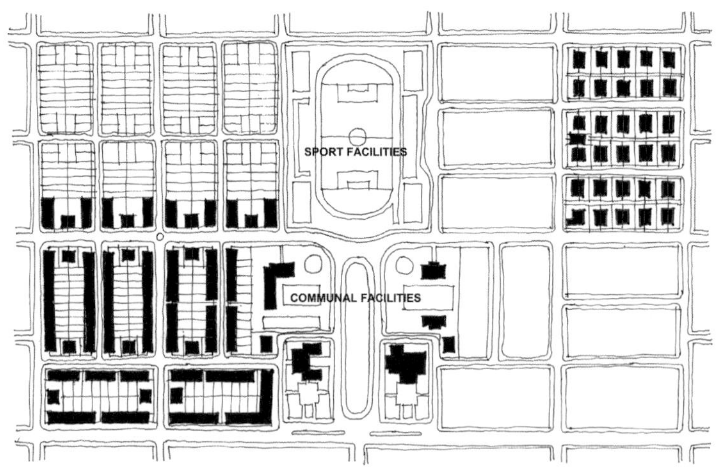

5 1935年にブルーナーが作成した労働者階級の近隣生活圏の構想図（筆者作図）

6 近隣居住区の住宅（筆者作図）

ブルーナーは社会住宅の開発を目的に居住地に関する概念を展開した。彼は田園都市と公衆衛生運動を基盤とし、低層住宅で構成される住宅地を街路で都市全体と密接に結びつける構想を持っていた。敷地には前庭があり、前庭は道路の歩道につながっている＊[22]。住宅地には公園、学校などのコミュニティ関連施設が建設された。こうした住宅開発事業は都市の境界領域を形成する基本的で模範的なモデル住宅地として位置づけられた。

ブルーナーの都市への取組みはセンテナリオの社会住宅で実証された。1935年に基本構想が樹立され1938年に完成した。この事業はボゴタの都市開発の一部で、ボゴタ基金の記念事業として準備された。この田園都市には約500世帯の住宅が供給された。小さな4つの敷地がひとつの敷地の単位となり、敷地の中心に住宅が配置された。センテナリオはボゴタでは初期の社会住宅の団地である。政府が開発した重要な事例だった。住宅は十分な採光と小さな庭を備え、労働者階級の人々に供給された。都市の片隅にある社会を都市生活に統合することを目指した事業だった＊[23]。

ブルーナーは都市計画局に在籍中に田園都市の理想を追求し幾つかの都市計画案を作成した＊[24]。しかし都市境界領域の開発に関しては不十分だった。ブルーナーの計画案では最も所得水準の低い人々への住宅供給に重点があったが、一方で、都市計画局は比較的に所得水準の高い人々や中産階級に対する断片的な都市開発を進めた。一定の所得がある人々は都市中心部から郊外へと移転を始めた＊[25]。

政府の取組みと近隣住区

1940年代初期から住宅開発の課題として社会住宅を供給するための方法を確立する必要が生じた。しかし政府の役割は社会基盤の開発に限定されていた。そこに、幾つかの国営の事業者が住宅開発事業へ介入し始め、住宅地開発を展開した＊[26]。この時代を代表する住宅供給者は、土地融資公団（ICT）とセントラル・モーゲージ・バンク（BCH［中央抵当銀行］）だった。これらの事業者は自治体への借款だけでなく、個人住宅に対する直接的な資金供給を行った。さらにICTは「モデル近隣生活地区」を独自に建設できる資金力があったので会社員や労働者に住宅を販売した。

つまりICTは社会住宅の供給に重点をおき、BCHは中産階級に対する住宅供給を展開した。当時CIAM[*27]の影響を受け、ICT[*28]は居住地の建設に関する研究や素材および空間分析に関する研究により居住密度が増加し、同時に建設費の抑制可能なユニット式の住宅供給システムの開発を目指した。この受託開発方式は戸建住宅から都市の全体構成に至る階層を多岐に構成するもので、ブルーナーが試みた方法とは異なっていた。住宅と都市計画はひとつの概念に統合されていた。この新しい方法が都市の組織化の原則となった。それが地域地区[*29]の創設である。

ここに、ボゴタに近代の都市デザインの原則が適用され、住宅を都市構造から分離せず、関連性の深い事業展開の根拠となった。さらに地域地区は都市の街路網と結びつき、社会住宅が建設された地域にコミュニティ形成の支援も含まれた。この住宅開発は長屋型の住棟によるもので、戸建て住宅の開発とは区別されていた。この住宅開発事業の一例として1949年にICTが開発したムズの住宅地がある▶7。この住宅地はボゴタの南西側に位置し、350,000m^{2}の地域に1,216棟の住宅が建設された。この事業の社会的性格や都市計画、そして画期的な建築と建設方法で住宅地開発のモデルケースと考えられた[*30]。この開発での都市の構成要素はスーパー・ブロックだった。スーパー・ブロックにはそれぞれのグループに8つの長屋型住棟群が相互に垂直関係に配置された。全体計画の社会基盤と街路網の最適化と同様に、公共空間やコミュニティ空間の形成が誘導されていた。この事業ではプレファブ工法が導入され建設の合理化が図られた。またモジュールを利用したことにより建設コストの抑制が可能となった。ICTが計画した2階建ての56m^{2}の家はル・コルビュジエが提案したペサックの住宅を参照している。

ICTよりも限定的なBCHの開発した住宅地は小規模だった。主として中流階層を想定していた。BCHは都市計画の基本構想に基づいた事業計画を推進し、建築的な配置の可能性を追求した。1950年代末のCIAMの解散時に、地域に適応した建築の可能性を模索するために建築の再評価を行う機会があった。この機会にBCHは当時の建築動向を考慮し建築運動の方向性の変化を反映する住宅開発を担った[*31]。この時代の住宅開発事例がサルモナとベルムデスによる集合住宅地のエル・ポロ開発の第2期(1959)である。この事例は近代建築運動の概念が事業の起点である。この開発事業では場所にふさわしい「有機的」な設計が行われた。4階建ての住宅が不整形な区画に60戸、扇形に配列された[*32]。

密度の探求と住宅ユニット

1940年代後半に、都市計画的な措置が導入されたが、都市の拡張を制限するための都市計画の必要性は明白だった[*33]。そこで、ル・コルビュジエがボゴタに先進的な都市計画であるパイロット・アーバン・プランの第1段階を提案する委託を受けた。その後ポール・レスター・ウィルナーとホセ・ルイ・セルトは都市開発規則計画案を1953年に作成し、ボゴタ市は開発と実施を担当した。ル・コルビュジエの提案内容は都市の境界、道路網、用途地域の定義であった。都市における地区は都市形成の新しい単位となり、都市計画に必要な要素の定義は、都市計画による住宅地の開発の促進を担った。新しい都市計画で高層住宅の開発を可能とする計画が策定された背景にはコルビュジエのユニテ・ダビダシオンの考え方が導入されている。ユニテ型の住棟を導入する方法は、近隣生活圏に関する理論を高層の住宅に適用し、住宅地域の人口密度を増加させることに対応した。ICTが過去に実施した開発事業のように合理的な設計、工業化建築、階層をもつ都市道路システム、共用施設の供給な

7 ムズ・プロジェクト(1958年)(筆者作図)

8 クアン(CUAN)開発事業 (Photo: Pedro Felipe)

どの原則が適用された*[34]。

こうした事例は少数だったが、ユニテ型の住棟を適応した開発事業のひとつとしてアントニオ・ナリーノ[CUAN]がある▶8。この事業は1952年-1958年にかけてR・エスゲラ、N・グテイエラス、E・ガルシア、J・メネンデス＆D・スアレスが担当した。ICTが初めて建設した高層住宅である。事業は計画全体の11%が建設されるに留まったが、150,815m^{2}のエリアに、4-13階の集合住宅が23棟、高層住宅が15棟、そして8棟の生活関連施設が建設された。豊かな植栽をもつ領域に囲まれた複合的な都市区域には銀行、郵便局、医療機関、商店、学校、託児所、教会およびシアターなどの生活関連施設が設置された。

この事業ではCIAMの原則が具体化され、都市の中で自立的な居住地域を建設する事が意図された。この事業は建設の遅れ、所有者の変更、メディアの批判に直面したが、ICTは事業を完成させ、最終的には全戸が完売された*[35]。この都市開発事業は次第に都市景観の一部になり、現在は建築文化遺産に登録されている。CUANの建設による技術革新の結果、一般の人々が高層建築に家族用の住宅を持つという*[36]人々の選択肢が広がり、社会は受け入れる準備を整えた。

地域のコンテクストと集合住宅地

1950年代初頭、都市計画と社会住宅に関する研究は学術、建築の専門家や住宅政策を担当する政府機関の協働により豊かな成果を導いた。1951年に計画と住宅供給を担うCINVA*[37]が創設されて社会住宅に関する新しい理論と研究が展開した。技術革新、建築の標準化、地域に固有の住宅地の管理モデル、新しい住宅計画に関する国策へと展開した。一連の成果は社会住宅の課題の解決に寄与し、法的根拠の無い開発事業を抑制した。そこでセルフビルド住宅が登場した。政府の監督下においてセルフビルド建築を適用した初期の例はラ・フラグアの開発計画(1958-1962)である▶9。

この開発事業はヘルマン・サンペルが設計を担当した。この住宅地の開発には3カ年かかった。設計案は自助と相互援助*[38]という基本構想に基づいて作成された。事業には設計および建設過程でのコミュニティへの直接的な参加が含まれていた*[39]。ICTが割り当てられたふたつの街区に建設され、緑道および広場のネットワークによって94戸の住宅が繋がっている。1階建の長屋型住宅（トラクト・ハウス）は$84m^2$の敷地に$63m^2$の建築面積の住宅である。住宅は中央にある中庭によって分けられ、居住者が段階的に建設工事を行う事ができるように考慮されている。居住者自身の住宅の拡張や改修を可能としている。この住宅地の開発に対して国内の自治体が強い関心を持ち、ICTのような政府機関によるセルフビルドによる住宅供給を実施するモデルとなった[*40]。ラ・フラグアの住宅地は、集合住宅地の総合的な開発における先進的な事例であり、現在でもこのような集合住宅地は都市形成の一環として適用され、国や民間の住宅開発事業者が広く使用している。

この事業は住宅供給の先進的な事例として社会に受け入れられた。その一方、田園都市と近代建築運動の基本的な概念を理念的に統合している。

ヘルマン・サンペルは「私は以前の住宅のモデルを置き換えることができる新しいパラダイムを発見していた。費用および拡大の可能性が不十分だったので、私たちは一般の人々のためにアパートメントのタイプの集合住宅を使用できなかった。それは、建物に掛かる費用と、建物の拡張性がなかったからである。都市化のコストが高い割には人口密度が高くないのでアメリカの田園都市の思想とは異なる」と述べている▶10[*41]。

つまり人口の緻密化が主目的だったので、コンパクトな住宅区画がグリッド状のパターンに従って分配された。このグリッドは住宅の区画、歩行者空間、公共空間、駐車場および共用施設を配置するための区画割

9 ラ・フラグアの開発計画（ヘルマン・サンペル画）

りともなっている。土地の利用率は増加し建設と開発費を抑制できた*42。

また、相互に補完する3つの概念が用いられた。第一の概念は近隣住区である。これは緑道に沿って配置される住宅群で形成される。近隣住区では個人が所有する領域があり、コモン・スペースは区分所有に関する法令に基づき共有される。第二の概念は街区で、格子パターンの区画で構成された。最後にスーパー・ブロックの概念がある。これは、幾つかの近隣住区を統合し、より大きなユニットとして位置づけられた*43。

ヘルマン・サンペルは田園都市の思想の評価を行った。サンペルによれば「第一の遺産である田園都市から私は戸建住宅を重要と考える。それが一般の人々の唯一の選択肢である。その理由は一般の人々が段階ごとに建築をすすめることができ、また人々はこうした過程を利用する事で利点があるからである。しかしながら人口密度が低いことは都市自体の自殺的行為であり、同時に費用がかかる。つまり可能性のある土地を消費するだろうし、実際には都市を形成しないだろう」*44。

さらに、サンペルは近代建築運動の原理を考察した。「近代建築運動という遺産により、高い居住密度に対する追求が重要な考え方であるのは、それが経済的であり、人を集め、都市を形成できるからである。し

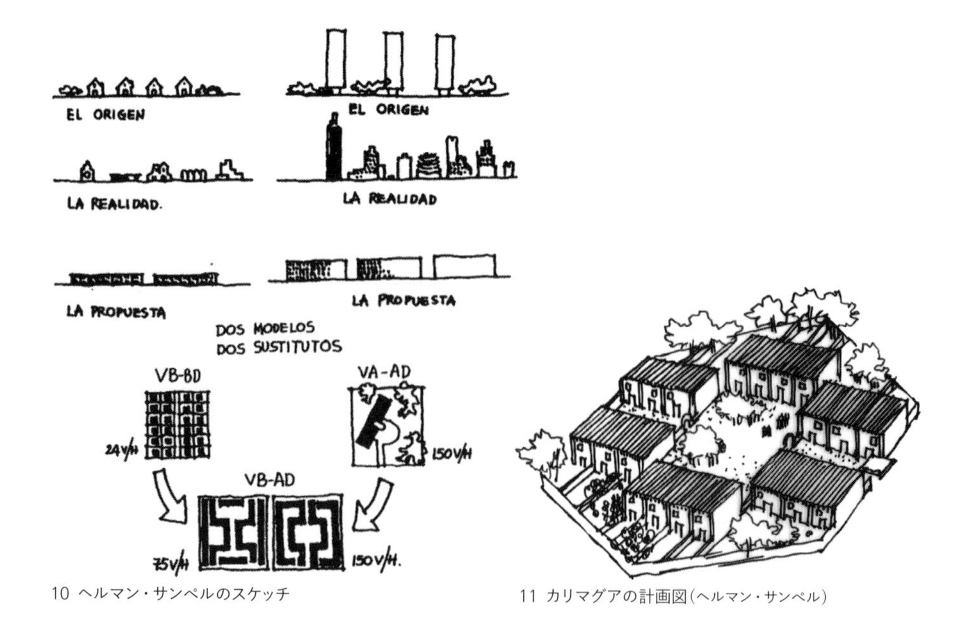

10 ヘルマン・サンペルのスケッチ

11 カリマグアの計画図(ヘルマン・サンペル)

かし私は集合住宅に賛成しない。それは高層の住宅は高価であり所得の低い人々には得難いものであるからだ。こうした住宅供給に対して活動する事もできないし、こうした住宅からなる地域を拡大する可能性は全くない」*[45]。

集合住宅地の概念に関する主な利点は下記の通りである。

・住宅密度の増加による市街地面積の節約。
・コンパクトで標準的な住宅の導入による建設費の節約。
・住宅の躯体や住宅の集団化による都市設計としてのヒューマン・スケールの回復。
・敷地の区分所有に関する法令を適用し、集合住宅地において共同所有による「共有地」の概念を導入。
・コミュニティ形成を重視し相互に注意関心が行き届く集合住宅地における社会および安全性に関する意識の啓発。
・自動車交通の減少による歩行者指向のアーバンデザイン。
・集合住宅地周辺に駐車場を配置。
・都市の空間パターンを用いた都市美観の向上(法律により管理されるが、表現の自由がある)*[46]。

集合住宅地の概念は、地域の住宅で試験運用されてから中流階級の住宅開発に適応された。その結果、低層高密度住宅地の指針が定めれられた。この概念が初めて適用されたのがカリマグアの社会住宅▶11である。この事業ではICTが主体となりエスゲラ、サエンス、サンペルが1968年に開発計画を作成し1973年に完成した*[47]。概ね20-22戸の住宅のグループの形成を考慮して、六角形や長方形の格子状の区画割りを用いる540戸で構成され、公園および公共空間が建設された。

都市基盤整備と集合住宅団地の開発

1960年代半ばから1970年代にかけて住宅開発事業へと資金調達は順調だった。1965年に住宅・貯蓄銀行と、相互貯蓄貸付組合が設立されたことで、住宅開発の企画、推進および建設における国と民間住宅建設部門の関係が変化した。新しい住宅供給を担う団体の設立は人々の貯蓄率の上昇を求めた。貯蓄された資金が住宅建設へ向かった。その結果、個人分譲住宅の着工数は著しく増加した*48。住宅供給が経済の拡大のために国策として優先的に推進された*49。

都市基盤整備を伴う集合住宅団地の開発は低所得者の住宅要求への対応を目的とした。社会住宅の供給に対応する社会基盤のネットワークは高所得階層の住宅地域で使用されたネットワークと同じ技術とコストだったことが1971年に行われた研究により明らかにされた*50。もし道路や社会基盤施設が先進的な方法で取り組まれていれば、即ち、すでに都市基盤が社会住宅の建設に応用されたのと同様に計画されていたならば、社会住宅の開発はより効果的かつ簡易に建設できる可能性があったことを示していた。そこで、住宅地の開発事業は都市街区の規模に関連した街路網の定義から始められた。この方法は集合住宅地の開発にも利用できた。この開発方法では先進的な開発が可能となり、集合住宅地の開発は住宅市場や開発事業の範囲に従い個別の企画や設定が可能となった。この考え方はメトロヴィヴィエンダ*51において社会住宅の開発計画を推進する都市開発事業者が、シウダレラ・エル・レクレオの都市型の共同住宅地の開発事業で初めて適用された▶12。この方法は1999年に運用されるまでの約30年間、未試験の状態にあった。この事業はボゴタにおいて、都市基盤整備を伴う集合住宅団地を開発する方法が適応され

12 シウダレレラ・エル・レクレオ（作図筆者）

た数少ない事例のひとつなのである。この開発事業では社会住宅の開発に必要な都市基盤の整備が行われ、その後、民間の開発業者が、異なる類型と構成の住宅開発事業を展開した。この開発方法により、ボゴタ市は開発可能な土地の管理と民間事業者からの具体的な要求に従って、規制する役割を担った*[52]。都市基盤整備を伴う集合住宅団地の開発事業は社会住宅に関する施策を作成する段階で、政府と民間事業者を一体化した事業推進が可能となった。

民間の住宅産業と集合住宅

1970-90年代において、民間事業者は住宅供給の主体だった。国家機関のICTやBCHには住宅への関与を継続し、金融関連の環境への順応に力点をおいた。UPAC(不動産購買力の安定)*[53]のような方法の構築、個人貯蓄や住宅会社の設立*[54]により、住宅金融に現れた変化は不動産ローンの利用を容易にし、共同住宅地の建設を推進してゆく力となった。徐々にではあったが、UPACシステムに基づいて民間企業はコロンビアにおける住宅市場をコントロールし始めた。その結果、中流階級向けの住宅建設に資金の大半が流入することや、政府による社会住宅の供給の減少といった結果を導いた。更に、この期間に政府が供給した社会住宅は環境基準と建築基準に関して経済的な収益性の観点を採用したので、住宅開発における建築の品質の低下を招いた*[55]。この期間には住宅団地と集合住宅という2種類の開発事業が主に展開した。これらの住宅開発は民間に広く受け入れられ、ボゴタではBCHが展開した。これら2種類の住宅供給は戸建の住居地域の緻密化を可能とした。

第1のタイプの共同住宅地の開発は、小型の高層の家族向きの集合住宅地である。敷地区分所有に関する法令の活用により、共同所有を導入し、共有空間や緑化領域が提供される。小規模な開発だったので、この種の開発事業は民間企業により主導され、中・高所得者層にむけた住宅地を供給する方法となった。この開発の一例として、1985年にBCHが開発したヌエバ・サンタフェを挙げられる▶13。

この事業はボゴタの歴史地区に位置し、植民地時代に建設された住宅により形成されていた幾つかの街区が開発対象となった。この事業は事業当時の開発事業の商業的な様相を反映するものである。その一方で、それまでの数十年にわたってBCHが行ってきた社会住宅の開発とは違い、街区の中心部で共有空間の利用を提案するという特色がある*[56]。

第2のタイプの共同住宅地の開発は、1960年代初頭に策定された共同住宅団地の開発に関する構想を小規模に適用した開発である。ここでも敷地に関する区分所有に関する法令の活用により共同所有の形態を導入し、共有空間と同時に共同施設や緑化エリアの整備が行われた。なお、小規模な共同住宅団地の開発は1966年に都市に関する法律に組み込まれていた*[57]。この開発方法では複数の戸建住宅地をひとつに統合することを可能にしていたので、個人住宅で構成される小規模な住宅地開発が可能となった。1970年代に新たな金融制度の導入により、一体的な開発事業の規模が縮小し、民間事業者がこのタイプの開発事業を通じて不動産市場への参入する機会を得た。しかし開発規模が縮小したので、

13 ヌエバ・サンタフェ（北尾靖雅撮影）

より高い水準での生活空間への適応や高度なディテールを用いた建築の実現が可能となった。そこで中規模の建設業者と中流の住宅所有者にとって好ましい規模の住宅地の開発事業が現れた。

住宅地開発に様々な方法を開発し適用してきた結果、ボゴタの大半の地域では集合住宅団地が都市に適切に関連しなくなっていった。住宅地は都市の構造から切り離されて緻密化した。そこで住宅地開発方法の検討が必要となった。

そこで、新しい共同住宅団地の開発を試みた事例として1977-78年にルエダとモラーレスが設計した、サンタ・テレサの開発事業を挙げられる▶14。この事業では8×8mの建築ボリュームが配列されている。これは旧植民地時代の農場の区画に従っている。また既存樹木や元々の境界壁など、場所に固有な条件を活用した*58。この事業の実現過程で

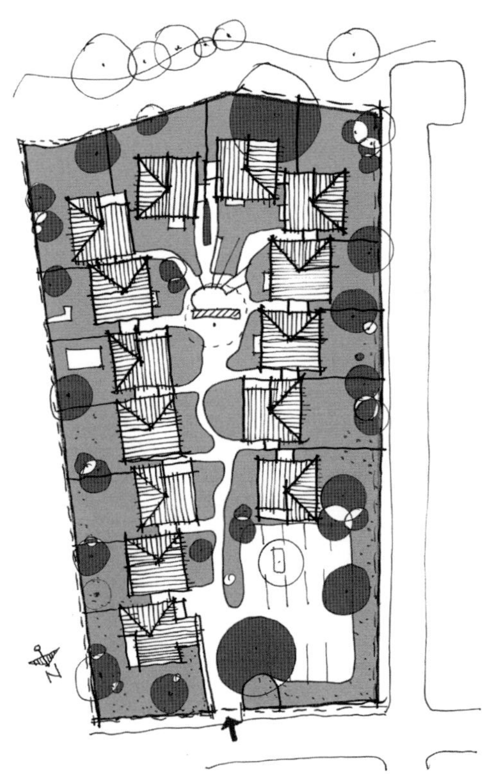

14 サンタ・テレサ（配置図）（作図筆者）

建築家は開発事業の実現に必要となる財源を集めるために、構想、推進そして建設まですべてのプロセスを担った[*59]。

住宅供給支援と政府の住宅投資の打切り

1990年代末に向けて徐々に政府は住宅地の計画や生産への投資を減少させていった。この時代にはICTを再構成する事(1991年)やBCHの閉鎖(2000年)があった。こうした変革は住宅供給の資金面での展開に関連し、ボゴタでの住宅供給における新しい展開へと結びついていった。

特筆すべきはメトロヴィヴィエンダの創設(1998年)である。この機関は土地の銀行として自治体の役割を割り当てた。開発者が都市が膨張する可能性のある地域で土地を取得するときに、都市基盤整備を伴う集合住宅地の開発方法を導入することになった。必要な都市基盤の道路や都市施設を建設し、次に住宅開発への責任を伴い、民間企業または住宅協会に販売することが行われた[*60]。住宅開発方法は1930年代から公的機関が主導した経緯を考慮すれば、ボゴタでの土地への規制や誘導は1930年代にカール・ブルーナーが考案した住宅開発の構想と同じである。政府と民間部門は過去から多くの知見を蓄積してきたので、技術的に実行可能なことに加えて社会的にも到達可能な居住地の開発が実現可能となった。

結論

ボゴタにおける住宅地の開発類型を概観すれば、建築とコミュニティの関係において展開してきたといえる。住宅開発における適切な対応により、住宅地の空間パターンを実用的に取り入れることは、都市の実体的な状況に根づき、ボゴタに特有な社会的状況により生じた課題を徐々に取り入れていった過程なのである。初期に開発された住宅地はコミュニティの形成に関連する施設を十分に伴った社会住宅のモデルだった。この考え方に基づく住宅地の開発事業は公衆衛生や高度な水準の住宅地を供給してゆくことに有効だった。しかし、都市に対する構想を実現するためには経済的な困難があった。こうした取組みは人口問題への対応を満たす事はできず、都市の急速な拡張の抑制には到らなかった。近隣生活圏の単位の開発、ユニテ型の住棟による住宅団地の開発は、1戸の住宅から都市規模の計画に到るまで多岐にわたる一体的な計画方法を検証することに関連していた。その上で重要な技術的な進歩が起こり、住宅開発に順次組み入れられていった。

これらの住宅開発の方法を適用してゆくことが可能な場所や地域の開発は都市の成長と地域開発を要する必要性の変化に追い越された。そこで、主に住宅供給の欠陥を解決し、より一層都市の高密度化に対応するための開発方法が適用された。ところがボゴタの都市部において流入人口が増大するという特異な社会的側面が十分に考慮されていたとはいえない。

そこで、住宅をグループ化した開発という考え方が導入されることで、社会的な住宅生産を目標とした社会的および文化的なコミュニティの特徴が取り入れられた。セルフビルド建築の可能性、住宅地の漸進的な発展、小規模な住宅団地の開発、およびコモン・スペースを区分所有するなどの考え方が盛り込まれていた。また地域のもつ固有性は建築言語、素材および空間性に関する解釈により事業により実現し、強く表現された。さらに、この考え方には柔軟性があり、住宅をグループ化した開発はクラスタータイプ等の様々なタイプの住宅地の原型となった。そして都市のネットワークという、全く異なる概念の都市構造との統合を可能にした。それでもなお住宅不足は深刻化し、法的には根拠のない住宅への定住は継続的に展開していった。

こうした状況と連動する経済政策へと変化が生じた。そこで、未開発の場所に対して、民間の住宅事業者が主導的に住宅開発を展開してゆく必要性がより強く求められた。

最近、住宅地開発の方法として、都市基盤整備を伴う集合住宅団地の開発という考え方が用いられている。地域の文脈に住宅地開発を適応させるという段階を蓄積してきた。この考え方の柔軟性により財政的な側面から事業を実施する可能性だけでなく既存の都市構造に統合してゆく可能性が増し、より地域に固有な必要性に応えることも可能となってきている。

註

＊1 コロンビアにおける全人口に対する都市人口は1938年には29%だったが、2005年には75%になった; Centro de Investigación sobre Dinámica Social, "*Espacio y Población, el proceso de urbanización en Colombia*", Bogotá, Universidad Externado de Colombia, p.14, 2007

＊2 R.Cubillos Gonzales, "*Vivienda social y flexibilidad en Bogotá. ¿Porqué los habitantes transforman el hábitat de los conjuntos residenciales?*", in Bitácora Urbano Territorial, v.1 fasc.10, pp.129-131, 2006

＊3 個々が使用者である一方で不動産の部分を所有する場合、水平財産制度は住宅保有および他の不動産の形態であり、廊下、暖房システム、エレベーター、外部空間の共用施設の利用は個人所有に関わり、共同で全部の所有権を示す所有者の団体によって制御される法的権利を有する; Condominium, Wikipedia: http://en.wikipedia.org/wiki/Condominium (accessed 12 February 2012)

＊4 前掲書＊2, p.130

＊5 A. Rapoport, "*House Form and Culture*", Prentice Hall: Upper Saddle River, Prentice Hall, p.47, 1969

＊6 E. Pereira Gómez, "Architecture-Community relationship from a social anthropological focus", trans; J.Ordonez, Islas 42 (125), p112-119, July-September 2000

＊7 規模を問わずにあらゆる人々が一緒に居住する時にグループの成員が共有し、あるいは特別な関心を持っていたり、共同生活の状況にあるときに、一つのコミュニティがあると考える。コミュニティとは生活をする人々の集団であり、共通する生活をある一定の地理的な範囲において打ち立ててゆく。コミュニティは社会的な調和状態の程度を示す。一つの村や、部族、都市はコミュニティを意味する; R. Maciver, Robert M. and Page, Charles H., "*Society: An Introductory Analysis*", New York: Holt, 1961

＊8 この言葉は近隣生活圏、居住地域、町のような建物のある場所の意味を含んでいる。

＊9 家の様式を決定する要因を区別するために、Amos Rapoportの人間学の研究は、主な要因(社会文化的)と二次要因(物理的)の関係を提案する; 前掲書＊5, p.47

＊10 物質的文化は人類が自己を守り再生するために必要なものに関する順位を含んでいる。

＊11 前掲書＊5, p.47

＊12 前掲書＊6, Op.cit, pp.112-119

＊13 スペインに由来する都市の形態と形態言語は征服した土地を制御するために、都市は手段として定着し、都市構造自体がもつ社会的階層を規定した。都市化は、地域のもつ資源や技術によって制約をうけ、3つの要因により特徴付けられた。複製可能な都市形態、地域のコンテクストに由来する制約、そして自由の程度は、地域のコンテクストに対して多様性と適応性を与えた。欧州における産業革命による人口増大はコロンビアの都市の拡大に貢献した移民を導いたが、移民は田園地帯から来て都市生活に慣れなかった。; Anne Berty, "*Architectures Colombiennes*", Paris, Moniteur, p.30, 1981

＊14 産業革命による欧州の都市における人口の拡大とは対照的に、移民者の人口の大

多数はコロンビアにおける都市の拡大にとって一定の役割を担った。都市住民は田園地帯から来た人々で、都市生活に慣れていなかった。

＊15 L.Espinosa Restrepo, "*El Estado en la construcción de las áreas residenciales en Bogotá*" in Urbanismos N° 2: Áreas Residenciales En Bogotá, p.58, 2007

＊16 公共事業庁長官は、1902年に建築許可の問題で規制に関する契約（Acuerdo）を規定した。; R. Cortés Solano, "*Del Urbanismo a la Planeación en Bogotá (1900-1990)*". Esquema inicial y materiales para pensar la trama de un relato in "Bitácora Urbano Territorial", v.1 fasc.11, p.170, 2007

＊17 前掲書＊16, p.171

＊18 コロンビアで初めての社会住宅に関する法令は1918年の法律46号で、これはラテンアメリカの多くの国と同時期である。この法令はコロンビアにおいて初期の社会の工業化過程にも一致する。この法令の背景には博愛団体や個人だけでなく政が関与した; A. Saldarriaga, R. Carrascal, "*Vivienda Social en Colombia*", Ed. Bochica, Bogota, p.31, 2006

＊19 当時ボゴタの都市計画局は公共事業に大きな権限を持っており、その対象とする事業は都市基盤整備事業と諸機関の建築物を建設する事業であった; T. Maya Sierra, "*Áreas residenciales y Desarrollo Urbano en Bogotá. La Intervención Estatal*", in Urbanismos N° 2: Áreas Residenciales En Bogotá, p.26, 2007

＊20 前掲書＊16, p.166

＊21 Andreas Hofer, "*Karl Brunner in Chile and Colombia*" *in Sitte, Hegemann and the metropolis: modern civic art and international exchanges*", ed. Charles C. Bohl, Jean-François Lejeun, New York: Routledge, p.220, 2009

＊22 前掲書＊21, 221

＊23 前掲書＊21, 221

＊24 ブルーナーはボゴタにおいて下記の近隣生活圏の計画を樹立していた; Bosque Izquierdo, El Campín, San Luis and Sections of Palermo and the Ciudad del Empleado; 前掲書＊19, p.29

＊25 前掲書＊16, p.173

＊26 主な具体例は下記の通りである; Caja de Crédito Agrario（Agricultural Credit Bank）est.1931, Banco Central Hipotecario（Central Mortgage Bank）est. 1932, Instituto de Crédito territorial（Territorial Credit Institute）est.1939, Caja de Vivienda Popular（Popular Housing Bank）est. 1942, Caja de Vivienda Militar（Military Housing Bank）est. 1947; 前掲書＊19, p.31

＊27 CIAM（International Congresses of Modern Architecture）は1928年に結成され1959年に解散した組織である。その設立の目的は 近代運動を建築のあらゆる分野で展開することにあった。CIAMには住宅、労働、レクリエーション、そして交通に関して用途によるゾーニング、階層性を持つ道路の体系、歩車の分離、多様性のある住宅、合理化と効率化について建築形態や建築と自然環境との統合等に関することに関心があった; C. Niño Murcia, "*Las ideas de Le Corbusier y la arquitectura oficial en Colombia*" in Le Corbusier en Colombia, ed. Vargas Caicedo, H., Cementos Boyaca,: Bogotá, p.44, 1987

＊28 ICTとの依存関係では、素材の研究と応用研究（TIAM）は新しい技術と既存の技術

を改良する役割を担った; 前掲書＊19, p.34

＊29 近隣住区理論はC・ペリーが社会的な関心に基づいて大都市部における居住地区を開発整備するために作成したダイヤグラムを指す; Neighborhood Unit, Wikipedia: http://en.wikipedia.org/wiki/Neighbourhood_unit（accessed February, 20 2012）

＊30 前掲書＊19, p.34

＊31 前掲書＊15, p.60

＊32 前掲書＊19, p.38

＊33 The national law 88 of 1947 required all municipalities to produce a regulatory urban plan. 前掲書＊19, p.35

＊34 前掲書＊2, p.130

＊35 A. Montoya Pino, "*El Centro Urbano Antonio Nariño, un nuevo concepto de vivienda y vida urbana*" in Urbanismos N°2: Áreas Residenciales En Bogotá, p.133, 2007

＊36 アントニオ・ナリーノのアーバンセンターはコロンビア政府文化省における2001年6月22日付けのNo.0965による決議により、建築的遺産として登録されている。

＊37 CINVA はボゴタのコロンビア国立大学を拠点として1951年から1974年にかけて存在した; 前掲書＊19, p.34

＊38 G.Samper, "*La Evolución de la Vivienda*", Bogotá, Editorial Escala, Colección Somosur, p.55, 2003

＊39 CINVAにおける共同作業で、居住者となる人々は基本的な住宅の建設方法のトレーニングをうけた；前掲書＊38, p.55

＊40 前掲書＊38, p.57

＊41 前掲書＊38, p.75

＊42 前掲書＊2, p.130

＊43 前掲書＊2, p.130

＊44 前掲書＊38, p.76

＊45 前掲書＊38, p.76

＊46 前掲書＊38, p.97

＊47 前掲書＊38, p.79

＊48 前掲書＊15, p.62

＊49「……1960年代末期に、経済計画の方法は国の住宅政策に浸透した。ボゴタ市は生産されたものとして理解され、都市構造は効率および生産性の観点から評価された。物理的な空間の可用性は、むしろ社会開発への主な重点ではなく、経済開発達成手法となり、結果的に建設業は国の開発政策の推進において重要な要素となった……」; 前掲書＊19, p.40

＊50 前掲書＊38, p.125

＊51 メトロヴィヴィエンダは産業と商業の展開を意図してボゴタ市が推進する事業で、都市における取得可能な住宅の建設と推進を担う; Metrovivienda, http://www.metrovivienda.gov.co/（accessed 17 February 2012）

＊52 ブルーナーもまた同じ役割を1930年代に自治体に求めていた; 前掲書＊21,

p.220
＊53 1972年の法令677、678は UPAC（unit of constant purchasing power 安定購買力のユニット）に貯蓄システムの導入を定めた.これらの法令の目的は住宅購入における長期的なローンを可能にし、住宅購入力を維持する目的がある; 前掲書＊15, p.63
＊54 住宅・貯蓄銀行に貯蓄された資金は住宅地の新規開発に振り向けられる。
＊55 前掲書＊15, p.64
＊56 Tellez, G. "*Rogelio Salmona-obra completa 1959-2005*", Bogotá Editorial Escala, p.347, 2005
＊57 前掲書＊38, p.100
＊58 前掲書＊13, p.94
＊59 前掲書＊13, p.85
＊60 前掲書＊15, p.64

参考文献

〈雑誌より〉

Cubillos Gonzales, R., "*Vivienda social y flexibidad en Bogotá. ¿Porqué los habitantes transforman el hábitat de los conjuntos residenciales?*", Bitácora Urbano Territorial, v.1 fasc.10, pp.124-135, 2006

Cort?s Solano, R., "*Del Urbanismo a la Planeación en Bogotá（1900-1990）. Esquema inicial y materiales para pensar la trama de un relato*", Bitácora Urbano Territorial, v.1 fasc.11, pp.160-213, 2007

Espinosa Restrepo L., "*El Estado en la construcción de las áreas residenciales en Bogotá*" Urbanismos N° 2: Áreas Residenciales En Bogotá, pp.66-83, 2007

Maya Sierra, T., "*Áreas residenciales y Desarrollo Urbano en Bogotá. La Intervención Estatal*", Urbanismos N° 2; Áreas Residenciales En Bogotá, pp.28-68, 2007

Montoya Pino, A., "*El Centro Urbano Antonio Nariño, un nuevo concepto de vivienda y vida urbana*", Urbanismos N° 2; Áreas Residenciales En Bogotá, pp.141-153, 2007

Pereira Gómez, E., "*Architecture-Community relationship from a social anthropological focus*", trans. J. Ordonez, Islas 42（125）, pp.112-119, 2000

〈書籍より〉

Berty, Ann, "*Architectures Colombiennes*", Paris, Moniteur, 1981

Centro de Investigación sobre Dinámica Social, "*Ciudad, espacio y población: el proceso de urbanización en Colombia*". Bogotá, Universidad Externado de Colombia, 2007

Hofer, A., "*Karl Brunner in Chile and Colombia*" in Sitte, Hegemann and the metropolis: modern civic art and international exchanges, ed.Charles C. Bohl, Jean-François Lejeun, pp.212-225 New York, Routledge, 2009

Niño Murcia, C., "*Las ideas de Le Corbusier y la arquitectura oficial en Colombia*" in Le Corbusier en Colombia,ed. Vargas Caicedo, H., pp.44-59, Bogotá: Cementos Boyaca, 1987

Rapoport, A., "*House Form and Culture*", Upper Saddle River, Prentice Hall, 1969

Saldarriaga, A., Carrascal, R., "*Vivienda Social en Colombia*", Bogota, Ed.Bochica, 2006

Samper, G., "*La Evoluci?n de la Vivienda, Editorial Escala*", Colección Somosur, Bogotá, 2003

Tellez, G., "*Rogelio Salmona-obra completa 1959-2005*", Editorial Escala, Bogotá, 2005

論 考 編

第 8 章
人間の生命に触発される建築
地域の空間に見るコロンビアの建築と自然

Architecture is Inspired from Human Life:
Architecture and Nature in Colombia, Rural Space

エスペランサ・カロ Esperanza Caro

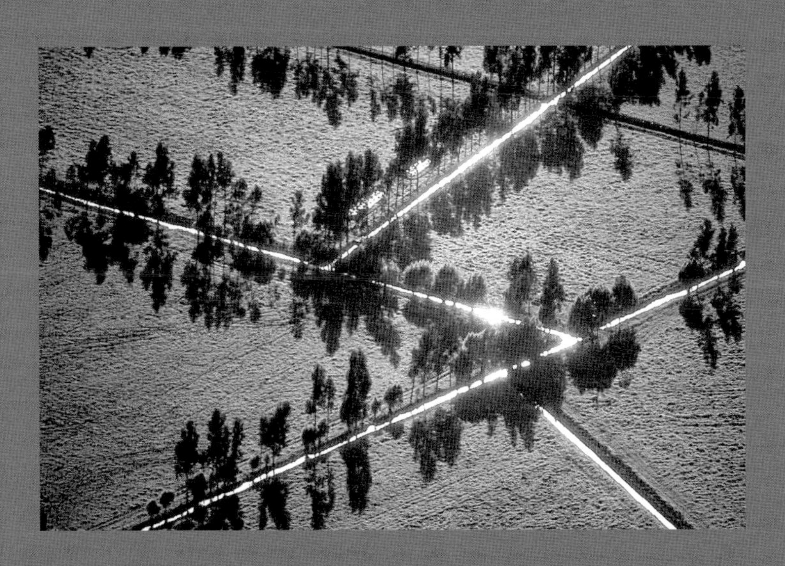

はじめに

地形や自然現象という自然の摂理が支配するコロンビアの広大な国土のなかで、人間の支配能力を自然は遥かに凌いでいたので、植民地として支配されていた時代から、人間が利用することができなかった領域が存在してきた。こうした領域のひとつに、オリノキア[*la Orinoquia*]と呼ばれる東部平原地帯がある。この平原地帯はコロンビアの国土の3分の1に相当し、そこにはオリノコ川が流れている。近年、東部平原地帯には現在の人間が産業や食料とともに必要とする、エネルギーを開発するための植林地を開発する小さな試みを見つけることができる。

プレ・コロンビア時代から東部平原地帯のオリノキアに住み続けてきた人々がいた。これらの人々は多様な遊牧の文化を形成してきた。彼らの生活様式は地域の生態系と関係が深かった。しかし、彼らの生活はコロンビアの歴史のなかで翻弄されてきたことも事実である。しかし彼らは、知識や考え方を彼らの祖先から受け継ぎ、生活様式を創りあげてきた。

一方、東部平原に家族を伴い、新たな生活を求めてアンデスの山岳地帯から移住してきた人々もいた。こうした人々は家畜を飼い、農業を行い、自給自足により生計をたてていくための基盤を形成してきた。この過程で、移住者と、元々オリノキアの大地で生活をしていた人々の間で混血がすすみ、オリノキア平原のクリオージョと呼ばれる人々が生れた。

彼らの質素な住まいはサワナ(サバンナ)の巨大な自然景観に直面し、人々は巨大な環境の中で生活の場を探し続けてゆき、様々に変化する自然環境に生活を対応させてゆくものであった。

建築的な対象として彼らを賞賛するのではなく、将来の人間と大自然との関係に関して我々に再考を促すのである。

豊富な資源

コロンビアのオリノキアとはアンデス山脈中の東部山脈[*La Cordillera Oriental*]からエル・エスクード・デ・グヤナ[*El Escudo de Guyana*]とよばれる岩盤地帯にかけて広がる地域である。コロンビアとベネズエラの国境となるオリノコ川の一部に囲まれた地域をさし、オリノコ川に因んで命名された。

コロンビアの東部平野の大自然は、千年の縮小過程のプロセスと平野のそばの森の移動に独自の起源がある。今日の森林が巨大なサワナ（サバンナ）の景観に現れているのは、川を流れる水が土壌に滲み出てゆき森林に必要な豊富な栄養を含む土壌が形成され、この川からしみ出た水によって川に沿って森林地帯（拠水林）が形成されてきたことによる。この森は「回廊の森」（川に沿った森林）と呼ばれている*[1]。ところが、サワナ（サバンナ）に降る雨は川底を洗い流すだけでなく、いったん、森林火災が起これば草や木が生えてくるので、原始的な森林が回復されることはない。

オリノキアは鳥類、淡水魚、両生類、爬虫類、哺乳類だけでなく植物においても、世界的にも有数の生物多様性のある地域のひとつである。むしろ、種類が豊富であるという価値がある以上に、この地域の生物多様性は生態系が広大なエリアによって特徴付けられていることである*[2]。

オリノキアでは焼畑ができず、土壌は酸性なので、アンデス地方で行われてきた伝統的な農業は不可能である。従来、オリノキアは経済的には何も産み出さない地域と考えられてきた*[3]。今日では、オリノキアの平原は世界的なエネルギー需要によって引き起こされた新たなエネルギー資源を産出する場所として開発の圧力を受け始めている。

オリノキアの平原は、現在の世界のエネルギー問題と環境保護の問題の両面から着目する必要があると思える。環境負荷の軽減の視点からみれば、環境に優しい新しいエネルギー源の開発の可能性を提起することができる。環境の変化に適応することは都市居住の改善方法として、フレキシブル、自給自足、再生可能という方法を示す。

ラス・ガビオタス —— コロンビアの平原地帯の建築

オリノキアの平原にヴィチャダとよばれる自治体があり、そこにラス・ガビオタス・センター［*El Centro Las Gaviotas*］がある*[4]。北緯は4度38分である。ラス・ガビオタス・センターはコロンビアにおける熱帯地域の環境を活用する自給自足を目指したコミュニティ・モデルの建設を60年以上、追求してきた。パオロ・ルガーリ・カストゥリィジョンの構想により建設された。カストゥリィジョンは、この場所から触発された創造性を発揮して生産的方法を開発する人々のグループが連鎖的に、そして継続的に創造性を発揮することができる場所づくりを目指した。

ガビオタスに参加した人々は場所と対話し、一連の技術的で社会的要素をもち共通の認識に基づくコミュニティを構築するために必要な資源を発見してゆくことに力を注いだ。そして、独自に開発した製品をコロンビア全土の小売店舗に流通させ、コロンビアの国民が持続可能性を持つ製品を購入することができることを目指した。つまり一連の技術的要素、社会的要素、そして社会を構築するために必要な資源の開発を展開してきたのである。

ガビオタスは、コロンビアの東部地帯の中心に位置しており、国の公共事業省が譲渡した東部平原の中心部にあった軍隊の駐屯地の跡地を活用している。当初ガビオタスの事業の目的は、成功するのかどうかわからなかったが、アンデス山脈で行われてきた農業を引き継ぎ発展させることであった。しかし、行政的手法や研究プロジェクトの導入によって地域のコミュニティに経済的な安定性を確立することはできなかった。そこで、地域の人々の必要性によって触発される社会事業および技術研究事業として、「文明は人と水との間のたゆまない対話である」*5という理念に基づき、ガビオタスの事業が開始された。

ガビオタスでは、熱帯の微風にも有効に使える「二重螺旋構造の風車」▶1、地下水を汲み上げるための装置、小川の水を濾過し水質を改良する装置(ボンバ・デ・カミサ)、農業用水を川から汲み上げてサワナ(サバンナ)で使う「アリエテ」▶2と呼ばれる揚水ポンプの研究開発を行い生産した。ガビオタスは地域に住む人々を引きつける新製品を開発するための産業の中心となっていった。

彼らが設計したこれらの技術は、赤道付近の数千の家庭や水道システムの設置に用いられた。そうした製品を生産するためにガビオタスは環境装置の生産工場を設立した。産業や新製品の開発研究所センターは地域の人々に魅力的な活動を展開した。

ガビオタスの新しいコミュニティは住宅、病院、学校の設立も行った。そして、健康や伝統的に使われてきた薬の研究が行われた。ガビオタスでは労働者、研究者、教師や保健の専門家たちが実験的な集落を形成した。こうした人々のメッセージや生活の方法は地域と共有された。子どもたちはガビオタスで開発された技術を通じて学習を行った▶4。ガビオタスは平原の文化を構築することをめざした。

ガビオタスの教育、医療、技術開発はコロンビアの国内だけでなく科学者、芸術家、技術者、デザイナー、社会学者など多分野の専門家達を魅了した。彼らは自らの職能上の関心を地域に関連して発展させるために長期間、あるいは短期間、現地に住んで研究開発を行った。なかには長期間住んでコミュニティの一員となった。

ガビオタスは80年代の石油危機の警鐘に対応して、太陽エネルギーを利用する実験を開始した。彼らはシンプルに水と風を太陽から得られる無尽蔵のエネルギー資源として活用した。その結果、ヴィチャダでは

1 二重螺旋構造の風車
（著者撮影、1991年）

2 アリエテ（著者提供）

3 サワナ（サバンナ）に出現した人工林
（著者撮影、1991年）

4 ガビオタスでの活動（出典：ラス・ガビオタスの写真資料 ©Las Gaviotas）

研究グループが家庭で温水を使えるソーラー・コレクターの試作機を完成させた。プレ・コロンビア時代からこの地域の人々は、太陽熱を利用した温浴を行ってきた。ところが、太陽熱を利用することの必要性はオリノキアよりも、むしろコロンビア国内のなかでも最も都市化がすすんでいるアンデス地方にあった。ガビオタスは家庭用のソーラー・コレクターを開発してコロンビアのマーケットで販売した。1989年にコロンビアでは30,000個を超えるソーラー・コレクターが設置された。ソーラー・コレクターを設置することが社会住宅に対して政府の助成対象になったことは特筆すべきことである。

ところが1996年頃に天然ガスが国内で発見され、政府は天然ガスの供給網を整備するために助成金を支出するというエネルギー政策の転換を行った。銀行は太陽熱温水器本体の設置に補助金を提供することをやめた。これは国の産業の滅亡を意味し、同時にガビオタスにとっては経済的危機を意味した。

こうした状況と並行して、ガビオタスは中米の栄養の低い土地に生えるカリブ松の成長に関する研究を少しずつ開始した。この研究に基づき大規模森林を開発する事業を展開してゆくことを始めた*6。この森林の開発事業では、松から収穫できる樹脂から産業に利用できるコロホニウム・レジンを製造する研究が展開された。産業廃棄物を排出しない環境に与える影響が全くない製品の製造技術が確立された▶5。

また、実験的段階ではあったが、森林生物から出る残留物やコミュニティから出る有機残留物を利用して試験的にバイオ燃料の原型を開発した。現在は、この技術はコミュニティに必要なエネルギーの需要に応えている。ガビオタスは森林の新たな活用方法を開発した。つまり、知的

5 松ヤニの収穫
（出典：ラス・ガビオタスの写真資料 ©Las Gaviotas）

6 ガビオタスのプランテーション
（出典：ラス・ガビオタスの写真資料 ©Las Gaviotas）

な森林所有者であるガビオタスのコミュニティは森林を活用した生産活動を行い、地域社会を統合し、全体で8,000haの森林を経営するまでに至った▶6。

自然のもつ混沌とした状況に対応した偉業に対してコレッジ大学は名誉博士号の称号をパオロ・ルガーリに授与した。混沌とした状況に対する説明を求められたルガーリは、「危機を機会ととらえることである」と明快に答えた。

これまでにガビオタスが展開してきた技術は現実への提案であり、現実を変えるものであった。危機は局地的には政治的判断の衝突により生じるものであり、決して一体的に生じるものではない。機会は原点に回帰してこそ獲得できるのである。そこで資源を確認し、技術体系を変形し、常識をも改めて更新し、そのうえで新たな提案を行うのである。

自給自足型病院

この病院は熱帯地方の原野に提案されたガビオタスの「建築作品」である。この建物を「建築作品」と称するには理由がある。それは、この病院を建設する作業では、建物の完成時において時の証を残す空間が、地域社会の表現となっているからである。建築物を構成する要素は、エネルギーに対する詩的な感情表現であり、建物全体は自然と相互作用する全体的なシステムにより構成されている▶7-9。

この自給自足型の病院の創設は1987年に遡る。この病院を建設する

7 マロカと病院（竹下輝和撮影、1991年）

ために学際的な議論の場がもたれた。地域の人々が実験の参加者として建設に関与したことによって、柔軟な建築上の提案が可能となり、コミュニティが利用することを可能にした。その理由は、地域コミュニティの構成員はその場所を熟知しており、そして、その場所を共有しているからである。この病院を歩けば、地域社会や平原の自然と技術に関する対話により産み出された新しい特質を持つ建築であることがわかる。

地域の人々は治療のために日曜日になると、この病院に来る。そしてハンモックで休息をとり、白く冷たい床に座って平原と対話し、テラスの池に永遠に流れ続ける水を眺め、廊下を通り抜ける風に耳を傾け、時折、医者を訪ねる。

この病院の建築の構成に関する考え方はサワナ(サバンナ)の風景にその原点がある。この病院の主軸は朝から夕方にかけて動く赤道直下の太陽の軌道と関連している。風の方向に対して建物は正面を開いている。建物の内部から南の方角にはサワナ(サバンナ)の地平線が、北の方向には「回廊の森」の風景が対応している。建物は自然との関係を重視し、簡素な要素で表現されている。

1,000m^2以上の面積の病院の建物にはセメントの壁があり、常に通風を確保するためにファサードに可動式の網戸を取り付けている。これはサワナ(サバンナ)を流れる貿易風*7の風向きを考慮して配置されている。風の流れが空間の性質をつくりだす。

建物の北東側には風をいったん地下室に取り込み、冷却した後に室内に取り入れる風の通り道がある。この風の通り道は次のように建設された。ビニール袋に水を入れて両端を結び、次に地中に流し込んだセメントの中に、この水の入ったビニール袋を埋め込んでおく。このときビニール袋の両端はセメントの面から出しておく。セメントが硬化した後に、ビニール袋の端の結び目をほどくと中から水が流れ出る。その際に、袋を取り去る。すると、セメントの中に管ができ上がる*8。

病院は常に新鮮な空気が送り込まれている。気温の上昇に伴い空気の流れが起こるように地中に、楽器のような通気管が設置された。また輻射熱で建物内部の温度が過剰に上昇することを避けるために、屋根は二重になっている。上の層と下の層の間に空気層を設け、屋根の両端には換気用の穴があり、熱せられた空気が外部に出てゆくように工夫されて

8 病院の航空写真（L.A.Triana撮影、1987年）

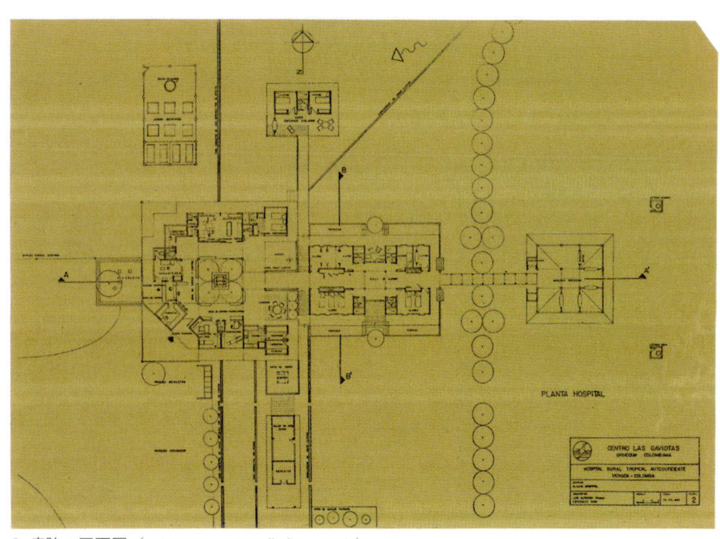

9 病院の平面図（E.Caro、L.A.Triana作成、1983年）

いる。

スライド式のカバーをもつ病棟では、太陽光線を透過する。病気で寝ている間に日光浴をすることができる。また、夜にはベッドから星を見るために開くことができる。病室は自分が生まれてきた場所や、戻る場所のことを考えることができる幸福のカプセルとなる。

ソーラー・コレクターは病院の中庭に設置され、中庭の周辺には外来者用の薬局と研究所が配置されている。また、小手術室や配送室につながっている▶10。

病院の空間的な構造を形成する回廊はサステイナブルな装置である。回廊からは単純さ、明快さ、清潔さと知恵という「透明性の概念」に通じる質の空間を見いだすことができる。壁の両端の上部には設備機器のパイプを覆っているカバーがある。パイプは銅製で、中には熱せられた油が流れている。このパイプは熱交換器を介して病院のソーラーキッチンの釜を熱することに使われている▶11＊9。こうした装置の他に、回廊にはサワナ(サバンナ)の水源から風車により水を供給するシステムがある＊10。また回廊には精製された水を製造する装置や病院で使用される氷を製造する機器がある。このコミュニティ建築は自然を利用したエネルギーや水の供給とその処理技術に支えられている▶12。

先住民の人々は、彼らの日常の生活を営む拠点となる場所として、先祖から受け継いできた伝統的な住居のマロカを自分たちで病院の隣に建てた＊11。この建物の構造材は森林から切り出した丸太を使い、屋根に

10 ソーラーキッチンに用いる
ソーラーコレクターのある廊下
(L.A.Triana撮影、1987年)

11 ソーラーキッチン(竹下輝和撮影、1991年)

は大実椰子の葉を使っている*12。建物の内部にはハンモックが梁から吊るされている。このハンモックを患者や付き添ってきた家族が休息に用いる▶13。

中庭では、雨水の無限のサイクルを理解することができる。雨水は平原の地中で濾過され保水される。そして、生命を象徴する水は風力を利用したポンプで汲み出されている。バケツに一杯の水ではあるが、風によって水に生命が与えられている。

ところが、政府は農村部において医療システムや技術を持つ病院は不適当であるとみなし、移動式の診療所システムを導入することになった。この政策上の変更によりガビオタスは政府からの支援を得ることができなくなった。

社会的意義を伴うこの建物のもつ技術的な能力を統合するために、建物の新たな役割を見つける必要性が生じた。このときガビオタスはすでに地下水の質に関する研究を前進させ、風力による揚水技術を確立し、太陽エネルギーを利用した水処理の技術を開発していた。つまりガビオタス病院では熱帯地方における統合された水処理が完全にできる技術水準を獲得していた。ここに、この建物の新たな役割が見いだされた。

一方、森林では降雨量が多くなってきていることが観測されていた。サワナ(サバンナ)の広大な森林地域に植林された木々が、サワナ(サバンナ)の地下の保水力を高めていた。サワナ(サバンナ)の大地に新しい気候パターンが出現したのである。

12 パティオの池
(L.A.Triana撮影、1987年)

13 マロカの内部
(著者撮影、1991年)

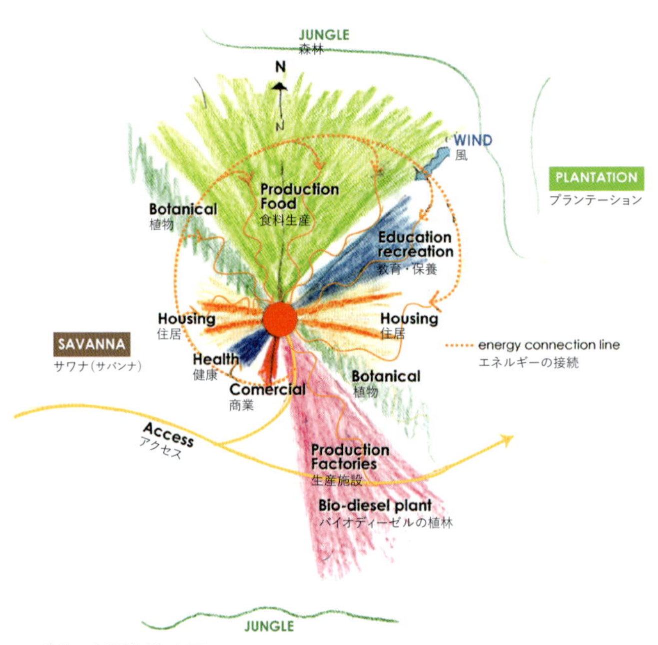

14 集落の空間構成概念図

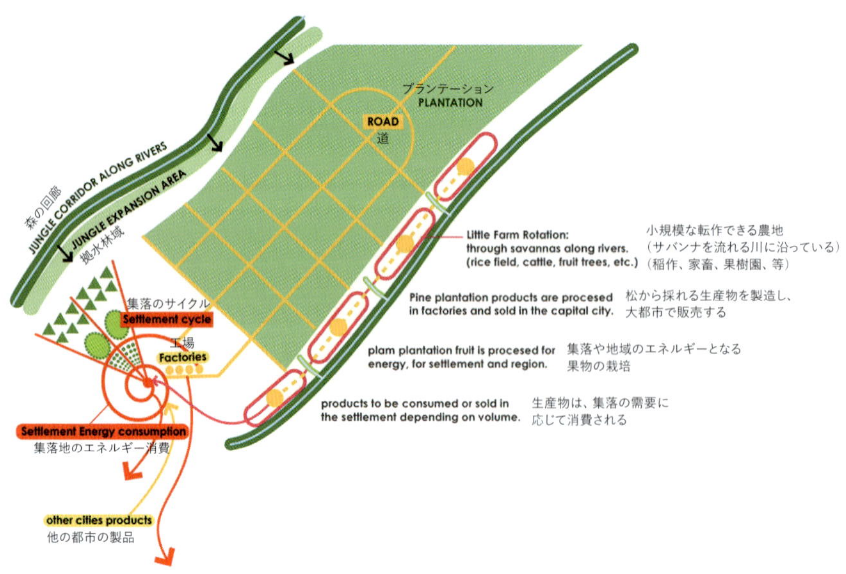

15 集落と農園の生産システム

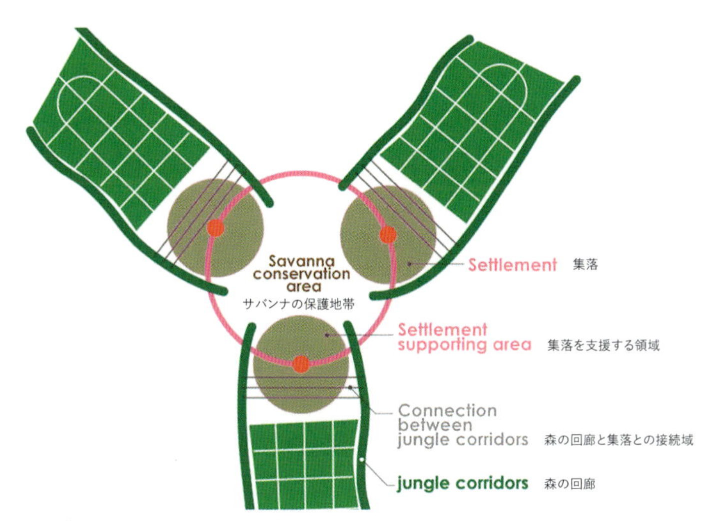

16 プランテーションと集落群の関係

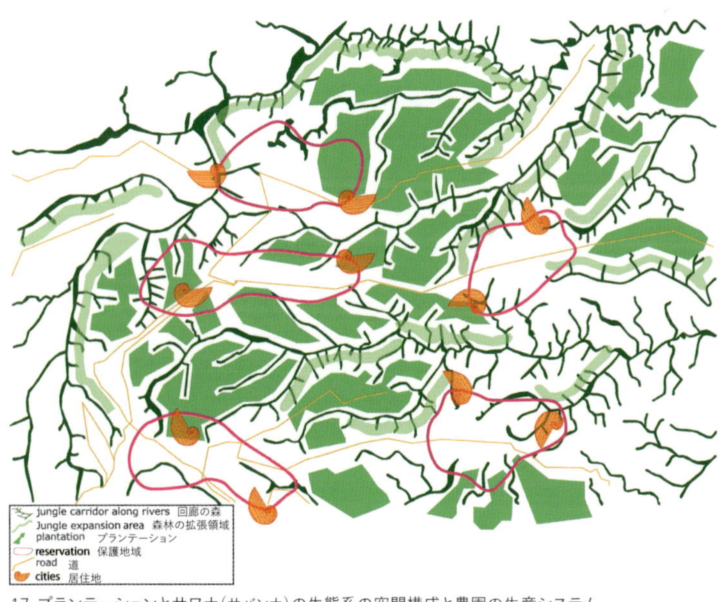

17 プランテーションとサワナ（サバンナ）の生態系の空間構成と農園の生産システム

病院の施設を使って、最小限のプロセスで水を浄化して清浄な水を抽出するシステムが設計された。その結果、現在ではガビオタスの病院は水を製造する工場となった。状況に対応して変化することで持続可能な建築となり、そして今も存続している[*13]。

この施設は、研究事業と社会技術の開発が可能になったことを示す。ガビオタスの事業により開発された多くの装置は社会的にも技術的にも先進的な研究プロジェクトとして社会に貢献し、また人々の必要性に応じて進化してきた。結果として、持続可能な開発に関する国家的な事業に対して、あるいは地域コミュニティに帰属する結果としてこうした開発事業は実現した。今では、地域の人々の予防医療の拠点としての役割を担っている。地域の人々は「水の病院」として利用し続けている。

当初、病院の建築は人々の調和的な共存をつくり出してゆくための手段であった。ところが、このコミュニティの持続的な発展の過程において、建築はコミュニティが使う道具へと進化していった。このようにして、今や、東部平原の大地に本質的に持続可能といえる環境建築が出現したのである。

平原の生態系

過去50年以上もの時間をかけた持続可能な発展プロセスは、過去の伝統を尊重し、同時に新しい状況にも柔軟に対応可能な建築であるという感覚を反映している。この建築は、大自然とともにライフスタイルの社会的な均衡を構築するという必要性に対処するものである。更に、環境が変化することの履歴を証言する目撃者として、場所性を奪還するという必要性に対処するものでもある。そして持続可能な未来に向かって、インスピレーションの根源となる。オリノコ川は、砂漠やオアシスをつくりだす。オリノキアの気候、水、生態系と人間の間にはダイナミックな相互依存の関係があることは明らかである。つまり、人間は地域の社会的 - 環境的な生態系として考えることを求め、このことを通じて、商品やサービスを社会に提供する[*14]。そのうえで、その社会と人間が住む場所は、空間的な接続部を、大自然の力を削ぐことのない力を大自然に提供しなければならない。

この領域を巨視的な視点で眺め、建築的に解釈すると、自然の仕組みと人間の仕組みの断片があることが見えてくる。自然とは循環的である。季節的に水が流れた痕跡は、森林の土壌に生命が染み込んだ痕跡を示す。この生命の痕跡はサワナ(サバンナ)のオリノキアの大盆地の地形[*15]に沿って数キロも続く。人工的なシステムでは自然と調和した関係を見つけ出してゆくことはできない。サワナ(サバンナ)に起こる火災は森林の成長の妨げとなり、森林の面積を減少させる。プレ・コロンビアの時代からこの地に住んできた人々の生活は生態系の持つ回復力に依拠したものであった。ところが、財産として土地に境界線が設定されると生活は制限を受ける[*16]。

一方で、依然として何日もかかる距離をトラックで運ぶ化石燃料エネルギーに依存している人々がいるのも現実である。プランテーションの地域とサワナ(サバンナ)の保護された地域の関係により集落の場所は限定される。採掘や植林に関する巨大な事業では熟練した就労者数は流動的で、生活を営むには、最低限の野営地での労働が求められる。平原に暮らす人々は、農場の規模と牛の数に対する彼ら自身のマネージメントの能力により決められる。その結果、子どもたちは経済的に不安定な環境で学ぶことになる。

今日、健康管理の方法は、予防医療の意味を持つ講習会や相談会といった移動する医療サービスに依存している。治療が困難な状態の人々に対しては都市部で対応する方法をとる。

居住地を建設することや植林という人間活動の自然への介入は、近年ではこの地域において経済的な観点から選択肢となってきている。この地域を大局的な見地から展望すれば、農園等、人間が自然に介入する地域を限定し、自然と人間の空間的配置を一体的に検討する必要がある。私たちは自然に対して空間を保障し、生産活動が可能な場所を確保する。そこで「地域の生態的で民主的な土地の再分配」というひとつの選択肢を考える[*17]。保護されているサワナ(サバンナ)の一部の地域は水の循環システムを維持し、その地域は「森の回廊」に生息する生物と接触する空間を創り出す。人々の居住地は永遠に資材が供給される植林地から切り離す。集落を設置するためには、測量に基づく地図や人工衛星を利用した調査に基づく情報から判断して、土地の利用目的を決定してゆくことが必要なのである。

脆弱性と回復力という概念

生命、太陽、風そして、水は、ガビオタスの建築のディテールや病院の活動を決定する要因となっている。プロトタイプとしての建築は社会空間を現実化させるであろう。未来と現在の雨の状況に関心を持つことは、建築を構成する要素の柔軟な開発につながる。ガビオタスが開発した環境機器類は光で満ちあふれる都市部で利用されており、適切な技術と認識されている。そしてコミュニティの成長と連鎖が想像され得るのである。ガビオタスの建築物群は風景として思考を巡らせ、人々が出会う場所となる。

このようにして、植林事業の推進とそれを開発するコミュニティによって、人々が暮らす場所が形成されてきた。この場所に来た人々の考え方は変化し、人々は持続性を可能にするためのコミュニティにおいて重要な役割を担い責任を負うようになった。つまり、植林地と居住地を所有することにより、事業的にも人々の強い結びつきのある社会を形成する。生産システムと普及は、例えばNGO，政府，投資家，科学研究機関等との連携により実現するだろう。

ガビオタスの経験にもとづけば、森林の生産性は、森林の単位面積の

18「回廊の森」(出典：ラス・ガビオタスの写真資料 ©Las Gaviotas)

人口と関連づけられている。持続的な研究開発により森林の生産性は高まり人口は増加してきた。植林地はサワナ(サバンナ)の環境保護区への敬意を払い「回廊の森」の周囲から離れた場所に設置される。地域にはコミュニティが散在しているが、それらでは医療、教育、社会サービスが受けられる。こうした構造によりコミュニティは結合力を高め、その哲学を象徴化している。集落には、そこに住む人々自身が保有する温室、果樹園、養魚場、牧場があり地域社会や商人たちと交易をするだろう。ガビオタスの経験は、今日では国内における土地利用のあり方についてひとつの方法を提案している。大地に対して植民地モデルは持続性を失っている。別に残された土地の所有者は団結力を持つことができない。持続可能な開発には自然と一体的であることが重要なのである。自然とダイナミックに調和して開発するためには、誰かにより所有されるという土地制度は、環境と社会との関係に対して孤立する▶14-18[*18]。

コロンビアの歴史において、近代に起こった社会的な不安定なバイオレンシアの時代には法律的な根拠もなく、地域の農民たちが祖先から引き継いできた土地を奪い取ることが横行した。この問題に対して政府は、奪い取られた土地を本来の所有者に返すという困難な問題の解決に着手した。しかし政府の取組みは有効でないことがわかってきた。
「砂漠とは想像力の欠除した場所のことである」[*19]。

註

＊1　保護された川の流れがあり、「回廊の森」と呼ばれている。

＊2　Jaramillo-Villa U., Maldonado-Ocampo J.A. & Bogotá-Gregory J.D. “Peces del Oriente de Antioquia, Colombia”, Biota Colombiana 9(2), pp.279-293

＊3　アンデス地方は気温の多様な地域として特徴づけられており、標高は0mから5,000mまである。土壌は多種な養分を有する豊饒で気候は変化に富み、この国でもっとも生産性の高い地域である。アンデス地方には熱帯性の生態系があり森林、原野、万年雪など生態学的にも重要な価値をもつ自然がモザイク状に構成されている。

＊4　ヴィチャダ川の北には水が豊富であるが、決して洪水に到らない地域がある.そこが水や風で容易に浸食された大地のオリノキア・デレナーダである；Baquero Nariño, Alberto, “Suelos Fácilmente Erosionables por Acción del Agua y el Viento”, 1949

＊5　Paolo Lugary, “Un Nuevo Renacimiento para el Trópico”, http://www.centrolas-gaviotas.org/

＊6　キノコの菌が松の根を浸食すると松の木が大地の養分をより多く吸収できる。このことを助けるミコリッサというキノコ菌が松の木で繁殖する；Paolo Lugary Documento, “Centro Las Gaviotas de Colombia Conocimiento e imaginación para el trópico”, 1989

＊7　熱帯地方に集約され、世界をまわる貿易風のこと。

＊8　排水溝を建設するために開発された建設技術。

＊9　ソーラーシステムは実験的な装置の原型として設計された。

＊10　二重螺旋の構造をもつ風車は既に完成していた。

＊11　マロカはアマゾンやオリノキアに元々住んでいた人々の住居を指す言葉。なお、病院のマロカの建設はSeagullsが地域のコミュニティであるグアイボの人々に水道施設を設置することとの交換によって行われた。

＊12　クマレ椰子はコロンビアの東部平原に特有の植物である。この椰子の繊維でオリノキアに元々住んでいた人々は綱や紐、ハンモック等を作った。建物の屋根には大実椰（オオミヤシ）の葉が用いられる。

＊13　Gunter Pauli, “Agua potable del Bosque”, Fábulas ZERI Edición Marcela Ramírez Aza

＊14　UNEP, “La Evaluación de Ecosistemas del Milenio”, MEA, 2004

＊15　風の高原と呼ばれる。それは風で植物が吹き流されるので高木からなる林地が育たないからである；Baquero Nariño Alberto, “País del Orinoco”, 1949

＊16　Carpenter, et al. “Resiliencia Ecológica”, 2001：[生態学的弾力性(生態学的レジリエンス)]　訳者註：著者はCarpenterらによる生態学的弾力性に関して述べている。本書では監修者が、横浜国立大学大学院の雨宮隆教授が引用するL. H. Gunderson & L. Pritchardの示す概念を紹介する。生態学的弾力性(生態学的レジリエンス)とは、「生態系にも環境の変化に対する回復力や弾力性が備わっており、その結果、安定性や恒常性が保たれている」とする考え方(L. H. Gunderson & L. Pritchard Jr., “Resilience and the Behavior of Large-Scale Systems”, Island Press, 2002)、雨宮隆「生物・生態系と複雑系」(http://kgt.cybernet.co.jp/avs_conso/event/vc9/summary/data/4-7.pdf より引用)

＊17　高地にあるサバンナ(サワナ)では、雨が降ると雨水の一部は川に流れ一部は地中で濾過される。湿地や湖となって水を蓄え、地下水脈となり、川の水源となる場合もある。

＊18　14-18は、筆者が神戸芸術工科大学・小玉祐一郎研究室に学位取得後、博士研究員(ポスドク)として勤務したときに、同研究室の博士前期課程の学生と、持続性に関する研究を2006年後半からから2007年前半にかけて著者が行った研究成果である。

＊19　パオロ・ルガーリがコロンビア国立大学において行った環境に関する対話[2010年9月15日]

参考文献

Instituto Geográfico Agstin Codazzi Subdireccion Agrologica, "Estudio semidetallado de suelos del sector Carimagua - Gaviotas (Departamentos del Meta y Vichada)", 1991

Sierra, F., Caro, E.& Mejía, F., "Tecnologías para el Aprovechamiento de la Energía Solar", Universidad Nacional de Colombia Unibiblos, 2008

Banco de Occidente, "Sabanas Naturales de Colombia", Diego Samper Ediciones, 1994

Lugary, P., "Un nuevo renacimiento para el tropic", http://www.centrolasgaviotas.org/

Baquero, A., "Atavismo y taumaturgia, cosmos del diosonamuto: Pais del Orinoco", Ediciones Mofeta, 1949

Andrade, G., Castro, L., et al, "La mejor Orinoquia que podemos construir - Elementos para la sostenibilidad ambiental del desarrollo", Universidad de Los Andes, 2009

第9章
国際協力事業による集落地の地域図書館
The Local Library Projects by the International Cooperation for the Small Townships in Colombia

北尾靖雅 Yasunori Kitao

はじめに

コロンビアの地方部の集落で日本政府は地域図書館の建設事業支援を実施してきた。本章ではこの事業により建設された地域図書館の建設過程を通じて、コロンビアの公共施設に関して理解を深めてゆく。

著者は地域図書館の利用者や運営に関わる人々と図書館の設計と建設に重要な役割を担った建築家に対して聞き取り調査を行った(2011年11月5日-12日)。本章で扱う地域図書館は、地域図書館建設事業の契機となったグアナカスの地域図書館、コロンビア全土に数多く建設された標準型の地域図書館、文化遺産を再生した地域図書館である。標準型の地域図書館に関しては、コロンビアの国土が複雑で地域によって気候が大きく変化するので気候条件を考慮して、事例調査を行った。調査ではハビエル・ペイナード教授の助言を得て*1、調査対象とした地域図書館を標高に従って選定した。つまり、標高2,500m以上の寒冷、標高1,000m～2,500mの中間、標高1,000m以下の熱帯の3地域に分け*2、地域図書館が建設された人口規模が3,000人を超えない程度の自治体で首都ボゴタから訪問が可能だった、ククヌゥバ(寒冷)、サンタ・ソフィア(中間)▶1、コエッリョ(熱帯)に建設された標準型の地域図書館で聞きとり調査

1 サンタ・ソフィア(ボヤカ県)の集落と地域図書館(右端)

を行った。本章はその調査結果に基づいている▶2。

国家図書館計画

日本政府の支援と地域図書館事業

コロンビアにおいて地方部の課題は都市部への人口集中と深く関係している。ここで、コロンビアの都市化の過程をみれば1950年には都市部の人口が40％程度だったが2005年には75％にまで増加した。ボゴタでは、特に低所得者層への住宅供給は需要に追いついていないことが知られている。例えば1990年代後半の1年間に低所得者向けの住宅は

2 調査対象の地域図書館の位置（★：ボゴタ首都区　●：調査を行った集落）

40,000軒が必要と見積もられていたが18,000軒しか建設されなかった[*3]。都市部への人口集中は単に都市生活への魅力のみが要因ではなく、長年にわたり地方部で紛争や暴力が続いたことも要因である。こうした状況下で地方部の教育基盤を整備することが十分にできなかった。

その結果、未就学児童や非識字者の人口に占める割合が高くなり社会問題となった。そこで、コロンビア政府は2002年から4年間の国家計画として、民主主義、社会に属するという意識、そして社会的なつながりなどを発展させるための文化的試みを促進するために「読書と図書館に関する国家計画」を定めた[*4]。これに対して日本政府は「草の根・人間の安全保障無償資金協力」を通じ、コロンビア政府の「全国図書館整備計画」と連携し、児童図書館(本章では地域図書館と記す)を建設する事業を実施した[*5]。コロンビアにおける地域社会の平和構築を支援するために日本政府がコロンビア政府の要請を受けて実施した事業である。

3 ルドルフォ・メストレ氏
(著者撮影)

4 グアナカスの地域図書館。内部(上)、外観(下) (シモン・ホシエ氏提供)

地域図書館建設事業の展開

近年、日本政府は開発途上国における歴史的建造物や歴史的町並の整備事業などの支援を展開してきた＊6。開発途上国に対する国際支援活動の対象は地域の生活環境の整備へと展開し、地域図書館の事業はこうした国際支援事業の一環と理解できる。

ここで、事業の全体像を在コロンビア日本大使館の資料＊7から見れば1999年から2010年の間に116件を実施したことがわかった＊8。この事業の内1件は図書館バスを整備する事業なので115の地域図書館が建設されたことになる。次に、地域図書館の建設支援事業を記録した資料を分析すると、事業による受益者総数は約168万人で、総事業費は日本円換算で約10.73億円となる。ここで、115件の地域図書館の建設事業に対して1事業あたりの費用を算出すると約845万円となり、1事業あたりの受益者数は約14,621人となった。さらに、受益者ひとりに対

県名 Departamento	県人口（人）	県面積（㎢）	識字率（%）		住民移動*	人口密度（人/㎢）
			県全体	農村部		
アンティオキア	5,671,689	63,612	88	80	4	89
クンディナマルカ	2,228,478	22,623	91	87	3	99
サタンデル	1,916,336	30,537	91	83	2	63
トリマ	1,335,177	23,562	87	80	4	57
カウカ	1,244,886	29,308	85	80	8	42
ノルテデサンダル	1,228,028	21,658	88	75	5	38
ボヤカ	1,211,186	23,189	87	83	2	52
ウイラ	1,006,797	19,890	87	82	6	51
カルダス	908,841	7,888	91	84	3	115
セサル	879,914	22,905	83	69	6	38
スクレ	765,285	10,917	81	72	8	70
ラグアヒラ	623,230	20,848	63	38	7	38
チョコ	441,395	46,530	72	58	12	9
平均			84	75	5	59
合計	19,461,242	343,467				

a）本表は「コロンビアにおける『草の根・人間安全保障無償資金協力』」、在コロンビア日本大使館、2007年、CD-ROM版に基づいている。
＊住民移動は「住居移動全体に占める暴力的状況を理由とする割合（%）」を指す。
b）上記はアグスティン・コダシ地理学院、国家統計庁等の統計データを在ボゴタ日本大使館がまとめたものを使用している。
c）コロンビア共和国全体の人口は約4500万人で国土面積は1,184,868㎢なので人口密度は37.9人/㎢となる。
全人口の約4割が対象の県に住んでおり人口密度がチョコ県を除けば全体の人口密度より高い地域であることがわかる。

表1 図書館の建設された地域の状況（出典：在ボゴタ日本大使館資料、2007年）

する支援額は約578円と計算でき、1事業あたりの受益戸数は、戸あたり5人と仮定すれば約3,000戸と計算できる[*9]。

コロンビアの行政区画は全国32県とボゴタ首都区に分かれており日本政府の支援により地域図書館が建設された県（以下受益県と記す）は13県ある。受益県の総人口は約1,946万人、受益県の合計面積は34万km^2である[*10]▶表1。次に、受益県ごとの人口密度（受益県人口密度）を計算し、受益県人口密度の平均値を計算すると58.65（人／km^2）となった。約10年[*11]でコロンビアの総人口の42％の人々を受益者として支援したことがわかる。ここで受益県平均人口密度の58.65（人／km^2）を用いて、1件の地域図書館の建設事業により受益地域面積を各年度ごとに計算して合計を算出すると約28670（km^2）となった[*12]。次にこの値を事業総数で割ると216.42（km^2）[*13]となった。これは1事業による受益地域面積の平均値を示す。そこで1件の地域図書館を中心にして受益地域圏の形態を円形と仮定して、受益地域面積の平均から受益地域の仮想円の半径を算出すると8.18（km）となる。1件の地域図書館を中心とする徒歩約2時間の受益者圏があることを示している。

地域図書館の設計と建設

地域図書館事業のはじまり

地域図書館の建設のために重要な役割を担ったのが、事業当時文化省建築家だったルドルフォ・メストレ氏である▶3。メストレ氏がコロンビア政府文化省で図書館計画の実施の具体的な実施方法を検討していたときに、在ボゴタ日本大使館に支援を受けることが可能であるかを打診し、日本政府とコロンビア政府の協働事業が開始された。

日本政府が建設を支援した一連の地域図書館の第1号の事業が建築家のシモン・ホシエ氏が設計した竹を用いた地域図書館の設計案だった。この建物はカウカ県のグアナカスに建設された[*14]。ホシエ氏はプレ・コロンビア時代から現地に伝わる竹を使う住宅の建築方法を現代に再評価して、現代の地域図書館とする設計案を研究した▶4。メストレ氏はホシエ氏の提案する竹の図書館を実現する過程を通じて地域図書館の建設事業を展開したという。しかし竹の地域図書館を実現するにはひとつの課題があった。地域図書館の建設は公共事業であるために設計競技が必要だった。
　そこでコロンビア文化省はホシエ氏が提案していた竹の地域図書館の設計案を、ホシエ氏以外には創り得ない建築、即ち「芸術作品」である、と評価し、竹の地域図書館の提案は実現に至った。このようにボゴタの日本大使館は地域の伝統に基づく地域図書館の建設支援を行った。この事業が出発点となり、地域図書館の建設事業は全国に展開していった。

標準型地域図書館の開発

　メストレ氏によれば、全国に展開した標準型の地域図書館の設計案が確定する以前に、コロンビア政府文部省は地域文化センターのプロトタイプを設計していた。建築家のアルベルト・サルダリアガ*[15]が設計を担当していた。サルダリアガは6m × 6mの1ユニットを5-6のユニットで編成して1件の地域文化センターを構成する設計案を提案した。
　一方、文化省は地域図書館の設計案については都市や、集落など、敷地ごとに固有なデザインの地域図書館を建築することを想定していた。文化省は日本大使館と図書館建設に関する交渉を始めたところ、日本政府から支援を受ける予算には限界があったので、地域図書館の建設事業を実現するために文部省の地域文化センターのプロトタイプを地域図書館に転用することを考えた。メストレ氏は地域文化センターのプロトタイプは敷地形状が異なる状況に対応できるので高く評価していた。

地域文化センターの改良

　当初、標準型の地域図書館は閉架書庫方式の図書館として検討されていた。しかしそこには、人々が本に直接触れることができないという基本的な課題があった。そこで、メストレ氏は開架方式の採用について国家図書館計画の責任者と協議して計画内容を変更した。さらにメストレ氏は地域文化センターの原型では棟に平行な下屋が外側に持ち上がっているので排水やメンテナンスの観点から改良することが必要であると考えた。柱の断面を大きくして棟から屋根の両側に雨水が流れ出るように屋根の形状を変更した。また壁面の開口部に関しても地域文化センターの原型では壁面の上部に窓があり寒い場所での対応を必要とした。そこでメストレ氏は地域の気候に対応させるために、気温が低い地域においては壁面を多くし、気温が高い地域においては壁面にアルミ製のスリットの扉や窓を設置するという設計提案をした。また、温度の高くなる場所での建築に対しては、窓から入った風が屋根に流れ出るように棟の端部に排気口を設ける設計案の改良も行った▶5。

メストレ氏によれば、カリブ海地方の民家から学び地域文化センターの原型を改良して標準型の地域図書館設計を行ったという▶6。

地域図書館の建設で自治体は土地の調査を行い、建設用地を準備する役割を担う。地域図書館の建設のために最低でも500m^{2}の敷地を準備することが自治体に求められた[*16]。1件の地域図書館の面積は約180m^2-216m^{2}で、標準型の図書館の利用者数は80名と設定され、子どもエリアに25人、若者と成人を40名、インターネットサロンに15名が利用できる空間を構成することが基本となった。必要に応じて一般閲覧室で約60人が映画等を観ることができる空間も設定された。トイレ設備(障害者用を含む)を設置することや、耐震基準も設定されており、地震時には避難所として使用できるようになっている[*17]▶7▶8。

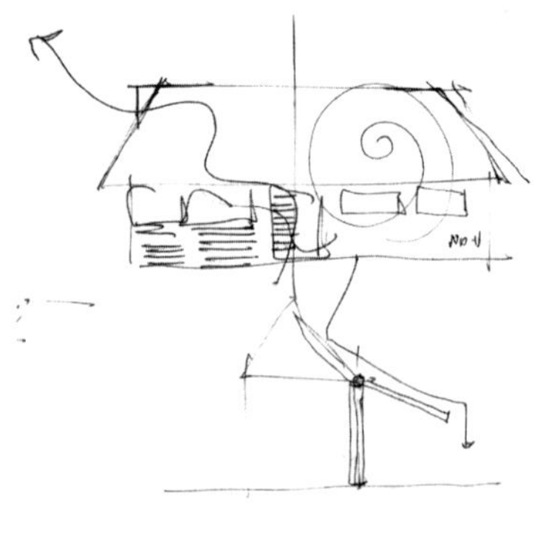

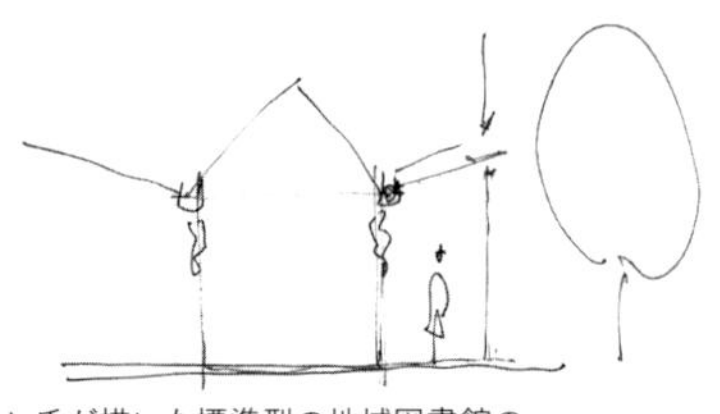

5 メストレ氏が描いた標準型の地域図書館の改造に関するスケッチ

6 カリブ海地方の伝統的な家屋
(メストレ氏提供 ©Rudolfo Mestre)

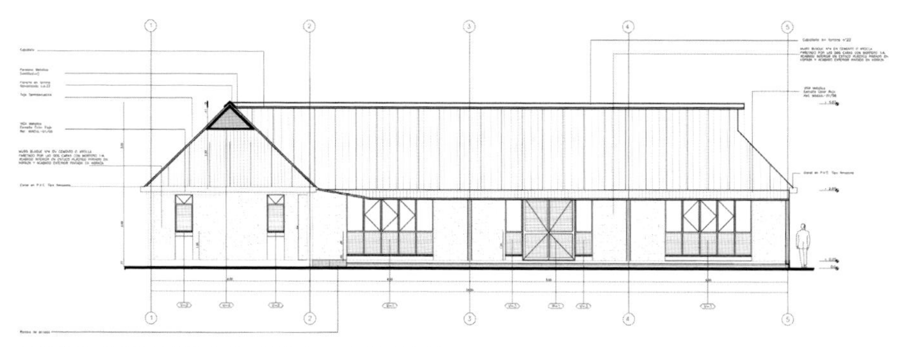

7 標準型の地域図書館(立面図) (ルドルフォ・メストレ氏提供)

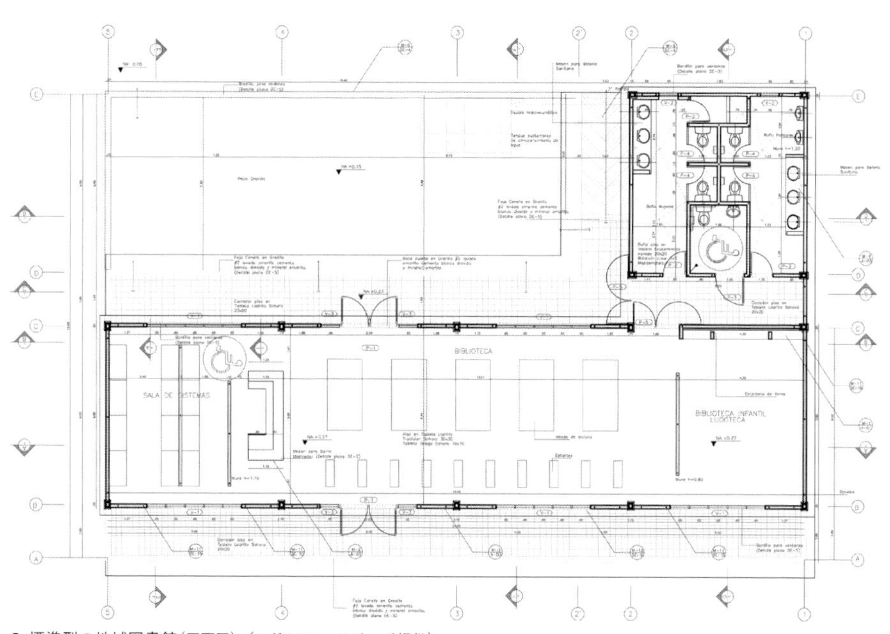

8 標準型の地域図書館(平面図) (ルドルフォ・メストレ氏提供)

地域図書館の建設過程

標準型の地域図書館の建設は3ヵ月の日程で建設することが前提条件となっていた*18。メストレ氏は建設日程の編成が重要な課題と考えた。そこで考えだされた建設過程の編成は、現場での土地造成と床土間の仕上げに初期の20日間を充てる。その後構造体の設置、屋根工事と同時に壁面の工事を行い上下水道工事と電気関係の工事を35日間で完了させる。その後、開口部や内装の工事を35日間で行うという、合計90日のスケジュールだった*19。現場で設計監理を担ったのもメストレ氏であった。設計監理費用はコロンビア政府文化省が負担し、日本政府は建物と動産のための資金を支出した。

メストレ氏にとって3ヵ月の工事期間に設計監理を各地で同時に行い竣工させることは極めて困難なことであった。しかし、日本政府の予算の仕組みを理解していたので努力できたという。

工期短縮のために鉄骨の構造体の部品はボゴタで製作し組立てたのちに敷地に運搬した*20。壁面に使うブロックはボゴタの工場に大量生産を依頼し現地生産品よりも価格を抑え、請負業者には指定材料の使用指示を出した。ボゴタから山岳地帯を超えて資材を運ぶために運送費用が材料費に反映するので運送費用より安価でブロックを入手する方法を構築する必要があった*21。しかしセメント、砂利等の建設資材が現地で調達できない地域もあった。水の確保が困難な地域では雨水を貯水して建設に使った。

資材の運搬では道路が通じていないために海路を使う場合もあり、港での荷揚げと荷下ろし作業が必要となる。軍隊に作業への協力を依頼することもできたが、軍隊が地域で活動することを好まなかった地域では、地域の人々に荷下ろし荷揚げの労務を賃金を支払い依頼したこともあっ

9 建設工事中の地域図書館（メストレ氏提供 ©Rudolfo Mestre）

たという。地域図書館の建設が工期と資材調達の点からも困難な条状下で行われたことが分かる▶9。

地域コミュニティと図書館

建築家とコミュニティ

地域図書館を建設する過程で、地域の人々がどのように地域図書館を受け入れたのかについては、メストレ氏の経験によれば、紛争が続いていた地域では全く異なる対応がみられたという。

肯定的に建設事業が受け入れられた場合には、図書館建設は平和を築くためにとても大切な事業と受け止められていた。例えば、子を持つ親たちは図書館の完成日程について幾度も質問をメストレ氏に投げかけ、さらに、地域図書館が完成した直後に学校等から図書の搬入作業を行い、完成直後から運用をはじめた地域図書館もあった。

この逆に地域図書館の建設を拒否した地域もあった。地域図書館を建設することの意味が地域の人々に十分に理解されず、地域図書館は警察や軍隊などの施設と誤解されていたと感じたという。メストレ氏はこうしたコミュニティでは、本を読むという生活習慣がないので当初は理解が得られなかったことを知った。メストレ氏は本を読まないという文化も地域に固有な文化として受け入れ、こうした文化をもつ人々に対応した。

さらに、メストレ氏は地形の特質もコミュニティの状況に関連していた点を指摘する。傾斜地に住む人々は比較的相互に協力的な対応を示したが、平坦な場所ではコミュニティのまとまりは感じなかったという。これは農業等で傾斜地の人々は相互に助け合うことに慣れているためではないかと、メストレ氏は推測する。

メストレ氏は図書館の意味や本がコミュニティにもたらせることに関して地域の人々に説明することが建設過程でとても重要だったと述べる。図書とは何であり、図書館はどのような施設であるのかを知らない人々に、地域図書館を説明することは困難だったと振り返る。

メストレ氏は地域の住民と必ずしも話し合いの場を持つことはなかったとも述べる。住民との話し合いを行えば、住民の意見を取り入れる必要が生じ、同時に協議に時間がかかりすぎる場合も生じる。また住民は事業の意図とは異なる要求を出す場合もある。その一方で事業に対する考え方を変えなければならない局面もあり、地域の人々の意見はとても参考にもなる。また、自治体の首長が自身の考えを押し通そうとする場合にも遭遇した。こうしたコミュニティの状況の違いに対して、メストレ氏は地域の生活をよりよくするために地域に何が必要であるのかを判断し、あるときには政治的な勢力と対峙し、あるときには住民と対峙して「地域の生活をよりよくする」と自らが信じる方向に建築家として事業を推進したと述べている。

風景の中の地域図書館

地域図書館プロジェクトを振り返り、当初、標準型の地域図書館の導入は地域文化への適応について疑問があったという。地域図書館の建設事業が失敗する危惧もあった。ところが建設を進めてゆくと、標準型の建築を場所ごとにアレンジした図書館であるが、ひとつひとつが、異なって集落のなかに建っていることが分かってきた。赤い屋根や青い屋根等いろいろな色の屋根をもつ標準型の地域図書館が建設された。屋根の色はコミュニティが決める場合もあった。そこで地域の人々の文化が結果として建築に表れていることの重要性を発見することができたという。

ある地域図書館の建設現場では気候の特徴を住民が教えてくれたことで急遽、設計を変更して気候へ対応する措置をとることができた。地域の文化を建築に取り入れることを設計で先行させることよりも、建設をすすめてゆく中で地域の文化をとり入れていった。地域の人々のために図書館という「場所」をつくることがより大切だと、図書館建設に対する考え方が変化していったと述べる。

メストレ氏は一連の地域図書館を振り返り、標準型の設計案ではあるが、それぞれが固有性を持つのは、風景の理由によると後になって気づいたと感じている。「建築自体ではなく建築のための風景が存在した」と述べている。メストレ氏のこの言葉からコロンビアの建築における「場所」の重要さを再認識できる。

地域図書館の利用状況

コエッリョの地域図書館

トリマ県のコエッリョはマグダレーナ川のほとりの小高い丘陵に位置

する集落で、ボゴタの南西約140kmに位置する。標高は約300mでこの小都市は1600年頃に建設され、教会は約380年の歴史を持つ。トウモロコシや米の栽培が行われている農業地域にある。コエッリョの地域図書館の利用状況や集落に関して自治体の教育事業に関与する部署で働くポルテラ氏*22から利用状況等を聞くことができた。

コエッリョの集落の民家は漆喰仕上げで緑色の壁面が多く、屋根はスパニッシュ瓦やセメント瓦、ヤシの木の葉を葺いた民家など屋根素材は多様である▶10。ポルテラ氏によれば、コエッリョの人々は緑色を「新鮮さ」を示すので、好んでおり「むかしはどの家の壁面も緑色」だったので、図書館の色彩も緑色が用いられたという▶11。窓枠、扉、壁面などに一部に緑色を使っているものや建物の壁面全体が緑色のものが多い。近年は青、赤など緑色以外の色に塗り替えられているという。しかし緑色はこの集落のコミュニティの人々が共有する色彩であり、地域図書館の色彩はコミュニティの共有する価値観を示す図書館といえる。

ポルテラ氏はコエッリョには「本を読まないという文化」があったので図書館を設置することに難しい側面があったと述べる。一方、学校施設とは異なる図書館の建設を自治体は希望していたが実現のめどはなかった。そこに日本政府の支援が得られた。ところが本を読まない文化があるので自治体は地域の子ども達が親しんでいる音楽と読書を結びつけ、図書への関心を高める方針をとった。コエッリョの文化センターには10歳から18歳の少年少女が、週2回、自治体が運行するバスで音楽の練習にくる。音楽の指導者が図書館での学習を音楽と関連づけたことで、学生や児童が図書館で学習する習慣をもつようになったという。また自

10 コエッリョの町並み（著者撮影）

11 コエッリョの地域図書館（著者撮影）

治体はコエッリョの集落の約8km-10kmの圏域に住む約8,000人を対象に、中学や高等学校を卒業していなかった人々(婦人が多く、高齢者も含まれている)が学習するプログラムを提供し、30人程度の受講生が自治体のバスに乗って休日に図書館に来て学習をしている。ポルテラ氏は将来は専門書をそろえて高等教育に対応できる図書館づくりを進めたいと考えている▶12▶13。

ククヌゥバの地域図書館

ボヤカ県のククヌゥバは人口約1,000人、羊を飼い高品質な毛織物を生産する拠点となっている集落である。毛織物の工芸家達が組合を結成し高品質な毛織物を生産・販売し、ボゴタにも組合の販売拠点がある。ボゴタの北、約80kmにあり、週末には多くの観光客が来る*23。

ククヌゥバの町並みをみれば、民家の多くは白い壁に深緑色の帯を回した意匠をもつ▶14。窓や扉は深緑色で窓枠は壁面に納まり壁面は平らな仕上げとなっている。屋根はスパニッシュ瓦が使われている。オリジナルな構造素材はアドベ・レンガである。この集落の地域図書館は、伝統的な民家に倣って表現をそろえている。屋根はスパニッシュ瓦に似せ赤茶色のまだら模様に彩色が施されている。町並みを構成する民家群の建築言語をとり入れているが、図書館の屋根の素材が鉄板であり、周辺の建築物に似せて建築したことが明示されており、修景型の地域図書館といえる▶15。

ククヌゥバでは食堂で家族の仕事を休日に手伝いをしていた12歳の少年から地域図書館の利用状況を聞くことができた。少年は大きな部屋があることがとても気持ちがよく、ビデオがあるので家族と図書館に行くという。図書館ではガルシア・マルケスを読んでいて、学校の授業が

12 コエッリョの地域図書館の管理人(著者撮影)

13 ポルテラさんと児童(コエッリョ)(著者撮影)

おわったあとに、ほとんど毎日友達と通っている。図書館の工作のプログラムに参加するのを楽しみにしている。

もうひとりは図書館の中庭で遊んでいた少年である。彼はウバテ（約8km離れている都市で、ウバテにも地域図書館がある）に住んでいて、母親はソーセージを作って販売する仕事をしている。ククヌゥバには母親が行商にくるときに一緒に来る。この少年も図書館の工作プログラムに参加することを楽しみにしているという▶16▶17。

ククヌゥバの地域図書館は警察署*24に隣接していたので当直の警官に地域図書館の利用状況を聞くことにした。警官達も図書館の運営に参加していたことが分かった。警官はこの集落の生活環境が安定しているので図書館運営に関わる時間がある。そこで家庭内暴力、麻薬、産児制限などに関するワークショップを開催しているという。地域図書館では集落の近くの10-12校の小学校の教育課程にビデオレクチャー、読書会など、地域図書館を利用する学習プログラムを導入しているという。この地域図書館の利用者は子どもや母子家庭の母親が多く、子育ての相談や支援の場として図書館が利用されている。地域の生活と結びついた図

14 ククヌゥバの町並み（著者撮影）

15 ククヌゥバの地域図書館（著者撮影）

16 ククヌゥバの図書館の広場で遊ぶ兄妹（著者撮影）

17 ククヌゥバ地域図書館に展示されていた工作の作品（著者撮影）

書館の運営に特色があり社会事業の拠点となっていることが把握できた。

サンタ・ソフィアの地域図書館

サンタ・ソフィアはボヤカ県のひとつの自治体で町は標高2,000mの盆地のなかの丘陵地に位置する。この小集落は昼は暑く夜は気温が低下する。トマトの生産が盛んな農村地帯である。地域の状況や図書館の運用に関して図書館司書のリヒヤ・サイデ・ガンボア・モラレスさんから聞き取り調査を行うことができた[*25]。

図書館の建設は1990年代より自治体が独自に始めた事業に遡ることができ、この活動が現在の地域図書館に継承された。図書館の位置に関しては、山の敷地を使う、役所の近隣の敷地を使う、公園と一体化するという3つの提案があった。そのなかで公園が近いことを理由に現在の場所が選定された。この集落では建物の更新がすすんでいるが、薄茶色の壁面にスパニッシュ瓦の民家が多くみられ。建築の更新が緩やかに進んでいると理解できる▶18。

サンタ・ソフィアの地域図書館▶19は白い壁面と赤い屋根で構成され

18 サンタ・ソフィアの町並み（著者撮影）

19 サンタ・ソフィアの地域図書館（著者撮影）

20 サンタ・ソフィアの図書館で
読書する児童たち（モラレスさん提供）

21 蔵書の日本文学や日本の雑誌を紹介する
司書のモラレスさん（著者撮影）

ている。地域図書館は近年旅行者への情報センターとしての役割も担いはじめ、住民が描いた地域の絵が壁面を飾っている。サンタ・ソフィアとその周辺地域の人口は約3,000人で内、児童が700人という。地域図書館では1日に約60人の利用があり、12歳から16歳の児童の利用が最も多く、バスで1時間かかる集落から来る利用者もいるという▶20。

この地域図書館では地域の学校の教員が数学、英語、自然科学などに関する学習を支援している。教育省と情報省が共同で運営するインターネットを利用した教育プログラムも実施している。さらに司書は司書自身が発案した創話プログラムを実施している。これは児童が読書する能力を高めるためのゲームの要素をとり入れたトレーニングと位置づけられている。児童ひとりが話を創作すると次のひとりが話の続きを創作する。そして次の児童へと話の創作を連続させてゆく作業が進んでゆく。35名程度の児童が参加して話を児童の集団がつくりあげてゆく。そして次の日にどんな話だったのかを参加者が思い出してゆくという。これは「連歌」のような学習プログラムといえる。

地域図書館が完成したあとは、読み書きできる人が増え、読書のコミュニティが形成された。また、旅行者が地域の情報を求めてくるようになった。そこで、ガイドブックや地図等を配布できるようにしている。モラレスさんは将来は旅行者への情報提供を図書館運営の一環としてゆきたいと考えている▶21。

コラーレスの地域図書館

コラーレスはボヤカ県の北部に位置する人口約2,500人の小都市である。この小都市地域図書館は独立戦争を指揮したホアン・ホセ・レジェス・エスコバル将軍の旧邸宅を保存活用するために修復した建築である*[26]▶22-24。地域図書館はテラスが中庭を囲う典型的なコロニアル建築である▶25 ▶26。コラーレスの地域図書館に関する調査は司書のマルコ・メルチャン氏に対してボゴタから電話で聞き取り調査を行った*[27]。

メルチャン氏によれば、独立戦争後にエスコバル将軍の家族はこの建物を公共施設として政府が利用することを条件に政府に引き渡した。それ以降この建物はコラーレスの議会が所有していた。日本政府が図書館建設の支援を示したときにコロンビア政府文化省はコラーレスの首長に事業計画を示し、自治体が所有していた将軍旧邸宅を文化遺産として修復し図書館として活用する計画をたて、計画書が大使館に提出された。2006年12月に地域図書館は再生され竣工した。敷地は街の中心部から離れた川沿にあり小学校から高校までを一体にした学校は約400mの距離にある。開館時間は8時-12時と14時-18時となっている。

将軍旧邸宅の再生後、建物は音楽教室としても活用されている。地域図書館にはダンス教室のプログラムもあるが練習は建物内部では行われていない。地域図書館には将軍が使用した刀や当時の芸術品を展示室に設置して町の博物館としても利用されている。休日には近隣の小都市から児童や学生が歴史の勉強をするためにバスで来るなど、地域の観光拠点ともなっている。平面図にカフェスペースがあるのはこうした利用に

22 コラーレスの地域図書館（コロンビア文化省資料）

23 修復後の旧エスコバル邸
（コロンビア文化省資料）

24 修復中の旧エスコバル邸
（コロンビア文化省資料）

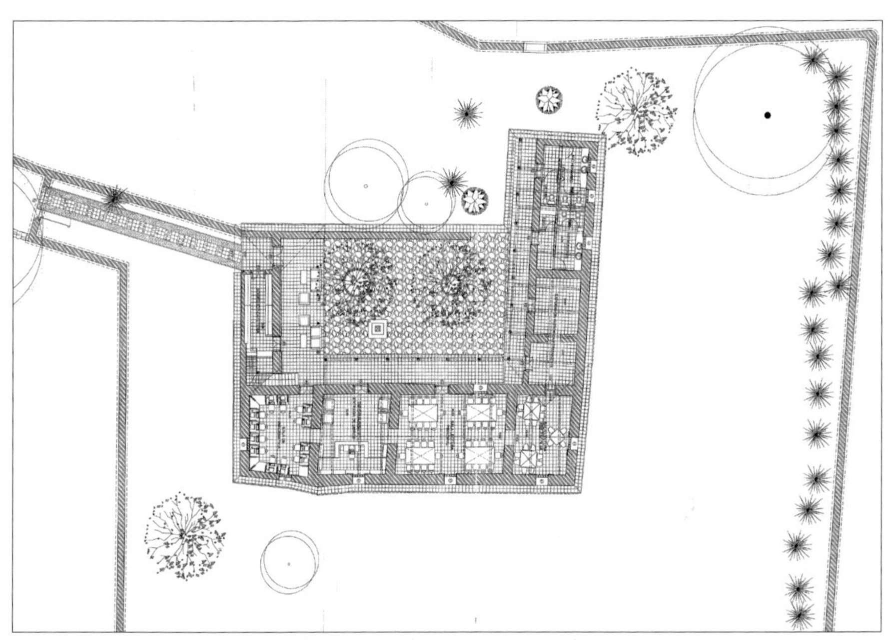

25 エスコバル邸を修復活用した地域図書館の平面図（在ボゴタ日本大使館資料）

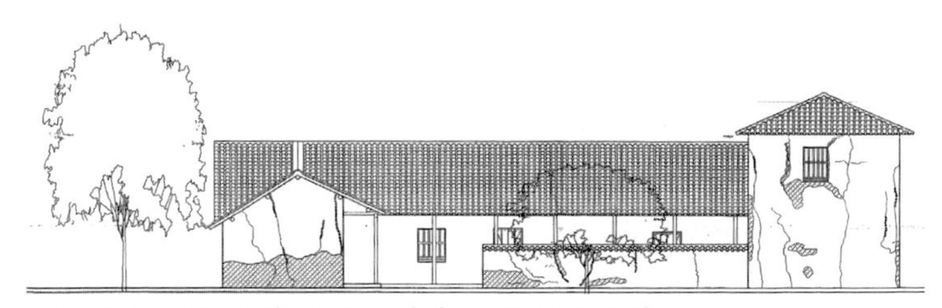

26 エスコバル邸の立面図（修復前の実測図）（在ボゴタ日本大使館資料）

応対可能な空間と判断できる。この地域図書館の読書プログラムのひとつに午前7時から19時まで12時間をかけて本を子どもや市民が集団で輪読する「24間読書プログラム」がある。コラーレスには大学があり20歳前後の学生の利用頻度も高いという。建築文化遺産の保存と活用が図書館プログラムと結びつき地域コミュニティを形成する場所となっていることが把握できる。

コミュニティ建築の建設支援

場所の構築

地域図書館は地方部の集落の住民と周辺地域の住民に開かれている。1件の地域図書館の利用圏は集落を中心に、概ね8km-10kmの圏内の地域の人々に利用されている。利用者圏は地域図書館の設置に関する計算結果と聞き取り調査で得られた結果とも一致している。この圏域に住む住民のために自治体はバス等の輸送手段を使い圏域住民の図書館利用を促進している。利用は児童を対象に図書を提供するという意図から展開し地域図書館の運営プログラムの開発や図書館の空間利用の多様化により一般の人々の利用へと展開している。その結果、社会教育の場として、あるいは、人々のコンタクトの場所となっていることが分かった。

こうした役割を地域図書館が担う背景には集落の空間構造による理由が反映していると考えられる。

多くの集落はスペイン統治時代の植民地型の都市形態をもつ。植民地型の集落の中心部に教会と広場があるが、人々が集まり学習できる空間として準備されていない。植民地型の小都市では統治に適した都市形態が採用されたので、共和国成立後の民主主義社会の展開における社会変動に集落の空間構造が対応できなかったのではないだろうか。こうした集落の空間構造に対して地域図書館は、一般の人々が出会い接触するための場所を提供したと考察できる。つまり、植民地型の集落や小都市は格子状の硬直した空間構造をもつので、空間的なゆとりがなかった。地域図書館は学校や教会前の広場や街路空間でもない、人々が読書を契機に人々が出会える植民地型の小都市では不可能だった新しいタイプのコモン・スペースを歴史的な集落に建設する事業となったといえよう。

さらに、地域図書館は鉄骨の柱と梁を用いて一定の広がりのある室内空間を小都市にとり入れたことに意味がある。閲覧室の空間の利用形態を限定していない運用で地域の人々の必要性に公共空間として対応できたといえよう*[28]。利用用途に過剰な制限を課さない事業背景が地域への適応に積極的に作用した。例えば、サンタ・ソフィアの「連歌」のような読書会のように室内空間を利用する人々が出会いコミュニケーションを促進する空間が歴史的集落に構築されたように、空間的な特質が利用形態に現れている。柱と梁で構成される融通無碍な空間の構造が活用されているといえよう。こうした空間的な可能性を持つ地域図書館は植民地型の集落にコミュニティの「場所」を構築する建築となったといえよう。

歴史的環境に対する建築デザイン

植民地型の集落に新たに建設された図書館には、新しいビルディングタイプが使われたことにより、集落の長い歴史のなかで、ある種の真正性を伴っているといえよう。ここでヴェニス憲章(1964年)第12条の「欠損部分の補修」*[29]に関する規定を集落に適応すると、歴史的小都市や集落における、新しい建築物は集落に固有のオリジナルな建築と区別できるように設計する必要がある。これは集落の歴史的証跡を誤り伝えることのないようにするためである。

コロンビアの植民地型の集落や小都市は都市壁を持たない。従って集落や都市の原型を空間的な領域として示すことは困難である。都市や集落は拡張する歴史的過程において、鉄骨造の図書館は明らかに小都市に固有な土やレンガを用いた建築物群と区別できるものなのである。

ここでコロンビア文化庁の考え方を示す興味深い議論をとり上げてみる。それは、建築文化遺産と指定を受けている記念建築物(キンダテ・ボリバル)の敷地に事務所棟を建設する事業である。この議論にメストレ氏は参加していた。メストレ氏は、昔からの建築物がある場合に建築家の対応は大きく2つに分かれることになると考えていた。1つはコロニアル様式など従来の建築言語を用いて「似せた」建築物を設計するという対応で、もう1つが既存の建物と全く関係のない建築言語を使った建物を設計することである。

メストレ氏は事務棟の設計担当だった。このとき上記の課題が議論となった。文化遺産委員会で議論が行われた。委員会は歴史的な角度から新しい建物と古くからある建物のどちらが価値があるのか、何を訪問者は観に来たのかが、明確にわかるようにすることが保護対象となる建築文化遺産の価値を高めることを促す、という決定を出した。その結果ガラス張りの事務所棟の建築許可が出た*30。このことと同じように地域図書館はそれぞれの集落にとって全く新しい種類の建築物なので集落の歴史的環境に対して同化することを必ずしも必要としないと理解できる。こうした判断に基づけば植民地型の集落にはなかった用途と構造形式を持つ建築を建設したことの妥当性を理解できる。

このように日本政府の支援した地域図書館の建設事業は、芸術作品として、歴史環境として、コミュニティの感性の表現として、あるいは建築歴史遺産の活用として、それぞれの場所を反映する地域の文化的な生活を支援する事業となったといえる*31▶表2。

地域図書館の建築形態表現	自然環境(気温と標高) 低←←←←←←←←標高→→→→→→→→→→→高		
	熱帯	中間	寒冷
伝統的建築技法の活用	グアナカス		
共通の記憶による修景	コエッリョ	サンタ・ソフィア	ククヌゥバ
建築文化遺産			コラーレス

表2 地域図書館事業の全体スキーム

註

*1 調査対象とした集落の選定にはボゴタのハベリアーナ大学のハビエル・ペイナード教授の情報提供と示唆に基づいている。

*2 コロンビアで市販されている旅行書(‘GiiA de Rutas por Colombia 2004-2005’, Puntos Suspensivo Editories, 2005)に掲載されている都市名,標高,気温に関するデータを参考とした。

*3 M. Carmona in collaboration with R. Burgess and M.S. Badenhorst, ‘Planning through projects : moving from master planning to strategic planning 30 cities’, Amsterdam, Techne Press, 2009.

*4 コロンビア共和国文化省、「ここで人々は読書できる；日本の協力と『読書と図書館国家計画』」、2005年、p.24。

*5 在ボゴタ日本大使館資料(Asistencia Japonesa Para Propyects Comunitarios Apc en Colombia)。

*6 林良彦、「ベトナム社会主義共和国クァンナム省ホイアン市における伝統的建造

物の修理（特集：国際修復技術協力）」、第一法規、月刊文化財（426）、43-49、1999年3月。

＊7　前掲書＊5による。

＊8　日本政府は2000年度、2001年度には図書館建設の支援事業の実績がなかった。

＊9　この計算では2007年度に実施された図書館バスの事業費は含まれていない。図書館バスの事業費は150,916USDで受益者数90,000人だった。

＊10「コロンビアにおける『草の根・人間安全保障無償資金協力』」、在コロンビア日本大使館、2007年、CD-ROM版。

＊11　北尾靖雅、「コロンビアにおける建築を通じた国際コミュニティ支援事業に関する調査研究：歴史的小都市における地域図書館の設計および建設とその運用」、日本建築学会計画系論文集　第79巻　第697号、pp.773-782を参照。

＊12　この値は岩手県と福島県の面積の合計に相当する；岩手県（15278.77km^2）＋秋田県（11612.22㎢）＝26890.99km^2。

＊13　さいたま市の面積（217.49km^2）に相当する。

＊14　この建築物はコロンビアの建築賞を受賞した。

＊15　建築家のサルダリアガは地域文化センターの基本的な設計を担当したのみで実際の地域図書館の設計や建設には関与していない。聞き取り調査により判明した（2011年11月）。

＊16　資料によれば600m^2という記述もある（前掲書＊4）。

＊17　前掲書＊4、p.31。

＊18　資材調達の面からみて敷地の条件が必ずしも適合しない場合には4ヵ月の期間で建設することになっていた。

＊19　前掲書＊4、p.32。

＊20　メストレ氏が撮影した記録写真からは構造体の塗装は現場で行われたことが分かる。

＊21　記録写真からすべての地域図書館で同じ品質のブロックが壁面に用いられているとはいえない。赤い砂を混ぜたブロックが使用されている例が写真資料にあった。

＊22　ポルテラ氏はこの集落に生まれて現在も暮らしている心理学の学位を持つ専門家。

＊23　コロンビア国立大学のアドリアナ・トリシキー教授の説明による。

＊24　警察署の中に図書館があったという記述も見られる（前掲書＊4、p.25）。

＊25　モラレスさんは図書館運営で地域で有名になり、他の自治体に図書館の運営や設立に関する助言を与える役割を担うようになったという。

＊26　名字に相当するエスコバルは独立戦争後に共和国政府よりパトリアという名誉ある名前を与えられ、ホアン・ホセ・レジェス・パトリアとして知られている。

＊27　気象条件等で道路状況が悪くなり交通に問題が生じ調査期間の限界があったので現地調査を取りやめることとなったため、日本大使館の紹介を受けて電話で聞き取り調査を実施した。

＊28　図書館のプログラムが多様になり面積が足らないというニーズも出てきている。

＊29　ヴェニス憲章第12条：欠損部分の補修は、それが全体と調和して一体となるように行わなければならないが、同時に、オリジナルな部分と区別できるようにしなければならない。これは、修復が芸術的あるいは歴史的証跡を誤り伝えることのないようにするためである。

＊30 メストレ氏によればこの決定にサルダリアガも委員のひとりとして参加していた。

＊31 本書は＊11に示す論文に基づいている。

本書の作成経緯と
コロンビアの建築展覧会について

北尾靖雅 Yasunori Kitao

本書の原著書は、“Architecture in Colombia and the sense of place: The past 25 years; Arquitectura en Colombia y el sentido de lugar Los últimos 25 años”[コロンビアの建築と場所の感覚：過去25年のコロンビアの建築]である。本書に関わる著作権・版権については、在東京コロンビア共和国大使館がエージェントとしてコロンビア建築家協会およびコロンビア側の諸機関と日本側出版社との間で権利関係の調整の役割を担っていただけた。本書の企画段階から実施段階に至るまで、コロンビアと日本の両国の学術交流事業をより進展させることを目的として、多くの専門家の方々が直接的あるいは間接的に関与してきている。なかでもディエーゴ・サンペル氏[Mr. Diego Samper]は原著書の作成に深く関与し、本書の作成に必要な写真や図面資料などコロンビア建築家協会がまとめた貴重な資料のデータを、コロンビア建築家協会の立場から整理して出版社に提供するという偉大な貢献をいただけた。本書に掲載されている図版の多くはこの資料によっている。

なお、原著書ではコロンビアの建築文化を世界的に紹介する意図が表明されている。そこで原著書の意図を尊重し、北尾とハビエル・ペイナード教授(コロンビア・ハベリアーナ大学)は、原著書に掲載されている英語を学術的観点から原著言語と位置づけて、本書の実質的な製作を進めることとした。これに倣い、他の論考に関しても、学術書として英語による論考を原著論文として扱い、英語から日本語へ翻訳した作業結果を掲載している。なお、下記の論考に関して企画段階において、スペイン語での試論の段階があったことを特記しておくこととする。

ロレンソ・フォンセシカ教授[Prof. Lorenzo Fonseca]、エスペランサ・カロ教授[Prof. Esperanza Caro]は、本書の共同編集者(北尾とペイナード教授)と研究会合を2008年から2011年にかけて数度ボゴタで行い、コロンビアの歴史地区および建築の自然環境との共存に関する討論を行った。討論後、フォンセシカ博士およびカロ博士は討論の内容をスペイン語で討論記録を作成し、ロレンソ博士は 'El Centro Histórico de Bogotá Distrito Capital de Colombia' を、カロ博士は 'Esperanza Caro Texto Arquitectura y Naturaleza en Colombia' を執筆し、北尾およびペイナード教授に提示した。そこで議論の内容を詳細に検討するために日本においては上記2編の論考をスペイン語から日本語へ翻訳する必要性が生じた。そこで2編の試論の内容を把握するために翻訳作業を京都市在住の渡邉銘悦氏に依頼した。なお、渡邉氏は本書の企画の契機となった2009年に京都で実施したコロンビアの近代建築展*[1]において、コロンビアの近現代の建築物を紹介するポスターに掲載されたコロンビアの近現代建築を紹介するポスターに取り上げられた建築物の説明文を北尾とともに翻訳し掲示した経験があった*[2]。スペイン語と英語の両面からコロンビアの建築に関する知見を得ることを意図したからである。このコロンビアの近現代の建築物に関する展覧会はコロンビア大使館が主催し、京都女子大学北尾研究室で実施作業を担った。実施にあたり、四月朔日梨沙さん、松下華子さん、中村友香さん、妹尾久美子さん、吉田結さんの協力を得た。ここに感謝の意を表する。なお本書に掲載している建築事例はこの展示会の掲示物と関連がある。

一方、共同著者の一人でもあるペイナード教授は、国際交流基金の交際交流事業により2011年に来日し、京都女子大学の共同研究者として北尾と共同研究を行った。その際に 'Urbanization of Bogota' という試論を検討した*[3]。この試論はデルフト工科大学での研究内容にもとづく論考であったが、ロレンソ博士の論考と結びついていたので北尾と渡邉氏が翻訳の作業を行った。なお、上記論考の原型は2004年に作成されているために、現代の状況に適合するように本書に向けて再検討して掲載することとした*[4]。このような本書の企画段階において上記3編の論考に関して翻訳作業に従事した渡邉氏の貢献により、両国の研究者間において学術議論を高水準に展開することができ、感謝の意を表する。こうした企画段階での諸作業の帰結として、3人の専門家による英文原著論文が完成するに至り、本書に挙げられているコロンビア側の研究者からのすべての論考は英文で準備することができ、本書では、これらを原

「コロンビアの近代建築展」ポスター
(デザイン:出井豊二)

著論文と位置づけ、翻訳の対象としている。

スペイン語の表記について

本書に示されている、氏名や物件名称などスペイン語をコロンビアの発音に可能な限り近いカタカナで表記している。この作業はボゴタ出身の、ホワン・オルドネス氏が担当した。また、英語やスペイン語で示された専門用語に関しては、英語での表現を文脈に従って、日本語表記を行っている。したがって、厳密にみれば他の文献とは異なる日本語表記も存在することも十分にあり得ることではある。この点は日本側編集者の判断として、ご理解をいただきたい。

図版について

本書で用いられている図版の版権は、クレジットがない限りコロンビア建築家協会に属するもので、版権に関しては鹿島出版会が本書のために在東京コロンビア共和国大使館を通じてコロンビア建築家協会との協定に基づき取得した。また、各章の論文に掲載されている図版や写真に関する版権に関しては各著者の責任において掲載している。

注釈

*1　展覧会に関しては、京都女子大学「生活造形」(2010年)をご参照いただきたい。ポスター資料はコロンビア大使館が保管している。

*2　展覧会で掲示されたポスターには、2009年当時のコロンビア建築家協会会長ベアトリス・エステラード・テラヴァ[Beatriz Estrada De Nova]の展覧会に対する挨拶文、カルロス・ニーニョ・ムルシア教授[Prof. Carlos Niño Murcia]の「場所の意味」、セルヒオ・トウルヒオ・ハラミージョ[Sergio Tujillo Jaramillo]の「空間の感覚」という3編の解説文がある。これらの抄訳を展示会で掲示した。しかし、ムルシア教授とハラミージョ教授の解説文は、原著に掲載されている原著論文の要約なので、本書では英語の原著論文を翻訳し掲載することとした。なお、テラヴァ会長の展覧会に関する挨拶文を他の文章同様に英文からの翻訳文を掲載している。

*3　北尾およびペイナード教授はデルフト工科大学の研究員の経験があり、両名ともアルファ・イビス[Alfa Ibis](主査:マリサ・カルモナ博士[Prof. Dr. Marisa Calmona])の活動に参加していた。この研究グループは、世界の都市がグローバル化に伴う社会的変動のなかで都市計画の動的な変化に注目し、都市政策の比較研究を行っていた。ペイナード教授がデルフト工科大学で作成した論文は 'Changes in Governance: Regulation and Urban Habitat in Bogotá'(2004年)であり、本書に掲載している論文の原型となっている。なお下記文献は研究グループの研究成果の一端である 'Planning Through Projects: Moving from Master Planning to Strategic Planning 30 Cities'(Techne Press, October 15, 2009)。北尾はこの学術書の査読を担当した。

*4　国際交流基金の学術交流事業による共同研究成果として、京都女子大学はペイナード教授を共同研究者として受け入れ、ペイナード教授は2011年10月に京都女子大学で講演会を行っている。本書に掲載されている内容は講演内容に基づいており、北尾は講演において講演内容の検討と逐語通訳を担った。本書に掲載されている論考は、この講演に関係して実施した共同研究に基づいている。なお、結論部で触れているボゴタ北部地域の文化景観に関する論考も、ペイナード教授との共同研究の成果であることを付記しておく。

展覧会に寄せて

ベアトリス・エストラーダ・デ・ノバ Beatriz Estrada de Nova
コロンビア建築家協会 ボゴタ首都区・クンディナマルカ 会長(展覧会当時)
Presidenta, Sociedad Colombiana de Arquitectos Bogotá D.C. y Cundinamarca

コロンビア建築家協会(SCA)は非営利の組織で、政府諮問機関です。この組織の目的には、建築の研究、開発、普及を促進することがあります。建築家協会はフォーラム、設計競技、講演会などの文化活動を実施する十分な経験があります。この機会を活かして私たちは、「コロンビアにおける建築と場所の感覚：過去25年の建築」について調査をして展示することを引き受けました。

この展示会では、コロンビアにおける20世紀最後の四半世紀の建築の最も重要な事例を紹介したいと考えました。建築家のコンラッド・ブルンナー氏が建築家協会の会長だった2001年に、このプロジェクトが始まりました。そして彼は、代表的なコロンビアの建築を通じて、コロンビアに関する積極的なイメージを示すために移動式の展覧会を実施する構想を持ちました。彼の考えは、アン・ベルシーが1980年に得た結論に基づいて、調査を続行することでした。彼は、パリのポンピドゥ・センターにおけるコロンビアの建築の展覧会で示された結論に着目しました。

「場所の感覚：過去25年のコロンビアの建築」は、キュレーターのセルヒオ・トルヒオ・ハラミージョ氏と建築歴史学者のカルロス・ニーニョ・ムルシア氏が選択した作品を含んでいます。非常に難しい選定作業の過程と必要な議題に従って選定されました。この内容はコロンビア建築の獲得した成果がもつ価値を示すものです。それらは、すなわち建築形態の簡潔さ厳格さ、構造的で空間的な質、そして場所に対する感性のことです。カルロス・ニーニョ・ムルシア氏はコロンビアの建築をその起源から歴史をまとめています。この歴史は、伝統的な材料、使われた建築技術、時間の蓄積とともに、建築のタイポロジー、ひと昔前の建築についても論じられています。ムルシア氏は私たちのコロンビア人の建築や歴史的な発展を通史的に描き出し、その普遍の価値に関する議論へと展開しています。セルヒオ・トルヒオ氏は、コロンビアの建築の歴史において最も複雑な近過去の建築に関する評論の焦点をあてています。彼は建築作品の主題に関して、それぞれの建築の特性や類似性に関して建築作品を分析しています。彼の視点は、溶融の極限、透明と軽さ、空間の実体験、公共の再定義、場所と既存の状況、詩的な役割を持つ地理学、形態と物質性に関することです。

コロンビア建築家協会(ボゴタ首都区・クンディナマルカ)にとって、国家と世界に素晴らしい質を築き上げる活き活きとしたコロンビアを伝えてゆくことは喜びであり重要なことです。このプロジェクトに参加した学術委員会、文化委員会、および全体のチームのメンバーに感謝を表したいと思います。SCAの事務局の方々、建築家、グラフィックデザイナー、編集者、写真家、翻訳者、および個人の方々がこの本の出版を現実化しました。また、この本と展示会について、コロンビア政府外務省、文化省、コロンビア国立大学のレオポルド・ロザール博物館、国家建築家職能会議、およびそれらの機関の先生方や、他のすべての団体に対して、あらゆる支援を私たちに与えたて下さったことに感謝したいと思います。この本と展覧会はあらゆる国や都市で見ることができるでしょう。

おわりに——真正さと誠実さに出会う旅路

北尾靖雅＋ハビエル・ペイナード Yasunori Kitao & Javier Peinado

コロンビアの建築がどのように展開してきたのかを、つぶさに見てきた目撃者は誰なのだろうか？　この問題は、コロンビアの建築家だけでなく世界の建築学者達にとっても難問なのである。

この出版事業に関していえば、この問題に対する我々の答えを、この本を作成する具体的な作業の背景で答えを見つけようと試みてきた。一冊の本を多くの協働で作成することは並大抵の作業ではない。しかし、コロンビアの建築、都市、景観について理解することも簡単なことではないので、協働で製作する方法は,コロンビア建築の目撃者を探し出すために必要なプロセスだった。何度も繰り返すが、コロンビアの建築は、文化的、社会、環境、歴史、経済、政治、地理、産業、宗教、そして生態学的な観点から極めて複雑であると主張したい。

我々の仮説は、目撃者に出会うためには、多くの人々の何百もの目、耳、鼻と感覚に頼ることが必要であると設定した。我々の作業は、たしかに時間はかかるが、有史以前のコロンビアの全土に複雑に張り巡らされていた王の道を、今やこの道は明確にみえるものではないが、希望を抱いて実直に歩むことだった。

コロンビアには有史以前から住み続けてきた人々から受け継いだ文化のほか、欧州、アフリカさらに中東からもたらされた多面的な文化が存在する。さらに、アマゾンの熱帯雨林地帯やオリノコ川流域の平原、カリブ海、太平洋さらにアンデス山脈が赤道地帯に位置している。このことが、文化の多面性に掛け合わされている。数多くの部族や民族が山や平原の複雑な組み合わせの中で生活を営んでいる。建築はこうした生活の営みの多様さを伝統として現代に遺産として受け継いできた。我々は、コロンビアの人々が生活の背景に潜む複雑で多面的な状況に順応してきたという物語を、幸運ならば、目撃者から聞くことができよう。目撃者に出会うことを求める旅人が本書を使って頂ければ幸いである。

グローバル化が進む現代社会において、異なる文化的な基盤や背景を恣意的に選択することや、異なる文化を見てみないふりをすることは時代錯誤だと思う。もし、我々が本来の清廉な心と知識を持っているならば、コロンビアの人々のように、我々は異なる文化の真正さと誠実さに信頼を置き、寄り添って受け入れてゆく事ができよう。コロンビアの建築は、我々が将来にわたり、信頼できる多面的な文化に基づく社会を創造するために必要な調和という勇気が必要であることを示している。我々は、コロンビアの建築からこうした勇気を学ぶことができる。

2016年4月1日(Kyoto, Bogota)

謝　辞

本書は、コロンビア建築家協会の誠意ある協力を得て完成できた。コロンビア建築家協会[Sociedad Colombiana De Arquitectos]のヒメーナ・サンペル会長[Ximena Samper de Neu, President]から出版事業へのご理解をいただき、コロンビア建築家協会の保有する貴重な写真資料や図版資料の使用に関して最大限の便宜を図っていただけた。また、多くの写真や図版等は、写真家のディエーゴ・サンペレ[Diego Samper]氏から提供いただいた。そのほか、多くのコロンビア建築家協会の会員の方々の協力を得て本書が刊行できた。

本書は、コロンビア留学推進協会(ICTEC)が実施した学術交流事業の成果の一つである。日本の国際交流基金[The Japan Foundation]から得た支援も重要である。国際交流基金からは北尾の学術書をボゴタで出版する学術交流の支援だけでなく、ペイナード教授の日本における短期研究活動の支援をいただいた。これらの国際的な学術文化交流を促進する両国の機関の支援を得たことで学術交流を促進できた。さらに、日本学術振興会[The Japan Society for the Promotion of Science, JSPS]の平成22年度科学研究費補助金「歴史地区の修景に関する国際共同研究—文化財としての真正性に基づく修景理念と手法—」(課題番号22254006)、平成28年度科学研究費補助金「近代の産業遺産の保存と活用に関する研究—歴史的価値の保存と多様て魅力的な活用—」(16H02386)による成果の一部である。

一方、日本建築士会連合会(JFABEA)は藤本昌也会長(当時)のもと、UIAの東京大会2011でコミュニティ・アーキテクツのシンポジウムを実施し、北尾は地域社会における地建築職能の可能性に関する国際的な研究を展開できた。国際的な文化学術交流機関、大学、専門家団体の支援を得たことで本出版事業が成立してきたことを明記しておきたい。

さらに、在ボゴタ日本大使館および在東京コロンビア共和国大使館から調査および学術交流を促進するための便宜を図っていただけた。コロンビアではハベリアーナ大学および国立コロンビア大学、日本では京都女子大学および京都女子大学生活デザイン研究所等の支援を得ることができた。以上の機関に所属される方々のほかにも、多くの方々のご理解を得て本書を完成することができた。ここに感謝の気持ちを編集代表者として表したいと存じます。

(北尾靖雅)

執 筆 者 紹 介

〈編著者〉

北尾靖雅 Yasunori Kitao

京都工芸繊維大学大学院修了後、内井昭蔵教授の指導のもと京都大学大学院でマスターアーキテクト方法の研究を展開し東京大学大学院で工学博士を取得した。その後オランダ国デルフト工科大学の上席研究員として都市設計の研究に従事した。2015年から京都女子大学家政学部教授。主な著書として'Collective Urban Design'(デルフト工科大学出版局、オランダ)や都市設計に関する学術書を大韓民国、中華人民共和国、コロンビア共和国で出版した。『ラルフアースキンの建築:人間性の追求』(鹿島出版会)を編集し出版した。また、京都市景観町並み賞の大賞や日本都市計画学会賞などの建築賞を受賞。2011年のUIA東京大会では建築士会連合会の主催する国際シンポジウムのチェアマンとして活躍した。2014年には、英国で"Urban Transport"を共著、また、2012年から日本建築士会連合会では、雑誌「建築士」の編集部学術委員として編纂に携わっている。国際交流に基づく建築と都市の文化研究と地域計画の研究をすすめている。京都市出身、一級建築士。

ハビエル・ペイナード Javier Peinado

Hon. FRIBA; 首都ボゴタにある国立コロンビア大学[Universidad Nacional de Colombia]卒業し、建築家の資格を得て、イギリスのニューキャッスル大学で修士号を取得した。オランダのデルフト工科大学では、招聘研究者として都市計画を研究した。国立コロンビア大学で学術研究員、准教授を経て、現在はボゴタのハベリアーナ教皇大学[Pontificia Universidad Javeriana]で准教授として教育研究活動に従事。主に社会住宅、住宅開発、都市計画、アーバンデザイン分野において実践的活動を展開してきた。グローバル化と都市居住の問題やボゴタの都市構造に関する研究を発表してきた。国立コロンビア大学から複数の受賞歴があるほか、ブリテッシュカウンシル、およびオランダ政府の奨学金を得て研究を展開してきた。

＊　＊　＊

〈執筆者〉

カルロス・ニーニョ・ムルシア Carlos Niño Murcia

1972年にコロンビア国立大学を卒業した建築家で、1976年にパリのソルボンヌ大学[Universite Paris-Sorbonne]で芸術史を学んだ。ロンドン建築協会[Architectural Association of London]で大学院を1985年に修了し、1988年から2005年にかけてコロンビア国立大学の大学院教授として建築歴史と理論を教えていた。多くの著作がある中で「アンドレア・パラディオ[Andrea Palladio]」に関する研究は重要である。さらに「フェルナンド・マルチネス・サナブリアの建築作品[Fernando Martínez Sanabria, trabajos de arquitectura]」(1979)や「ギジェルモ・ベルムデスの図面[La vivienda de Guillermo Bermúdez]」(1982)などの研究書や論文がある。「建築と国家[Arquitectura y Estado]」により、コロンビアの建築ビエンナーレ(1990)でカルロス・マルチネス学術研究賞を受賞した。また、

2004年の建築ビエンナーレでは「ボゴタにおける建築と都市の遺産[El patrimonio urbano de Bogota. Ciudad y arquitectura]」(2003)で建築批評と史論の分野で名誉賞を受賞した。同時にアルマコール邸[Casa Almacol]の修復により歴史遺産再生賞を受賞した。2010年のビエンナーレでは、サンドラ・レーナ・メンドーサ[Sandra Reina Mendoza]との共著の『近代性の過程』[La Carrera de la Modernidad]で建築理論と調査に関する学術賞を受賞した。近年はボゴタ北部地域の計画グループの責任者として活躍し、さらにボゴタ市のコンサルタントとして都市計画と建築規制に関わる地域計画でも活躍している。ボゴタの道路計画やトランスミレニオのルートに関わる公共空間の設計にも関与している。

セルヒオ・トルヒオ・ハラミージョ Sergio Trujillo Jaramillo

コロンビア国立大学で建築学を修めた建築家である。写真家、建築評論家として活躍している。主に住宅地を設計する建築家で個人住宅、教育施設の他、公共空間の設計を行う。建築作品には、実現しなかった作品も含めて、ラテン・アメリカ諸国(スペイン、フランス)のみならず、ロシアでも高く評価されており、様々な国々で多くの賞を得ている。コロンビア国立大学建築学部の建築論および建築意匠を教授し、チリ、メキシコ、パナマでも教鞭を執る。建築雑誌の“HITO”の編集長として活躍し、数々の論文や書籍を出版している。コロンビアの建築展覧会に関する出版に重要な役割を担った。

ロレンソ・フォンセカ Lorenzo Fonseca

コロンビア国立大学を卒業した建築家であり、地域計画家である。英国のロンドン大学のユニヴァーシティ・カレッジ[University College London, UCL]で開発計画学を研究した。彼は1974年以来、コロンビアの雑誌[La Revista PROA]の編集長であり出版者として活躍し、主に建築の歴史に関する研究を展開してきた。その一方で、建築研究所[del Centro de Estudios de Arquitectura]と環境研究所[Medio Ambiente (CEAM Ltda.)]、そして遺産センター[De Agencia Patrimonial]の設立に関わり自らも調査員として活躍してきた。1969年以来のコロンビアにおいて、様々な大学の建築学科で講義や講演を実施し、コロンビア建築家協会[La Sociedad Colombiana de Arquitectos]のアドバイザーとしても大きな役割を担ってきた。同時に、地域の歴史遺産再生機構の運営委員と事務局長を務めてきた。これまでに数多くの著書があり、なかでもアルベルト・サルダリアガと共著の『コロンビアの普通の建築』[Arquitectura Popular en Colombia]は代表作である。さらに、『イギリスへ留学した人々の作品と生涯』は特に有名な著作である。1996年にはコロンビア建築家協会より、文化省からは1988年に、それぞれからメダルが授与された。

ホルゲ・エンリケ・カバジェロ Jorge Enrique Caballero

コロンビア国立大学で芸術学(芸術史としての建築)を修めた建築家。建築理論や建築史、文化遺産学を専攻し、コロンビアの伝統的建築の研究を固有性の観点からすすめ、教育に従事してきた。近年の主な業績は、2006年に3つの自治体において国の重要な文化遺産保護計画の第一段階の作成に参加。2007年にはボゴタにおける公共空間の芸術プログラムの監督として活躍し、同年にボゴタの女性教育機構[del Instituto Colsubsidio de Educacion Femenina en Bogotá]の歴史的調査と評価を行った。2008年にはアンデス地方の古い醸造所の産業遺産に関する調査研究を行い、同年にはアンティオキア Antioquia.における農家の居住環境の改善に関するチームに参加した。2009年にはボゴタにおけるヘルマン・サンペレの歴史的研究を行った。これは1994年の法令678で宣言された内容に関する評価である。ボゴタの歴史地区に関して2009年から10年にかけて歴史的建築物[de San Fason, del Veinte de Julio de los salesianos, de San Bartolome]の研究に従事した。これまでに様々な書籍をまとめてきたが、特にロレンソ・フォンセカと共に調査研究を展開してきた。2000年にはクンディナマルカ県Cundinamarcaの歴史遺産に関する本、2005年には文化遺産を評価するために領土、記憶、コミュニティを総合した書籍をまとめた。そのほか多数の文化遺産に関する論考など多数ある。1969年以来コロンビアのいくつかの大学で学教育や研究に従事し、特に大学院を中心に歴史や文化遺産に関する調査での教育に従事してきた。1988年以来ハベリアーナ大学の教育プログラムと関係している。

根津幸子 Nezu Yukiko

NEZU AYMO architectsを共同で主宰するオランダ建築家。アムステルダムを拠点に建築、都市計画、インテリアデザインなどの設計活動を行う。1996年に東京都市大学(旧武蔵工業大学)大学院修了後、1997年にオランダ政府奨学金を得て渡蘭。2000年にベルラーヘ・インスティテュート[Berlage Institute]修了。オランダナショナルバレー団の衣装、舞台美術デザインやインテリアデザインなどを行う。ケルンメッセブースデザイン「yurayura」では IFdesign 金賞受賞。SeARCHでは「ハーグ市の国際刑事最高裁判所設計競技」や「ユトレヒト中央図書館設計競技」など担当。Inside Outsideでは、OMAによる「北京電視台」のランドスケープ基本設計を行う。2009年にスカフテ・アイモ - ボートと共に NEZU AYMO architect設立。Indoor Design Award 2011最優秀賞など受賞。

ホアン・オルドネス Juan Ordonez

東京で設計事務所のコミュニティ・ハウジング[Community Housing]に参加するコロンビア出身の建築家。ボゴタのロス・アンデス大学を卒業し、イギリスのグラスゴー美術大学[Glasgow School of Art]の an MArch (CAAD)を経て、カナダのマギル大学[McGill University]でMBAを取得。コロンビアでは、設計事務所のコンテクスト点・ウルバノ[Contexto Urbano S.A]で建築家兼コーディネーターとして活躍し、住宅地開発事業や住宅部門における施設設計や学校の建築に貢献してきた。日本ではコミュニティ・ハウジングに参加し住宅開発事業に従事している。都市再開発、地域建築やデザイン・プロセスに造詣が深い。

エスペランサ・カロ Esperanza Caro

ロス・アンデス大学卒業の建築家(1982年)、ガビオタスにおける学際的な設計チームの建築家のメンバーとして活躍(1982-89)後、九州大学へ留学し、九州大学総合理工学研究院自然エネルギーシステム・研究員、九州大学大学院修士課程を修了し、日本建築学会優秀修士論文賞を受賞(1992年)、同大学大学院より博士号を取得した(1995年)。その後福岡市のTAC環境デザイン研究所でチーフ・アーチテクトとして活躍し(1999年)、コロンビア国立大学の准教授(芸術・建築・都市計画)となる。大学では建築家養成コース、住宅問題に対応した芸術と科学技術に関する指導のほか、サスティナビリティに関するコロンンビア科学技術システム研究会で主査を務めた。環境空間(2005年)や学校施設の環境建築に関する研究(2006年)等のほか、建築と都市に関わる環境建築の研究を展開してきた(2012年)。日本ではハウジング・アンド・コミュニティ財団や日本建築学会等でのコンペ受賞歴がある。文部科学省、国際交流基金、笹川財団より奨学金を得て、九州大学、神戸芸術工科大学などで研究活動を展開した。福岡市シーサイドももち「風の羅針盤」(1990年)、福岡県前原市南風台「風の窓」(1995年)、愛媛県肱川町「風の博物館・尾根の風の道」などの環境芸術作品などがある。

コロンビアの環境建築
混成系の風土における「場所」の構築
The Architecture in Colombian Environment
Building 'Places' in the Varied Contexts

2016年7月15日　第1刷発行

編者：北尾靖雅＋ハビエル・ペイナード
Yasunori Kitao & Javier Peinado (ed.)

発行者：坪内文生

発行所：鹿島出版会
Kajima Institute Publishing Co., Ltd.
〒104-0028 東京都中央区八重洲2丁目5番14号
Tel. 03(6202)5200　振替 00160-2-180883

印刷・製本：三美印刷

ブックデザイン：伊藤滋章

ISBN 978-4-306-07325-8 C3052　Printed in Japan

本書の内容に関するご意見・ご感想は下記までお寄せ下さい。
URL: http://www.kajima-publishing.co.jp
e-mail: info@kajima-publishing.co.jp